AF444505

Voyage

À la légendaire Utique

© 2017 LES ÉDITIONS DE L'ŒIL DU SPHINX

ISBN : 979-10-91506-58-8
EAN : 9791091506588
Collection Édite
ISSN de la collection : 2275-9670
Dépôt Légal : mai 2017

Claude-Sosthène Grasset d'Orcet

Voyage
à la légendaire
Utique

Préface de Michel AULONNE

Éditions Édite/ODS

RELATION

D'UNE

MISSION ARCHÉOLOGIQUE

EN TUNISIE

PAR

LE COMTE D'HÉRISSON

CHEVALIER DE LA LÉGION D'HONNEUR
OFFICIER D'ACADÉMIE

PARIS

SOCIÉTÉ ANONYME DE PUBLICATIONS PÉRIODIQUES

13, QUAI VOLTAIRE, 13

—

MDCCCLXXXI

Note liminaire : Les termes entre crochets sont des additions de l'éditeur. Les mots en hébreu ont été reproduits tels quels depuis l'édition originale, les signes diacritiques y sont la plupart du temps absents.

Illusions d'Utique

Bien sûr, ce bel in-quarto a été publié sous le nom du comte d'Hérisson, bien sûr, son seing est apposé après sa dédicace aux illustres membres de son comité de soutien. Sans doute, Grasset d'Orcet est-il cité seulement page 23 comme mythographe intéressé par les cultes troyens. Rien non plus dans le journal de cette mission de deux mois en Tunisie ne permet de conclure à sa présence effective sur place…

En fait, les apparences ne trompent guère. Dès les premières pages, on reconnaît le style de Grasset, son goût pour la philologie, la cryptographie, certains thèmes mythologiques et les souvenirs de son long séjour à Chypre[1]. Certes, Maurice d'Irisson, auteur d'une quinzaine d'ouvrages, était parfaitement capable de rédiger lui-même ce journal mais, sous sa plume, le contenu en eût sûrement été bien différent. Quelles que soient ses raisons, il a préféré déléguer cette tâche à son compère,

---

1. Sur la biographie et les travaux de Grasset d'Orcet, consulter principalement la préface de *Souvenirs* (Édite, 2005) et celle du *Double Langage de Rabelais* (Œil du Sphinx, 2015).

au moins pour la plus grande partie, tout en se réservant la signature, car il avait le devoir d'offrir un compte rendu de qualité à ses généreux commettants. Et il l'a intitulé Relation d'une mission archéologique en Tunisie, libellé sans fantaisie, mais pleinement approprié.

La paternité de ce texte étant établie, reprenons son histoire par le début. Maurice Irisson (1839-1898) est issu d'une bourgeoisie aisée. Ayant choisi à 18 ans la carrière des armes, il manque la campagne d'Italie, mais participe à celle de Chine comme interprète, au cours de laquelle il assiste au sac du Palais d'Été. Plus tard, il est conseiller militaire quelques mois aux États-Unis, et en rentre comme éclate la guerre. Il participe comme parlementaire à l'entrevue de Ferrières entre Jules Favre et Bismarck. Affecté à l'état-major du général Trochu, gouverneur militaire de Paris durant le siège de 1870, il reçoit la Légion d'honneur. Il se retire alors de l'armée active, acquiert le titre de comte romain d'Hérisson[2], et se satisfait désormais d'une existence d'oisif mondain. En 1873, il achète le château féodal d'Hérisson en Bourbonnais, accouplant ainsi astucieusement le brevet avec le domicile.

On ignore comment il s'est lié d'amitié avec d'Orcet. Étant lui-même globe-trotter, amateur d'antiquités et publiciste, cela n'a cependant rien de surprenant. Il fait également la connaissance d'un singulier personnage, le général Mahmoud Ben Ayad. Ce ministre du bey de Tunis, exemple-type du grand commis concussionnaire, a mis la main pendant une quinzaine d'années sur les fermages, les industries et la banque d'émission. Il a ainsi détourné à son profit des dizaines de millions des caisses de l'État. Installé en France sous l'Empire et naturalisé,

---

2. Comte romain est un titre pontifical, c'est-à-dire décerné par le pape lui-même. Son attribution n'est pas si répandue qu'on pourrait le croire : au XIXe siècle, environ 300 Français en ont bénéficié.

Le comte d'Hérisson, jeune, en uniforme de spahi (NDLE).

il mène la vie à grandes guides. Il achète le luxueux hôtel du financier Collot sur le quai d'Orsay, des immeubles de rapport[3], etc. tout en conservant d'immenses propriétés dans le beylicat.

D'autre part, le traité de Berlin en 1878 a octroyé Chypre à l'Angleterre et, du coup, replacé la Tunisie dans la zone d'influence française. Quelque temps plus tôt, le succès du Salammbô de Flaubert (1862) avait contribué à mettre le pays à la mode. Encore très sous-développé, il intéresse les industriels,

---

3. Il existe encore, dans le IIe arrondissement de Paris, un passage Ben-Aïad, aujourd'hui privatisé, qui faisait partie de son patrimoine.

mais aussi les intellectuels et les chercheurs, car sa richesse de son patrimoine est d'ores et déjà bien connue. Des prises d'intérêt s'y multiplient (chemin de fer, télégraphe…), et son endettement excessif vis-à-vis des banques rendent inéluctable la mainmise française sur la politique locale[4].

Ce faisceau de conjonctures inspire aux deux amis le projet d'organiser une expédition archéologique dans ces parages inexploités, une aventure excitante et peut-être fructueuse. L'idée a-t-elle germé dans l'esprit de Grasset, ou dans celui du comte ? On ne le saura sans doute jamais. Usant habilement de son entregent pour en assurer le financement, ce dernier ne tarde pas à réunir un groupe imposant de commanditaires. Qu'on en juge : Édouard André, banquier et collectionneur d'art, fondateur du musée Jacquemart-André. Les Camondo, également banquiers et mécènes, créateurs du musée homonyme. Richard Wallace, opulent esthète et philanthrope. A. de Girardin, héritier du groupe de presse paternel, les Lambertye, de vieille noblesse, les Cahen d'Anvers, les Rothschild, les Seillière, autres banquiers richissimes. Ce comité regroupe quelques-unes des plus grosses fortunes de l'hexagone, et crée une compagnie par actions baptisée « Société des Fouilles d'Utique ». Le comte d'Hérisson sait cultiver ses relations.

Il prend soin en outre de s'assurer de l'hospitalité de la famille Ben Ayad, le patriarche s'étant retiré à Constantinople. Précaution d'autant plus utile que le terrain choisi pour les fouilles est situé sur leurs terres, et même aux environs immédiats de leur demeure, au lieu-dit Henchir Bou Chater, sous lequel gît la cité tri millénaire d'Utique.

---

4. D'ailleurs les incidents algéro-tunisiens qui ont précipité l'intervention militaire française et l'instauration du protectorat ont éclaté précisément pendant la mission du comte.

Voilà une entreprise rondement menée. Un budget très confortable, bien supérieur aux minces enveloppes délivrées aux chercheurs par le ministère de l'Instruction publique ; un terrain d'exploration quasiment vierge, et assuré de fournir un matériel substantiel, car les paysans des Ben Ayad y avaient déjà fait de multiples trouvailles en cultivant leurs champs ; des conditions d'accueil idéales, les portes les plus officielles étant ouvertes au dynamique promoteur. On devine la jubilation de Grasset, qui ressaisit 15 ans après l'occasion de se livrer à sa passion de jeunesse.

Après un bref séjour à Rome, les activités à Utique durent du 31 janvier au 31 mars 1881. Les travaux proprement dits commencent le 8 février pour s'achever le 29 mars. Le chantier occupe environ 150 ouvriers, ce qui ne semble pas de trop, car ils prospectent un domaine d'une centaine d'hectares. Selon le journal de l'expédition, tenu quotidiennement, une dizaine d'emplacements font l'objet de recherches approfondies, avec plus ou moins de succès.

Cette campagne est menée de façon classique pour l'époque, c'est-à-dire bien loin des méthodes modernes où les outils technologiques jouent une grande place. Nos chercheurs ne sont que des amateurs éclairés et ne se posent pas en novateurs. Ce qu'ils voudraient surtout, c'est rapporter quelques beaux vestiges spectaculaires, les statues étant les plus appréciées, pour leur satisfaction esthétique et celles de leurs mécènes. Et ils ont probablement aussi le secret espoir d'une découverte prestigieuse : ce serait une savoureuse revanche pour d'Orcet, qui rumine encore les déboires que lui a valus celle du vase d'Amathonte [5].

La technique est donc assez fruste. Aux endroits indiqués par les paysans locaux ou choisis par les maîtres d'œuvre, on

---

5. À Chypre. Sur cette aventure, voir la préface de *Souvenirs* (Édite, 2005).

creuse avec des pelles et des pioches, parfois à plusieurs mètres de profondeur, car les abondantes alluvions de la Medjerda ont déplacé le rivage à plus de 10 km du site. Si l'on heurte un objet fragile, on le déterre souvent brisé. Mais l'on assume cette part de risque. D'ailleurs, les petits objets domestiques suscitent un intérêt moyen, car l'on espère à tout moment tomber sur une pièce hors du commun. On tâtonne : la nécropole donne d'excellents résultats, ils sont médiocres en revanche du côté de l'hippodrome. Un relevé topographique assez minutieux est effectué. Peu ou pas de photos, sinon en fin de chantier pour la presse[6]. Notre duo s'inspire des recettes du général Cesnola, qui a extrait quelques années plus tôt un véritable trésor des ruines de Kourion (Chypre)[7] : pour stimuler les ouvriers, il offre de bonnes primes à ceux qui repèrent des prises de qualité. Si l'on en croit leur journal, ces gratifications améliorent sensiblement le rendement.

La mission s'achève sans tribulation notoire. Certes, elle n'a pas exhumé de nouvelle Vénus de Milo ni de Victoire de Samothrace, mais accumulé assez de mobilier pour rentrer la tête haute[8]. Dans ce genre d'opération, l'usage à l'époque est de réserver la priorité du partage aux commanditaires, puis aux entrepreneurs, le reste étant soit vendu, soit donné à des institutions. Ce procédé paraît choquant de nos jours ; à cette époque, il était dans la norme : la protection du patrimoine culturel était

---

6. C'est d'ailleurs regrettable car, entre autres talents, Grasset d'Orcet a été un pionnier de la photo. Une de ses épreuves sur papier, datée de 1864 et représentant des têtes sculptées de sa collection cypriote, s'est vendue aux enchères en 2015 pour plus de 7 000 euros.

7. Consul à Larnaca, Luigi Palma di Cesnola a collecté quelque 35 000 pièces qu'il a revendues pour 560 000 francs-or au Metropolitan Muséum de New York, dont il est devenu du coup le premier directeur.

8. Dans les Fouilles d'Utique, Grasset avance un chiffre supérieur à 3 000 pièces (*L'Archéologie mystérieuse II*, Édite, 2001).

Ces deux stèles provenant de la mission sont encore visibles au Louvre
(NDLE).

encore un idéal plus ou moins chimérique. Même si le monde savant déplorait ces pratiques parfois proches du pillage, on considérait de bon droit pour un inventeur de trésor d'en disposer à son gré, et son enrichissement ne soulevait pas d'objection morale. De cette répartition, nous ne savons que fort peu. Tout ce que l'on peut dire, c'est qu'aucun objet d'Utique n'est visible aux musées Jacquemart-André et Camondo. Il est d'ailleurs peu probable qu'une œuvre de haute valeur artistique ait pu être dissimulée, cela n'aurait été d'aucun avantage, ni pour les financiers ni pour leurs mandataires.

À ce moment, la tâche est loin d'être terminée. Il faut maintenant donner une publicité convenable à l'entreprise. Là encore, le comte d'Hérisson va faire preuve de réels talents de manager. En même temps que la publication de la Relation, il organise une vaste exposition, ouverte pendant l'automne 1881. Pour la présenter, il parvient à se faire attribuer la cour Caulaincourt (aujourd'hui la cour Lefuel), au Louvre. Cette partie du monument est alors distincte des locaux attribués au musée, dont l'administration n'a pris nulle part à la préparation. Il s'agit de ménager les susceptibilités, car l'Université désavoue ouvertement l'initiative, en soulignant son caractère purement privé, et tolèrerait très mal son intrusion sur ses territoires.

Bien mise en valeur dans cet écrin élégant de 3 000 m², orné d'une rampe monumentale en fer à cheval, l'exposition attire un public assez important, mélange de mondains et de curieux qui, auparavant, ne percevaient cette société antique qu'à travers les récits de Polybe ou Tite-Live sur les guerres puniques. L'actualité favorise aussi la promotion de l'événement, car depuis plusieurs semaines la Tunisie fait quotidiennement la une de la presse[9]. Néanmoins, parmi ces visiteurs, quelques-

---

9. Après le traité de protectorat signé le 12 mai, les tribus locales se sont révoltées et les troupes françaises n'achèvent leur soumission qu'en novembre.

uns vont soulever un tumulte imprévu et troubler le bon déroulement de ce programme.

Effectivement, les archéologues, malgré leurs réticences, s'intéressent de près à ce matériel pléthorique. Ils l'étudient minutieusement et ne tardent pas à y trouver matière à critiques. Celles-ci sont développées lors d'une séance agitée de l'Académie des inscriptions et belles-lettres. Lors, la très docte Revue archéologique, considérant que « la dignité de la science y est intéressée », charge cinq épigraphistes, pas moins, d'un complément d'enquête, MM. Philippe Berger, Edmond Le Blant, R. Mowat, l'oratorien Henry Thédenat et René Cagnat, qui revient tout juste d'une campagne archéologique en Tunisie, beaucoup moins bien subventionnée que celle mise en cause.

Pourquoi une telle levée de boucliers ? Leurs reproches s'articulent sur trois points : en premier lieu, de nombreuses pièces exhibées ne proviennent pas d'Utique, contrairement à ce qu'affirme leur étiquetage. Ils stigmatisent également les fautes commises dans la traduction des inscriptions. Il faut admettre que d'Orcet n'est pas un sémitisant professionnel. Confronté tout seul à cette copieuse série d'épigraphes, pressé aussi par le temps, il a commis bon nombre d'erreurs dans leur interprétation. En particulier, il a pris des termes écrits en caractères latins pour des mots phéniciens, ce qui n'a pu échapper aux spécialistes. Enfin, il a visiblement laissé vaguer son imagination et mis en scène dans la Relation des sujets mythologiques purement fantasmagoriques, loin de la rigueur attendue dans ce genre de travaux.

Étant donné l'hostilité de principe de l'Université pour cette entreprise, cela suffit amplement pour alimenter une vive polémique, qui va durer de longues semaines. Elle prend même un tour politique : les républicains du gouvernement Jules Ferry doivent se défendre des attaques des radicaux, qui flétrissent le caractère affairiste de l'intervention en Tunisie, prenant à témoin le manque de légitimité de la mission.

Concernant les étiquettes erronées, nous aurions beaucoup de mal à les repérer. En effet, il n'existe pas de catalogue de l'exposition et le présent ouvrage ne donne pas un inventaire exhaustif, loin de là, de toutes les œuvres montrées : « La collection que j'en ai rapportée est si nombreuse, explique le comte, qu'à mon grand regret je me suis vu forcé de les réserver pour une publication ultérieure. »

Mais Ph. Berger, alors secrétaire d'Ernest Renan, s'est chargé de les dénombrer. Il est formel : 77 inscriptions, plus un ex-voto anépigraphe, viennent non pas d'Utique, mais de Carthage. Elles ont été un temps déposées au palais de la Manouba, près de Tunis, où un ministre avait installé un musée. À partir de 1869, les Allemands von Maltzan et Euting les ont relevées, et elles figurent depuis au Corpus Inscriptionum Semiticarum. E. Sainte-Marie, drogman du consulat[10], en a lui-même répertorié 124 en 1875 ; six ans plus tard, 46 d'entre elles ont disparu, volées ou bradées.

C'est donc le reste de ces épigraphes que l'on retrouve au Louvre. Il est manifeste qu'un arrangement est intervenu entre le comte d'Hérisson et leurs détenteurs. Pendant son séjour tunisien, on lui a sans doute proposé de les acquérir à bon compte et il n'a guère hésité, dans l'idée d'enrichir sa présentation. Son erreur a été de prétendre que ces monuments, déjà publiés dans les corpus archéologiques, provenaient d'Utique. Il n'y a là que péché véniel, mais inadmissible pour les clercs officiels, garants d'une information scientifique irrécusable.

Conscient qu'il doit désamorcer le conflit, le comte choisit de porter le débat devant la grande presse. Dans le XIXᵉ siècle du 3 novembre, il concède qu'il doit « une partie des épigraphes en caractères phéniciens au propriétaire de l'emplacement de

---

10. Ce diplomate et archéologue a recueilli plus de 2 000 objets sur le site de Carthage, mais la plupart disparurent dans l'explosion du cuirassé Magenta en rade de Toulon (1875).

La mosaïque « Candida » (NDLE).

la ville d'Utique. » Il a aussi l'astuce de prendre le public à témoin dans le Figaro du 15 octobre, en y reproduisant l'épitaphe suivante, qui se lit correctement CANDI/DA FIDILI/S IN PACE (« Candida, fidèle (du Christ), (repose) en paix »).

Alors que d'Orcet et lui l'interprètent CANDI/DA EIDICI/S IN PACE (« Candida, fille d'Eidix, (repose) en paix »). Bien entendu, la forme atypique du F et du L fait pencher la majorité des lecteurs non avertis pour leur version.

De son côté, Grasset, toujours belliqueux, profite de sa tribune permanente, la Revue britannique, et pourfend « les rats de bibliothèque » dans deux articles, les Fouilles d'Utique (octobre 1881) et le Nom véritable de Carthage (novembre 1881)[11]. « À les croire, martèle-t-il, il ne serait permis de rapporter que ce qu'on a exhumé soi-même, ou ce qui est inédit », et il proclame en outre que « des fouilles directes ne dégagent pas un chef de mission de l'impérieux devoir de rapporter tout ce qu'il peut se procurer d'intéressant, soit par don, soit autrement, copié ou non par ses prédécesseurs. »

Notre binôme remporte aisément la bataille des médias, car les libelles des universitaires n'atteignent que la clientèle confidentielle des revues scientifiques. Leurs protestations se borneront désormais à des annotations éparses sur les épigraphes, et ils condescendront à se féliciter que le comte ait « eu la générosité de faire don au Louvre de la part qui lui reviendra dans les objets exposés ». La perspective d'ouvrir une salle des antiquités africaines au musée parvient à modérer leur courroux. Il faut d'ailleurs reconnaître que cette donation est un geste d'une rare élégance, car la vente de la collection aurait pu rapporter un bénéfice considérable[12]. La Société éduenne d'Autun

---

11. À lire dans l'Archéologie mystérieuse II (Édite, 2001).
12. Par exemple, W.H. Waddington, ancien premier ministre et numismate distingué, a vendu sa collection au Cabinet des médailles pour 421 000 francs-or (plus de 3 millions d'euros).

est aussi gratifiée d'un certain nombre d'objets, toujours visibles au Musée Rolin.

La mission aura quelques suites. D'après des papiers de famille, on sait que les deux hommes sont retournés en Tunisie en 1882, et qu'ils ont fait des recherches à Carthage et à Gammarth, près de Tunis, où gisent des vestiges d'époque romaine. Puis en 1883, le comte revenu seul, déterra à Douar-El-Chott, au sud-est de l'hippodrome, une tête colossale de dioscure qui, après avoir été déposée au British Muséum, est retournée au Louvre. Malheureusement, il ne nous reste aucun autre document sur ces voyages, qui semblent s'être arrêtés là. Hormis un séjour comme conseiller militaire au Congo français en 1891, Hérisson se consacrera ensuite à la rédaction de plusieurs livres de souvenirs ou d'historiographie.

Au XXe siècle, le site d'Utique a été revisité par plusieurs campagnes, mais cette cité, qui est la plus ancienne d'Occident selon les auteurs anciens[13], n'a pas livré de vestige d'époque phénicienne, les plus anciens remontant à l'an 700 av. J.-C. Son petit musée ne donne à voir aucun objet antérieur au VIIe siècle. Il subsiste donc un fossé de trois ou quatre siècles entre sa naissance présumée et l'apparition de restes datables. Même les trois équipes qui ont prospecté les lieux depuis 2011 n'ont fourni que des résultats assez décevants[14]. M. J.-Y. Monchambert, directeur d'un des récents chantiers, recense les questions non résolues, « le moment de sa fondation, sa localisation précise, sa topographie d'origine, l'identité de ses fondateurs et les raisons qui ont motivé sa création, mais aussi, de façon plus générale, les débuts de l'expansion phénicienne. » Utique n'a pas encore révélé tous ses mystères…

---

13. D'après Aristote, elle fut fondée en 1 101 av. J.-C., soit trois siècles avant Carthage.

14. On a trouvé toutefois des tessons datant d'environ 800 av. J.-C., soit d'un siècle plus anciens que les objets connus précédemment.

Pour Grasset, cet épisode marque un tournant. Il a bien eu la satisfaction de réussir sa besogne archéologique, même si, au fond de lui-même, il doit déplorer de ne pas avoir découvert un chef-d'œuvre exceptionnel. Il a dû cependant s'imposer un long travail de classement pour préparer l'exposition et sa Relation. Cela ne lui a pas laissé assez de temps pour approfondir ses analyses sur la civilisation punique et cela se ressent à sa lecture.

On ne s'étonne donc pas de reconnaître dans ses commentaires les thèmes qu'il a exploités par ailleurs sur l'histoire antique, toujours fondés sur ses études philologiques. La géodésie sacrée est une de ses préoccupations principales ; il revient sur ce sujet dans de nombreux articles. Cette matière traite de l'aménagement religieux d'un territoire ou d'un sanctuaire pour le rendre apte à la réception de l'influx divin et à la protection de ses fidèles. La tâche de tracer les frontières du district, déterminer son centre sacré, établir la position, le plan et l'orientation du temple incombe à des initiés ; les règles générales en sont universelles, on peut les reconstituer à travers certains traités d'architecture indienne ou médiévale. Il mentionne fréquemment la formation de tels cantonnements tétragonaux, en Grèce, à Chypre, en Bourgogne, en Lorraine, dans la Touraine de Rabelais, etc. Ici, il décrit ceux de Terre sainte, de Phénicie et d'Utique, et détaille les noms des « cabires », les divinités qui président à leur implantation. Le modèle idéal du temple s'inspire de la forme du corps humain inscrite dans un quadrilatère, créant ainsi l'harmonie souhaitée entre le macrocosme et le microcosme. [15]

---

15. Ce schéma figure déjà dans les antiques Silpa sāstras indiens, que Grasset ne connaissait sûrement pas. Seule différence : pour lui, la tête de l'homme est au sud-est, alors qu'en Inde, on la place au nord-est.

La Relation évoque aussi les migrations des Chétas, peuple de langue grecque venu du Nord, ayant envahi l'Égypte, puis après en avoir été refoulé, s'étant répandu dans tout l'Occident. Son mélange avec les Amorrhéens, d'origine sémitique, aurait formé le peuple hébreu [16]. Il en conclut que le peuple punique se compose d'un substrat grec, qui aurait fait place aux Phéniciens au VIe siècle av. J.-C., ce qui va le mener à des erreurs fâcheuses.

Parallèlement, il s'attarde sur le commerce de l'étain, sans lequel les empires de l'âge du bronze, qu'il situe à Troie, en Égypte, et sur le littoral atlantique, n'ont pu s'épanouir. Si l'on regarde les rares zones antiques de production connues à son époque, le Caucase [17] et la Cornouailles, on observe que la Zeugitane se trouve à un point de passage privilégié pour les caravanes de l'étain, qu'elles transitent par Gibraltar ou par le détroit de Sicile.

En s'attaquant au déchiffrement des épigraphes, d'Orcet pense être à son affaire. Depuis une dizaine d'années, il a affiné ses études sur la cryptographie et il est convaincu maintenant que la technique du blason, ou du grimoire, s'est pratiquée dans presque toutes les langues, tant anciennes que modernes. Or ces documents incluent des textes en trois langues et quatre écritures différentes, et il va se méprendre sur la nature de certains d'entre eux. Persuadé que la population locale avait une double origine, grecque et phénicienne, et que « les Libyens d'Utique se sont servis des caractères latins pour écrire leur langue », il commet plusieurs confusions. Ainsi

---

16. Cette thèse bien surannée ne sort pas de l'imagination de Grasset, on la rencontre dans de nombreux ouvrages de son temps. Elle préfigure vaguement l'expansion à partir du néolithique des peuples de langues indo-européennes.
17. Cette indication est fausse, le Caucase n'a jamais produit d'étain. L'auteur en sera informé peu après.

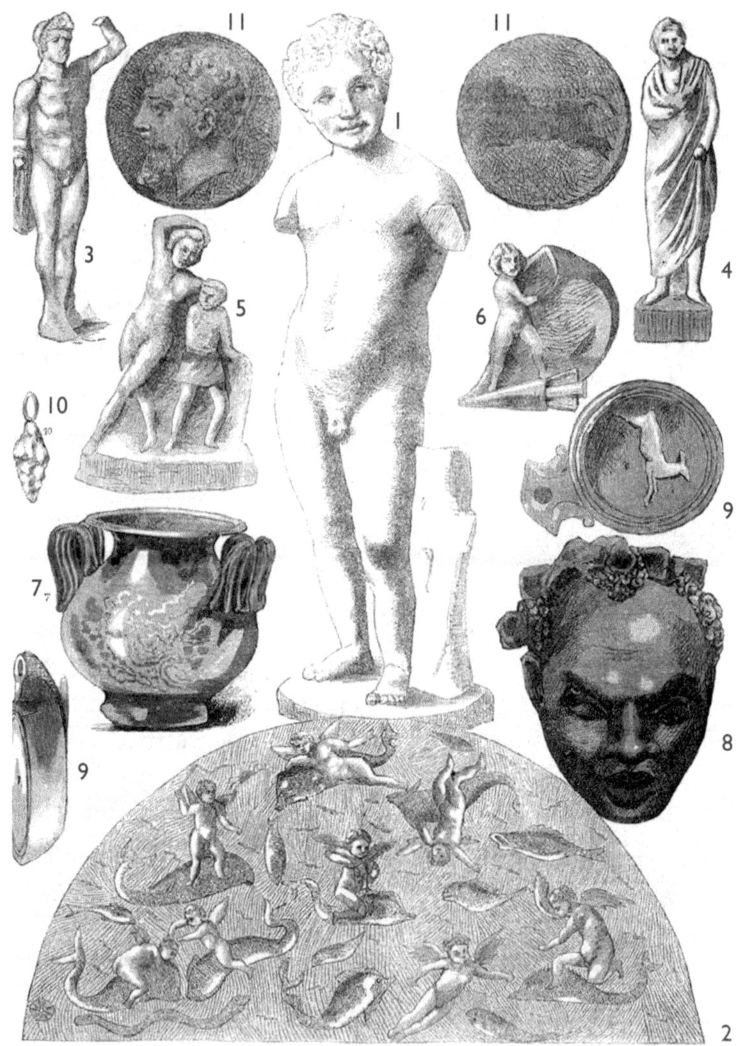

Le Monde illustré.
La mission du comte d'Hérisson.
Différents objets provenant des fouilles d'Utique et destinés à l'Exposition qui s'ouvrira au Louvre, cour Caulaincourt, le 1er octobre prochain.
(Dessins de M. Dupont).
1. Hamon Sepher, Hamon enfant, inventeur des lettres, ou Bacchus Biblos ; marbre de Paros, art grec, trouvé dans le temple d'Aden le Lybien, au pied de

prend-il par exemple la devise funéraire latine OTBQ TTLS[18] pour du phénicien, ce qui le conduit à une traduction pour le moins brumeuse.

Cela l'amène à échafauder un panthéon uticéen complètement chimérique : le sombre dieu Aden-Lob, représenté tantôt par un nain ou un bouffon, consort de la déesse Béka, la pleureuse, sorte de Perséphone africaine, etc. Et à reconstituer une mythologie faramineuse, où l'on croise des prostituées sacrées, des lions étranglés, des raisins verts, un soleil ivre cuvant dans une citerne, ou encore une jument éborgnée… Tout cela relève peut-être de l'*heroic fantasy*, mais pas de la recherche ethnographique. De telles fabulations sont franchement excessives. Les critiques universitaires ne vont pas l'épargner et bien qu'il riposte férocement, il doit en son for intérieur admettre son échec et dissiper ses illusions.

Sa théorie s'est révélée inexacte, le grimoire ne peut s'appliquer à toutes les écritures, ses limites se circonscrivent au français, voire au latin et au grec. En hébreu et dans les langues voisines, la racine de nombreux termes se compose de trois consonnes, par exemple BQR, baqar, qui signifie examiner. Les consonnes seules sont écrites, ce qui fait que rien ne distingue

---

18. O (ssa) t (ua) b (ene) q (uiescant), t (erra) t (ibi) l (evis) s (it) : « Que tes os reposent en paix, que la terre te soit légère. »

---

l'Acropole. — 2. Mozaïque découverte au fond du bassin d'une fontaine, dans le même temple — 3. Pastor, dieu de l'abondance, dansant devant le char d'Ashéra. — 4. Hamon en éphèbe (terre cuite). — 5. Pastor, dieu de l'abondance, ivre et enfermé dans l'Hadès, qu'il traverse appuyé sur Aden le Lybien portant une lanterne (terre cuite). — 6. Pterotas voguant à la voile sur une amphore ; composition grecque (terre cuite). — 7. Vase cinéraire en verre brisé, contenant les cendres du défunt. — 8. Tête du dieu grec Peleus, en terre noire et vernie, venue de Grèce ou d'Italie. — 9. Lampe lybienne portant un cerf et au-dessus, en caractères latins : PVIIAENI « Il soupire dans le désert après la source ». — 10. Pendant d'oreille en verre brisé. — 11. Médaillon du roi Juba.

ce baqar de baqar, boeuf, beqar, chercher, ou boqer, matin[19]. Cet usage fait de la lecture un véritable décodage de rébus, bien proche du blasonnement, et cela induisit Grasset à présumer que ces langues se conformaient aux mécanismes de la « langue des oiseaux ». Or, même si les kabbalistes s'adonnent volontiers à des jeux de mots quintessenciés, c'est une fausse impression, due seulement à l'absence des voyelles. Car il ne suffit pas que le rébus ait une solution, elle doit aussi être intelligible et surtout intentionnelle. HLIL.SN peut signifier « deux flûtes » ou « effacer l'impureté », encore faut-il qu'un « sémitophone » ait eu l'idée de rapprocher les deux acceptions, afin d'émettre un message sibyllin[20]. Ce n'est pas le cas, notre œdipe a dû se rendre à cette évidence face aux réfutations incontestables de ses traductions.

Après cette déconvenue, il se détournera des cultures sémitiques. Pressé par d'autres exigences, il se bornera désormais au sujet de l'Antiquité à des critiques de livres ou des notices historiques, afin de se concentrer sur les textes français. C'est alors qu'il livrera ses meilleures pages, sur les périodes allant de la Renaissance à la Révolution.

Michel Aulonne

19. Plus tard, quand l'hébreu cessa d'être parlé, on ajouta des signes diacritiques, dits nequdoth, pour exprimer les voyelles et faciliter la lecture.

20. La même méthode peut s'appliquer en français : par exemple, avec le groupe consonant TRK, on reconstitue les mots tracas, tricot, torque, troc, truquer, turc, autarcie, thériaque, étriqué, éthérique, terraqué, etc., sur lesquels on peut échafauder de nombreuses combinaisons. C'est le principe même du grimoire. On devine la souplesse, mais aussi l'ambiguïté du système : soit les messages ont des solutions multiples, soit ils sont très difficiles à décrypter, ce qui laisse des doutes sur leur interprétation. Mais du moins existent-ils, et Grasset excelle à déchiffrer ces énigmes, il l'a prouvé amplement par ailleurs. Pour plus de détails sur ce sujet, voir la préface du *Double Langage de Rabelais* (Œil du Sphinx, 2015).

Relation d'une mission archéologique en Tunisie

par le comte d'Hérisson
chevalier de la légion d'honneur officier d'académie

Messieurs,

C'est à vous que je dédie cette relation des fouilles exécutées à Utique grâce à votre concours aussi intelligent que généreux. La ville que j'ai explorée était consacrée à la bonne fortune, et j'ose dire qu'elle nous a été favorable, car je ne crois pas que jamais en aussi peu de temps et avec des dépenses aussi modiques on ait recueilli plus ample moisson de documents sur un pays et une race que la France a tant d'intérêt à connaître.

L'abondance des matières m'a même obligé à faire un choix et à ne donner place dans ce travail, qu'aux monuments ayant un caractère artistique, historique et religieux, tels qu'épigraphes phéniciennes, toutes inédites, épigraphes latines, marbres et terres cuites plastiques.

Quant aux mosaïques, à la céramique, aux verres, et surtout aux lampes funéraires, la collection que j'en ai rapportée est si nombreuse, les modèles en sont pour la plupart tellement inédits, qu'à mon grand regret je me suis vu forcé de les réserver pour une publication ultérieure.

Ce travail ne pouvait avoir d'autre but que de donner, dans le plus bref délai possible, au ministre de l'Instruction publique, un aperçu d'ensemble sur les explorations dont il avait bien voulu me confier la direction.

Cte d'Irisson d'Hérisson

Édouard ANDRÉ.
Le comte Louis CAHEN D'ANVERS.
Le comte Raphaël CAHEN D'ANVERS.
Le comte Abraham de CAMONDO.
Le comte Nissim de CAMONDO.
G. GERY.
Alexandre de GIRARDIN.
Le comte Edmond. de LAMBERTYE.
Le baron Alphonse de ROTHSCHILD.
Le baron SEILLIÈRE.
Sir Richard WALLACE. [1]

---

1. Le patronage de la mission est prestigieux. Sur sa composition, voir la préface. Seul le nom de Gery est mal connu. Il semble s'agir de Charles Gery, haut fonctionnaire sous l'Empire et la IIIe République (NDLE).

Première partie

> *Quicquid sub terris est,*
> *in apricum proferet aetas.*
> Horace[1]

I

Situation d'Utique
Étymologie
Discussion sur l'emplacement de cette ville

Jusqu'ici on ne s'accordait point sur l'emplacement de la ville d'Utique. Avant de donner la description des fouilles qui l'établissent avec certitude, il est donc indispensable d'examiner les différentes opinions émises sur cette question controversée et de baser cet examen sur un résumé rapide de l'histoire de cet établissement liby-phénicien.

D'après la carte de la guerre dressée en 1837, Utique est située par le 7° 44′ 20″ de longitude et le 37° 3′ 0″ de latitude

---

1. « Le temps produira quelque jour tout ce que renferme la terre », *Épîtres* 1, 6, 20 (NDLE).

nord. M. Daux dans ses recherches sur *l'Origine des emporia phéniciens* (page 145) détermine cette position avec quelques différences : 7° 20′ de longitude et 37° 2′ 50″ de latitude.

Utique se trouve à 36 kilomètres de Tunis et à 40 kilomètres de Carthage en se dirigeant vers le nord-ouest.

À l'époque phénicienne, Utique était un port de guerre de premier ordre ; sous la domination romaine, c'était la seconde ville de la région africaine connue sous le nom de Zeugitane qui était bornée au nord et à l'est par la Méditerranée, la Byzacène au sud et la Numidie à l'ouest.

Son enceinte comportait une population d'environ 40 000 habitants *intra-muros*, mais on sait que les acropoles antiques étaient très étroites relativement à la population des villes qu'elles étaient chargées de défendre et qu'elles ne comprenaient que les principaux temples et édifices publics de la communauté. Il est des villes dont la population a été de trois à quatre cent mille âmes et dont les acropoles n'en tiendraient pas six mille. Sous la domination romaine, les villes de la Méditerranée cessèrent de craindre les incursions des pirates qui en étaient le fléau avant qu'elles ne fissent partie d'un seul et même empire, et Utique suivant l'exemple général s'étendit considérablement au-delà de son enceinte primitive. De l'expansion de ses faubourgs qui débordaient à plusieurs kilomètres dans la plaine, on peut conclure sans être taxé d'exagération que le chiffre de sa population atteignait au moins 100 000 âmes.

À une époque où l'on n'avait sur la langue phénicienne que des données tout à fait imaginaires, Marcel dans son *Histoire de Tunis*, page 145,[2] faisait dériver le nom d'Utique *Outiqah* (קתע) qui d'après lui en langue phénicienne aurait

---

2. De 1851. Les études sur les Phéniciens ne se sont vraiment développées que dans la seconde moitié du XIXe siècle (NDLE).
3. Hébreu קיתע (*atiq*), ancien (NDLE).

signifié l'*antique*, l'*ancienne ville*[3]. Mais jamais les Phéniciens, pas plus qu'aucun autre peuple de l'antiquité, n'ont donné à une ville le nom d'*ancienne* ou de *nouvelle*, il y a bien les exemples de Carthage (תשדחתרק) (Qart-Hadasat) et de Naples (Νεάπολις) [*Neapolis*] qui pourraient être invoqués à l'appui comme se traduisant exactement l'un l'autre. Mais on sait que ces noms ne leur étaient donnés que par des étrangers et que Naples se nommait réellement Parthenopolis (la ville de la Vierge). Quant à Carthage, nous ne savons pas exactement le nom qu'elle se donnait à elle-même, par la raison que ses médailles de même que toutes les médailles africaines de cette époque sont anonymes. Qart-Hadasat ne se lit que sur des médailles siciliennes et il n'est nullement certain que ce mot, qui se traduit en français par *ville neuve*, désigne la ville nommée par les Grecs Καρχηδὼν [*Karchèdôn*] et par les Romains *Carthago*, avec autant de raison que nous donnons aujourd'hui le nom de Constantinople à une ville que ses propriétaires ne connaissent que sous celui de Stamboul.

Si nous insistons sur cette question, c'est que l'étymologie véritable du nom d'Utique est d'une importance capitale pour la détermination des monuments religieux qui y ont été découverts, parce qu'on sait que les villes anciennes portaient toujours le nom de la divinité qui y était particulièrement honorée et se nommait divinité *Éponyme*. Or, il n'y avait pas de ville qui n'eût la sienne et c'était par ce motif que les noms de vieille ou de nouvelle ville ne pouvaient leur être donnés que par des étrangers.

Comme les médailles frappées par les villes antiques portaient toujours l'effigie de leur divinité éponyme, dans la plupart des cas l'aspect de cette effigie permet de suppléer au silence des historiens ou à l'absence de légende qui est un fait constant dans les médailles carthaginoises.

Le silence des historiens n'est pas absolu, car nous savons que le nom primitif de Carthage et probablement le seul que le peuple carthaginois ait jamais admis était *Caccabé*[4]. Selon plusieurs auteurs anciens, ce nom aurait eu la signification de *tête de cheval* et aurait été donné à la ville par suite des événements attachés à sa fondation. En effet, lorsque les Tyriens jetèrent les fondements de Carthage, il fut raconté qu'ils trouvèrent sous la terre une tête de cheval au pied d'un palmier et que, regardant comme un signe de bon augure la tête de cet animal fougueux, ils donnèrent par cette raison à la ville le nom de Caccabé (tête de cheval), de Κάρ [*kar*], *tête* et Καβάλλης [*kavallis*], *cheval*. Mais Movers[5] a démontré que l'ancien nom de Carthage se trouve sur les monnaies frappées à Sidon sous les Séleucides, et depuis la découverte de textes phéniciens d'une étendue relativement considérable, tels que l'épitaphe d'Eshmunazar et l'épigraphe du roi Mésa, le caractère de la langue phénicienne a été aussi nettement déterminé que possible. C'est la langue dans laquelle a été écrit l'Ancien Testament. D'autre part, les assyriologues ont parfaitement éclairci la signification du mot *caccabé* qui veut dire étoile (בכב) [*kocav*], et au duel *caccabim*, les deux étoiles, ou les *Dioscures*. Carthage était donc une ville consacrée par ses fondateurs aux *Dioscures* ou *Caccabim*, plus communément nommés en phénicien les Pathèques (קתחפ), littéralement *faces jointes*.[6]

Or, que trouvons-nous dans la seule médaille phénicienne d'Utique qui ait été classée jusqu'ici avec plus ou moins de certitude ? D'un côté les deux étoiles (Caccabim) et les deux

---

4. Elle se nommait aussi *Cambé*. Ce nom est grec et veut dire courbure (κάμπος [*kambos*]) ; il correspond parfaitement à la situation de Carthage qui était le point le plus méridional de la Zeugitane. Ce serait en ce cas, celui qu'elle aurait reçu des Argonautes.

5. F.K. Movers, orientaliste allemand, un des pionniers des études phéniciennes (NDLE).

6. Les Dioscures (fils de Zeus) désignent les Gémeaux, Castor et Pollux. Les Pathèques, ou patèques, figurés comme des nains plus ou moins difformes, vont en général par paire. Ce sont cependant des divinités protectrices, en particulier des marins (NDLE).

faces des Dioscures (Pathèques), de l'autre deux chevaux dont nous n'essaierons pas d'interpréter les noms. Sur les médailles carthaginoises frappées sous le règne d'Auguste, on retrouve aussi les Dioscures sous les traits de Jules César et d'Auguste, flatterie très commune à cette époque, mais grâce à ce déguisement les Suffètes de vieux sang punique *Mutumbal* et *Ricoce* pouvaient conserver leurs vieux pathèques nationaux en assimilant l'empereur mort à Castor et le vivant à Pollux qui, dans la médaille précédemment citée d'Utique, est désigné par une couronne de laurier.

Il résulte de ce qui précède que Carthage et Utique avaient pour divinité commune les Dioscures et que toutes deux devaient en tirer leur nom. Or, le nom d'Utique se trouve sur la médaille ci-dessus mentionnée, en caractères phéniciens très lisibles, correspondant à l'hébreu (גתא) ATG ; sous cette forme, ce mot n'a aucun sens, mais la médaille est de très basse époque et le G a pu être substitué à un Q qui donne alors l'hébreu (קיתא) lequel est traduit dans la Vulgate par *péristyle*. Réellement, c'est le niphal du verbe קתנ qui veut dire *séparé*, *castratus*, avec tous les sens que comporte ce mot en latin. Il est donc probable qu'Utique avait été dédiée par ses fondateurs à *Castor*, tandis que Carthage était dédiée à *Pollux*. Or, l'emblème de cette ville est, lors de son autonomie, une tête de fille couronnée d'orge (תב) *Bith* fille (חרעש) *Sora* orge, qui était le nom de la ville de Tyr, resté dans celui de la Syrie[7]. Carthage s'intitulait donc elle-même fille de Tyr, ou tout simplement Tyr, ou la nouvelle ville de Tyr, et probablement ses habitants ne comprenaient pas le nom Romain de Carthago, car sous la domination romaine afin de rendre intelligibles, pour les indigènes, des monnaies dont les légendes étaient écrites dans une langue qu'ils n'entendaient point, on continuait à désigner Carthage par un épi d'orge qui

---

7. Tyr se dit רוצ (*tsour*) en langue locale, terme qui signifie rocher. Voir plus loin au chapitre II (NDLE).

rappelait aux descendants des Carthaginois leur nom national de Tyriens ou Syriens. (*Numismatique de l'ancienne Afrique,* C. T. Falbe et Lindberg, achevé par Muller, T. II, Zeugitane.)

Les considérations qui précèdent ne sont que de simples jalons qui nous serviront de guides, lorsque plus loin nous aurons à déterminer la destination des édifices religieux dont nous avons exploré les ruines, et d'ailleurs notre but ne peut pas être de résoudre ces questions mais de classer les matériaux qui doivent servir à les résoudre, et parmi les plus importants il faut mettre au premier rang l'exacte détermination de l'emplacement d'Utique qui a été jusqu'ici très contesté. Shaw, dont nous citerons souvent l'autorité, est le premier qui, dans son *Voyage dans plusieurs provinces de la Barbarie et du Levant* (1743, La Haye, deux volumes in-4°, traduction française), ait posé la question de l'emplacement d'Utique ; et après avoir examiné si cette ville se trouvait dans l'intérieur des terres, ou si elle occupait la hauteur nommée aujourd'hui *Bouchater*, il se décida en faveur de cette dernière localité, où on découvre, dit-il, des restes nombreux d'antiquités.

Le premier explorateur de Carthage, le capitaine Falbe n'hésita pas non plus à adopter l'opinion émise par le docteur Shaw, lorsqu'il eut poussé jusqu'à Utique les explorations auxquelles il s'était déjà livré à Carthage. « Utique était, dit-il, une ville sur le bord de la mer avec un port, mais aujourd'hui le rivage en est éloigné de quatre milles. Les terres d'alluvion charriées par la Medjerdah depuis tant de siècles et qui ont formé la plaine basse entre Utique et la mer, ont pu contribuer à augmenter les atterrissements du côté du cap *Qamart*, mais des changements notables n'ont pu avoir lieu dans la partie où Carthage était située.[8] »

Bou Chater ou plutôt Chater veut dire en arabe *la vieille des vieilles* ; dans sa description de la régence de Tunis, Pellissier

---

8. *Recherches sur l'emplacement de Carthage*, Paris. 1833, in-8°.

prétend à tort que ce mot signifierait *le père de l'intelligence*, l'orthographe de ce mot est بو شاطر. Sir Grenville Temple suppose que Bou Chater veut dire *le père de l'habileté, l'homme sage*, expression qui rappellerait le souvenir de Caton d'Utique ; mais, c'est faire du sentiment et non de la science. Ce nom ne remonte probablement pas plus haut que l'invasion arabe, et à cette époque les indigènes avaient oublié depuis longtemps un étranger qui n'avait jamais dû les intéresser bien vivement. Si les conquérants musulmans s'emparèrent avec tant de facilité de tous les pays dont le fond était resté sémitique, cela tenait avant tout à ce que la domination romaine ou grecque ne s'y était jamais nationalisée. Les Arabes furent partout accueillis comme des libérateurs par les populations rustiques qui ne parlaient ni latin ni grec. C'est un fait qu'il ne faut jamais perdre de vue, parce que l'avenir doit mettre à profit les leçons du passé (S. Grenville, *Temple*, t I, p. 256.)

Mannert, savant allemand qui a visité Utique en 1842, et publié un ouvrage très érudit sur la *Géographie ancienne des États barbaresques*, voudrait que les ruines que l'on rencontre à Bouchater fussent celles de *Salera*, ville prise et ravagée deux fois par Scipion. Il va même jusqu'à dire que les 15 milles romains[9] qui séparent *Salera* des *Castra Cornelia* s'accordent avec la situation de Bouchater. Hâtons-nous de dire que si le travail de Mannert peut être considéré comme généralement très exact en ce qui concerne la situation de toutes les anciennes villes du *Zeugis*, et du *Byzacenium*, il commet une erreur certaine en ce qui concerne celle d'Utique[10]. Du reste, il est bon de faire remarquer que les géographes romains eux-mêmes ne sont pas toujours d'accord sur les distances des villes dont ils font mention. C'est un fait trop souvent constaté par les savants modernes pour se donner la peine d'y insister. D'après Strabon,

---

9. Le mille romain vaut 1480 mètres (NDLE).
10. Paris, Roret, 1842, in-8°, traduction française, Marcus et Duesberg.

Utique était située sur le golfe de Carthage vers le nord, non loin du promontoire d'Apollon (Ras Zebid). Ces villes étaient en vue l'une de l'autre : ἵδρυται δ᾽ ἐν αὐτῷ τῷ κόλπῳ τῷ Καρχηδονιακῷ πρὸς θατέρῳ τῶν ἀκρωτηρίων τῶν ποιούντων τὸν κόλπον, ὧν τὸ μὲν πρὸς τῇ Ἰτύκῃ καλοῦσιν Ἀπολλώνιον, θάτερον δ᾽ Ἑρμαίαν, καὶ εἰσὶν ἐν ἐπόψει ἀλλήλαις. « *Sita est in ipso sinu Carthaginensi, ad alterum et promontoriis quae sinum faciunt ; horum id, quod juxta Uticam est, Apollinium vocatur, alterum vero Hermaea. Urbes ipsae ita sunt sitae, ut unam possis ex altera cernere.* » (Strabo, lib. XVII. cap. III, 3.) [11]

De Carthage à Utique on comptait 20 milles géographiques ; donc, dans Appien, au lieu de 60 stades, il faut lire 160 stades. Par terre, en faisant le tour du golfe, la distance était de 27 milles romains.

Voici ce que Tite-Live rapporte d'Utique : « Il y avait une éminence au pied de laquelle la ville était bâtie (imminente prope ipsis mœnibus, tumulo. Tit.-Liv., lib. XXIX, cap. xxxv) Elle était à 27 milles de Carthage. »

M. Daux, ingénieur civil, chargé en 1860 de fouiller l'emplacement d'Utique, n'a pas hésité à reconnaître le monticule de Bouchater comme celui dont il est question dans Tite-Live. L'empereur Napoléon III l'y avait envoyé pour rechercher les vestiges de cette ville et il campa longtemps à Bouchater avec un grand nombre d'ouvriers. Grâce à des fouilles suivies et à de longues et patientes études, il est parvenu à reconstruire, morceau par morceau, la topographie fort exacte et très détaillée des grands édifices, des fortifications, des ports, et des rues principales d'Utique, dont il a levé les plans et rétabli une *vue à vol d'oiseau*, se référant à l'an 46 de notre ère. Pour M. Daux,

---

11. « Elle s'élève dans le golfe de Carthage près de l'un des deux caps qui le forment. Le plus proche d'Utique est le cap Apollonium, l'autre le cap Hermaeas : les deux cités sont en vue l'une de l'autre. » (NDLE).

il n'est pas douteux que Bouchater ne soit le véritable emplacement d'Utique (*Recherches sur les Emporia phéniciens*).

Ce n'est donc pas sans une extrême surprise qu'on lit dans le *Moniteur universel*, à la date du 13 octobre 1864, une étonnante série de mémoires signés Rabusson et insérés in extenso, à plusieurs colonnes, qui ordonne aux savants d'avoir à transférer Carthage et Utique à 80 lieues plus à l'ouest de Tunis.

En ce cas, le Zeugis et le Byzacium ne peuvent faire autrement que d'accompagner dans leur exil Utique et Carthage. C'est comme si l'on ordonnait la translation du Havre et de Dieppe à Brest, et celle de la Normandie en Bretagne. Était-ce une plaisanterie et faut-il en rire ? Quoi qu'il en soit, il est inutile de discuter de semblables opinions, et s'il est aujourd'hui un fait bien établi, c'est celui de la situation d'Utique, non pas à Porto-Farina, comme le voulait Mannert, mais à Bouchater et dans ses environs.

Si l'exacte détermination de l'emplacement d'Utique est d'une haute importance au point de vue archéologique, elle ne l'est certainement pas moins au point de vue géologique, en démontrant que depuis les Romains cette partie du littoral africain a subi des modifications considérables, car la côte occidentale du golfe de Tunis s'est accrue d'une surface de plus de 10 kilomètres de largeur de l'est à l'ouest.

Ce phénomène doit être évidemment attribué à deux causes : 1. L'action de la Medjerdah, dont les dépôts continuent à ensabler la baie connue sous le nom de Porto-Farina (Ghar-el-Melah) : en 1655, le capitaine anglais Black y faisait entrer toute l'escadre qu'il commandait, composée de 7 vaisseaux. Aujourd'hui ce ne serait plus possible, car la profondeur n'y est plus que d'un demi-mètre, et le temps n'est pas éloigné où toute la baie aura été convertie en terre ferme.

2. Cependant outre l'action incontestable de la Medjerdah signalée dès 1736 par Shaw et constatée depuis par la plupart des auteurs qui ont écrit sur la Tunisie, on pense qu'il faut

admettre l'intervention d'un soulèvement progressif et séculaire. Ces mouvements d'émersion et de submersion lente ont été bien constatés par la science moderne en Europe et en Amérique ; et dans un travail intitulé *Imken die Andes ?* (les Andes s'abaissent-elles ?). M. V. Reiss a réuni un grand nombre d'observations sur ces phénomènes qui sont loin d'être rares.

Or, la plaine qui entoure Utique réunit tous les caractères indiquant qu'elle est sortie de la mer et que la place qu'elle occupe aujourd'hui était autrefois baignée par les eaux de la Méditerranée.

II

Route de Tunis à Utique
Aspect général de ses ruines
Collines des deux frères
Les Dioscures et le culte de l'orientation
Théologie des cabires phéniciens d'après Sanchoniaton

Pour se rendre de Tunis à Utique, on sort par la *porte verte* et on longe les murs du fort. Par-devant se dressent les arcs de l'aqueduc de Charles-Quint, bien inférieur à celui d'Adrien, dont de grands fragments sont encore intacts. On passe ensuite devant le Palais du Bardo, dont l'aspect est celui d'un petit village fortifié. La route s'accidente quelque peu et bientôt l'horizon apparaît bordé de montagnes qu'on franchit en une heure et demie de marche. On entre alors dans une vaste plaine semée de quelques oliviers, de caroubiers et de jujubiers épineux, mais le plus souvent entièrement nue et d'aspect peu fertile. Çà et là, des chèvres et des moutons à grosse queue ; parfois, des bœufs et des génisses d'aspect misérable et rabougri. Le chemin n'est pas entretenu et a été tracé au hasard, dans un terrain jaunâtre, par les véhicules qui le parcourent. Au-delà des montagnes qu'on apercevait en sortant de Tunis, la plaine se déploie unie jusqu'à la mer. De temps à autre un champ d'orge. On franchit les hauteurs qui longent la rive droite de la Medjerdah (Bagradas des anciens), et pour peu qu'on se rappelle les vieux auteurs, on songe à ce fameux serpent qui différait de celui du *Constitutionnel*[1], en ce qu'il n'était qu'un simple serpent de rivière. Il n'en arrêta pas moins (dit-on) pendant plusieurs jours la marche de l'armée romaine conduite par Attilius Regulus. Au dire de Pline, « il était avéré que près de la rivière Bagradas, Regulus dut se servir de machines de guerre pour assiéger comme une ville, un serpent gigantesque de 120 pieds de longueur; » et Valère Maxime a reproduit le fait en ajoutant qu'avant l'emploi des machines, ce monstre sembla aux légions romaines plus terrible que Carthage même. Il avait saisi plusieurs soldats avec sa gueule immense (*ingente ore*), ou les avait étouffés dans les replis de sa queue. Les eaux du fleuve rougies par son sang et les exhalaisons pestilentielles de son cadavre infectèrent la contrée au point de forcer les Romains à décamper. Tite-Live, Sénèque, Florus, Aulu-Gelle, Sylvius Italicus, Orose, répètent tous cette histoire, qui n'en devient pas plus vraisemblable. Il est possible qu'il ait existé un ou plusieurs serpents de grande dimension sur les bords de la Medjerdah, à l'époque du passage de Regulus, mais il est encore plus probable qu'il aura eu à lutter contre le fleuve lui-même, que son rapport aura transformé en serpent. Ordinairement ces légendes se forment d'après un nom local, mais rien dans l'étymologie du Bagradas ou de la Medjerdah ne vient à l'appui de l'imagination. Ce nom n'a jamais changé, car ni le B ancien, ni l'M moderne n'en font partie intégrante. דר veut dire gratter, creuser, raviner, et ב ou מ répondent à *ex* et à *in*. C'est donc comme si l'on disait dans le ravin ou hors du ravin [2].

---

1. Le grand serpent de mer, canular imaginé par ce journal en 1817 pour stimuler ses ventes (NDLE).
2. Polybe le nomme Macar, qui se rapproche du nom moderne et veut dire fosse; ce n'était donc pas le nom du fleuve, mais une désignation générale correspondant à l'arabe *oued*.

Les anciens fleuves portant toujours des noms de divinités, il est probable que le Bagradas en avait un autre qui voulait dire serpent. Les médailles de Clodius Macer représentent Carthage sous la forme d'une Pallas dont le casque est surmonté d'un serpent. Quoi qu'il en soit, la Medjerdah qui prend sa source en Algérie est un fleuve fort médiocre. En février, époque à laquelle nous le traversâmes, l'eau en était peu profonde, mais son lit s'élargit dans la saison des pluies et il inonde ses rives qui sont arides et sablonneuses.

On franchit la Medjerdah sur un long pont à pentes rapides. Dans la plaine on aperçoit quantité de *Thapsias Garganicas* et autres plantes assez rares telles que *Lonas Medora, Erythraea Pulchella, Rapistrum Linnœanum, Othonna Cheirifolia*. Bientôt se dressent dans le lointain deux blanches constructions jumelles couronnant deux hauteurs attenantes et peu élevées. Les Arabes les nomment encore les *deux frères*. Ces deux collines jumelles et attenantes suffiraient à elles seules pour déterminer l'emplacement d'Utique, car חכת [tkh] en hébreu veut dire attenant, *adjunctus*, et le nom le plus ancien de la province était ζεύγις [zeughis] qui veut dire *accouplé*[3]. Il est donc probable que s'il était permis de fouiller les deux marabouts actuellement existants, on y retrouverait les vestiges des temples jumeaux des Dioscures qui figurent sur les médailles romaines d'Utique et de Carthage. Autour des deux marabouts s'étalent quelques misérables huttes portant le nom moderne de Bouchater ; mais il n'est pas impossible que ce nom ne soit beaucoup plus ancien qu'il n'en a l'air, car en hébreu רתח (chatar) veut dire *perfodit* : creuser, passer à travers, ce qui est l'office du dieu grec *Érechthée* et de Castor, représentant le soleil matinal pendant les ténèbres, ou le point du jour.

---

3. Se lit *Zeughis*, mot dérivé de *zygos*, joug (NDLE).

Avant d'atteindre Bouchater, on traverse un petit pont de pierre sous lequel passe un affluent de la Medjerdah, dont les bords sont couverts de cyperacées et de graminées. On gravit une rangée de collines par des pentes très douces. Çà et là on côtoie des champs d'orge et on arrive enfin sur les hauteurs de Bouchater, après quatre heures de voiture.

Aujourd'hui l'emplacement d'Utique n'est plus qu'un vaste tchiflick appartenant au général Hamida ben Ayad. Il y possède une villa de l'extérieur le plus simple, mais fort confortablement aménagée à l'intérieur. Une inscription arabe placée sur l'une des portes indique qu'elle a été construite en 1292 de l'Hégire (1876).

En face, à environ cent mètres, se trouvent des citernes voûtées et profondément creusées dans le sol, qui servent actuellement d'étables ; nous aurons à y revenir.

Les deux plateaux sur lesquels Utique est située affectent une forme allongée et se dirigent du sud-ouest au nord-est : l'un est consacré au cheik *Bargh-el-Lil*, l'autre au cheik *Et-Kouri* ; est-ce encore un effet du hasard, si ces deux saints musulmans portent des noms phéniciens, dont le premier veut dire : l'éclair dans la nuit, et l'autre, le soc qui perce[4] ? Ces coïncidences singulières valent au moins la peine d'être notées.

En tout cas, leurs monuments relèvent le caractère pittoresque du paysage et sont accompagnés d'un cimetière musulman. La plus considérable de ces deux hauteurs mesure environ 250 mètres de long sur 100 de large.

Quoiqu'en aient dit certains écrivains qui prétendent qu'Utique est malsaine, l'air y est pur sauf pendant les grandes chaleurs, les vents y soufflent fréquemment et avec violence pendant le reste de l'année. Le panorama qui l'entoure est admirable ; au sud-est, ce sont les montagnes qui bordent

---

4. Hébreu *baraq*, éclair, *laïlah*, nuit, *kur*, percer (NDLE).

l'horizon du côté de Tunis. Par-dessus leurs sommets, à plus de 50 kilomètres, on distingue les cimes les plus élevées de la chaîne qui borde l'horizon ; à l'ouest, une autre chaîne non moins pittoresque entre deux larges plaines, et dans celle du sud la Medjerdah qui serpente, laissant voir par intervalles ses eaux argentées ; au nord, une troisième chaîne s'avançant jusqu'à la mer qu'on distingue aisément par un temps clair. À ses pieds, Porto-Farina étale ses maisons blanches. À l'est, sur la côte, le pittoresque et joli petit village de Kala-el-Oued ; au nord, dans la plaine, de nombreux troupeaux de vaches et de moutons ; à l'est et au sud, de vastes champs d'orge. De côté et d'autre des Arabes à cheval, le fusil sur l'épaule, drapés dans leurs blancs burnous, et de longues files de chameaux se suivant lentement.

Si maintenant on jette un coup d'œil sur ce qui reste d'Utique, on remarque tout d'abord entre les deux monticules une profonde excavation en forme de gigantesque entonnoir. C'était l'amphithéâtre romain. Au-dessous, au nord, l'œil est arrêté par d'énormes pans de murs dont plusieurs s'élèvent encore à une grande hauteur. C'est tout ce qui reste du magnifique Palais-Amiral. (photo palais amiral) Il était situé dans un îlot, au milieu de l'ancien port de guerre d'Utique. Aujourd'hui le port est comblé, mais il est encore couvert de joncs maritimes. Sur les bords du monticule qui se rapproche du nord, on voit des voûtes assez bien conservées, bâties au-dessus de caves ou de citernes. Ce sont d'anciennes habitations romaines et carthaginoises.

Le sol est jonché de débris de marbres de diverses couleurs, de briques à rebords, de poteries rouges. Dans la partie de la ville que nous appelons l'*Ile* et sur laquelle nous reviendrons, la vue s'arrête sur un groupe solitaire de trois grands palmiers d'un beau port et de belle venue. Au pied de l'un de ces beaux arbres, jaillit une source thermale dont la température est à 33 degrés.

Ses eaux sont, dit-on, riches en arsenic, ce qui leur assure des vertus curatives multiples, analogues à celles des eaux de la Bourboule près du Mont-Dore[5]. À côté de cette source, on remarque un ancien établissement thermal romain, en partie conservé, qui devait servir aux baigneurs. C'est une longue pièce voûtée.

Dans l'île même, à peu près au centre, se trouvent des débris de colonne en marbre jaune antique et en granit gris. Aucun de ces tronçons n'est debout, mais ils sont assez régulièrement alignés et ne peuvent être que les vestiges d'un édifice magnifique. À l'est, en dehors de l'île, on distingue les restes d'un beau théâtre, parfaitement accusés par un hémicycle de terre s'élevant à une grande hauteur, en forme de fer à cheval.

En somme, ce qui domine aujourd'hui dans les ruines d'Utique, ce sont les particularités de son site même, c'est-à-dire ces deux collines adjointes et séparées à la fois, dont il faut vraisemblablement faire dériver le nom grec de la région tout entière dont elles faisaient partie, *Zeugis*, et le nom phénicien de *Atique* ou Utique qui a dû lui succéder à une époque très reculée. Nous verrons en effet, lorsque nous traiterons de son histoire, qu'Utique a été fondée par les Grecs atlantiques dont il est question dans Hérodote. Pour le moment, nous devons nous borner à faire remarquer qu'aucun site ne se prêtait mieux que le sien à une ville consacrée aux Dioscures et que ces jeux de la nature étaient aussi recherchés des Phéniciens que des Grecs, parce que le culte des Pathèques était aussi en honneur chez eux que chez leurs rivaux helléniques, ou, pour parler plus exactement, qu'ils étaient les seuls et uniques dieux de tous les peuples de la Méditerranée, sans distinction d'origine, y compris les Hébreux.

---

5. Nous avons fait faire l'analyse de ces eaux que nous donnons à la suite des pièces justificatives.

Qu'était-ce donc que les Pathèques, Dioscures ou Kabires ? Car on les connaît sous ces trois noms sans en compter bien d'autres. Nous ne les étudierons qu'à un seul point de vue, celui de la géodésie qui jouait un rôle capital dans tous les établissements des anciens. Aussi, les explorateurs modernes ne doivent-ils rien négliger pour s'assurer de l'orientation exacte des ruines qu'ils se proposent d'étudier, car c'est leur véritable fil d'Ariane. Or, les Dioscures étaient avant tout les dieux de l'orientation.

Les paganismes anciens s'enveloppaient dans des voiles mythiques qui leur ont servi de linceul et ils sont tous morts en emportant leur secret. Une seule religion marchait à visage découvert, c'était le mosaïsme, encore avait-il son petit mystère dans le nom de *Jehova* qui ne pouvait pas être prononcé. Ce qui en interdisait absolument l'explication aux illettrés. Or, le nom de Jehova contenait précisément la plus exacte des définitions que l'antiquité nous ait transmise des Dioscures : *Ia* il fut, *Have* il sera, dont la réunion en un seul mot Ia-Have formait le présent *il est*, qui manquait à la langue hébraïque et que Platon traduisait dans ce qu'il nommait la *langue des dieux* par Pterotas, en langue mortelle *Éros* (le périssable). Les Grecs le représentaient par un amour ailé (Pet-Erotas). Géodésiquement *Pterotas, Jehovah, Brahma* ou tout autre nom qu'on voudra lui donner, n'était ni plus ni moins que le dieu national par excellence, c'est-à-dire le méridien de chaque pays qui n'est qu'une traduction de Dioscure ou diviseur du jour. Le méridien partage en deux parties égales le cercle équatorial. On donnait à la partie orientale le nom de *Have, Vichnou, ou Castor* et à la partie occidentale celui de *Ia, Siva* ou *Pollux*, suivant les temps et les pays. C'est le mystère de La Trinité qui n'a rien de plus mystérieux qu'aucune autre partie des sciences mathématiques. Les *Septante* le définissent το ὄν, το ἦν και το ἐρχόμενον.[6] Il est, certes, impossible, d'être moins mystérieux. Tout le reste a été brodé par l'imagination populaire.

Brahma, Jehovah et Éros étaient des dieux uniques et invoqués partout de la même façon par les castes savantes comme principe de la vie universelle, et on leur donnait généralement pour séjour la Grande Ourse, c'est-à-dire le pivot ou support supposé de l'univers, avec lequel ils se confondaient. Mais il n'en était pas de même de leurs dédoublements, c'est-à-dire de l'orient et de l'occident pour lequel chacun était libre de manifester ses préférences. L'orient *Have, Vichnou* ou *Castor* représentaient la fortune croissante ou les jours qui s'allongent. *Ia, Siva* et *Pollux*, la fortune décroissante ou les jours qui diminuent. Il est à remarquer que les juifs préféraient *Ia* à *Have*, ce qui était indiqué par la position du sanctuaire du temple de Salomon qui était situé à l'ouest. Les Nazaréens et à leur suite les chrétiens préféraient *Have* qu'ils nommaient *Jésus*. Il en résulte que toutes les anciennes églises construites selon les prescriptions des franc-maçonneries antiques et modernes, ont leur sanctuaire à l'*est*.

De là, pour les explorateurs du passé, un axiome qui ne souffre point d'exception. L'orientation du sanctuaire d'un temple indique immédiatement celui des Dioscures auquel il était consacré. S'il est à l'est, c'est le soleil levant, s'il est à l'ouest, c'est le soleil couchant. Quant à des sanctuaires faisant face au nord, ils sont encore assez fréquents, mais ceux qui font face au sud sont excessivement rares. Tous les anciens, sans exception, adoraient de préférence les divinités infernales, c'est-à-dire le soleil au-dessous de l'horizon.

Ce sont ces principes exposés tout au long dans le Deutéronome qui ont présidé à la construction du temple de Jérusalem et de tous ceux des Grecs et des Phéniciens, aussi bien que des églises chrétiennes. On pourrait l'appeler le système méditerranéen ou grec, parce que ce sont les Grecs qui l'ont

---

6. *To onn, to ènn ké to erkhomenonn*, celui qui est, qui était et qui vient. Repris de l'*Apocalypse*, I, 8 (NDLE).

inventé et transmis à Salomon par des architectes philistins qui étaient venus de Crète. Il se distingue par deux particularités caractéristiques, l'orientation de l'est à l'ouest se réglant exactement sur le méridien, et un plan uniforme composé de deux carrés parfaits accolés, en souvenir de l'arche ou cercueil de la divinité, établi d'après les proportions humaines qui sont celles d'un homme couché sur le dos, la tête au sud-est, les pieds au nord-ouest, les mains jointes par le bout des doigts sur le sternum. Il se trouve que, dans cette position, l'écartement des deux coudes donne exactement la moitié de la longueur du corps, ou 4 sur 8. Toutes ces règles ont été recueillies par les jésuites Prat et Villalpando, dans leur grand ouvrage sur le temple de Salomon (Rome, 1604).[7]

Ce parallélogramme de 4 sur 8 était à la fois un idéal religieux et stratégique sur lequel tout peuple, fondant un nouvel établissement dans une terre déserte ou conquise, tenait à modeler le tracé de ses frontières. Des géomètres revêtus d'un caractère éminemment sacré et auxquels personne n'aurait osé désobéir, tâchaient de trouver quatre hauteurs formant un parallélogramme aussi régulier que possible dont les angles ou les faces devaient correspondre au moins approximativement aux quatre points cardinaux. À chaque angle on construisait une forteresse, en ayant soin qu'elles fussent assez rapprochées pour se voir et échanger des signaux, et l'espace compris entre ces quatre points stratégiques pouvait être cultivé sans être trop exposé aux incursions des pillards de terre ou de mer.

Chacun de ces angles du *canton* recevait non une dénomination arbitraire, mais une de celles des quatre points cardinaux adoptées par le nouveau peuple : le plus souvent c'étaient des noms de couleurs. Chez les Hébreux, *Juda*

---

7. *In Ezechielem explanationes et apparatus urbis, ac Templi Hierosolymitani…* ouvrage considérable donnant les règles de l'architecture religieuse (NDLE).

correspondait à la couleur du *lionceau* ou couleur paille, *Ruben* à l'*incarnat* de la face humaine, *Éphraïm* à la couleur *baie* du taureau. L'étendard de Juda était planté à la face est du temple de Salomon, celui de Ruben à la face sud, et celui d'Éphraïm à la face ouest. *Dan*, qui était la tribu princeps, arborait le sien au nord, la face réservée à Jéhovah, mais il n'avait pas de couleur spéciale et portait *mi-partie de Juda et d'Éphraïm* , les deux Dioscures hébreux dont la réunion formait Jéhovah. Il avait pour emblème l'*aigle* qu'on trouve sur tous les sarcophages grecs à la face répondant au nord, ou à l'inconnu. [8]

Ces dispositions sont remarquables, en ce qu'elles ne sont ni égyptiennes ni assyriennes. Ces deux peuples construisaient leurs temples sur des plans rectangulaires à côtés égaux, et l'orientation de leurs sanctuaires a été peu étudiée jusqu'ici. On trouve quelques exemples de rotondes et de polygones en Grèce, en Italie, en Gaule et surtout en Sardaigne ; mais ils sont peu nombreux, et c'est le temple de Jérusalem, celui sur lequel la Bible et le prophète Ézéchiel nous ont laissé le plus de détails, qu'il faut prendre pour type lorsqu'on a affaire à des ruines grecques, et à plus forte raison phéniciennes.

À l'aide de ces principes, il est possible de déterminer d'une manière très exacte le groupe ou cantonnement dont Utique faisait partie, en se servant des médailles soit phéniciennes soit romaines qui ont pu être classées avec une certitude suffisante.

Utique faisait partie d'un parallélogramme dont la pointe la plus septentrionale était Hippone et la pointe la plus méridionale Carthage [9] ; entre les deux, à une distance sensiblement égale de l'une et de l'autre se trouvait Utique,

---

8. Les correspondances symboliques entre les 12 tribus, les couleurs, l'orientation, les signes du zodiaque, etc. ont donné matière à d'innombrables études, plus ou moins sérieuses (NDLE).

9. Ou plus exactement Tunis qui avait précédé Carthage et sur le territoire de laquelle on l'avait construite, probablement à titre de simple comptoir, ou emporium.

ville dédiée aux Dioscures ou Caccabim, qui avait donné au cantonnement son nom de Zeugis. Elle répondait spécialement au Dioscure oriental ou Castor dont elle nous a probablement conservé le nom phénicien, *Atiq* ou *Atig*, celui qui tranche[10]. La ville qui lui faisait face devait porter le nom du Dioscure occidental ou Pollux, et l'on doit en retrouver l'emplacement en menant deux parallèles aux deux côtés connus du parallélogramme, dont l'un doit partir d'Hippone et l'autre de Carthage. La ville en question doit se trouver sur leur point d'intersection ou à peu près, dans le voisinage de *Mateur*. Cette ville, située dans l'intérieur des terres, n'a dû prendre que fort peu de développement pendant la domination exclusivement marchande et maritime de Carthage et d'Utique. Cependant elle devait nourrir les trois autres du produit de son agriculture. Certaines médailles de Claudius Macer se rapportent à une ville désignée comme étant le séjour de la IIIe légion avec l'épithète de *Libera*, mais on a négligé d'y inscrire le nom même de la ville, parce que, en dehors des légionnaires, les habitants ne l'auraient pas lu. Ce nom est remplacé par une tête de lion ; le nom de Mateur (*Castrum materense*) est antique et veut dire le lion qui meurt. C'est probablement à cette forte position militaire qu'il faut attribuer la médaille à tête de lion de Claudius Macer. Pour ce qui est d'Hippone, son nom phénicien était *Ipô* qui veut dire bon, bonne, c'était celui de la ville syrienne d'*Ioppé*, aujourd'hui Jaffa. Ses médailles romaines portent l'effigie de la bonne déesse de Syrie ou *Ioppé* tenant à la main l'*orge* de Carthage, avec un bâton recourbé ou caducée, qui veut dire en hébreu *cercle, circonscription*. Nous possédons par conséquent avec certitude trois des noms des principales divinités de la Zeugitane, *Ipô*, la bonne déesse, dont les rapports avec le Jéhova des Hébreux étaient connus des anciens, le

---

10. Hébreu *hatak*, il coupe (NDLE).

Dioscure *Atiq*[11], la déesse *Sora* ou la Syrie, patronne de Tyr, plus souvent représentée par un rocher (רצ) [tsur], et la divinité de Mateur qui était Hercule mourant. Il est aussi non moins curieux qu'important de constater que le cap Bon est l'exacte traduction du phénicien *ipo*, qui veut dire également beau et bon, et qu'il doit en être de même de la ville algérienne de Bône[12], laquelle portait aussi le nom d'Ipo ; il existe bien en grec une déesse Hippone qui présidait aux chevaux et était particulièrement honorée en Gaule, tantôt sous ce nom, tantôt sous celui de *Solimare*, ou pied de cheval ; c'était aussi une bonne déesse, peut-être la même dans le fond, car c'était la déesse de Noël. Mais malgré la ressemblance phonétique d'Hippone et d'Ipo, il n'y a aucune parenté dans la signification des deux mots.

M. François Lenormant est le premier qui, dans ses *Commentaires sur Berose*, ait appelé l'attention du monde savant sur l'orientation des monuments assyriens et sur l'identification des couleurs avec les sept planètes ou Cabires. M. G. D'Orcet s'est servi de ces observations pour déterminer le culte des premiers habitants de l'ancienne Troie exhumée à Hissarlick par le docteur Schliemann[13], et le vice-amiral Delangle a appliqué les règles formulées par celui-ci à l'orientation des monuments mégalithiques de la Bretagne, notamment à celle des pierres de Carnac, qu'il a reconnue identique à celle du Temple de Jérusalem et des églises du Moyen Âge. Ces

---

11. Utique était une ville située dans l'intérieur des terres et ne formait pas, à proprement parler l'angle oriental du quadrilatère zeugitan ; cet angle était occupé par la ville de Roscinona, aujourd'hui Porto-Farina, dont le nom phénicien (רש קינו) veut dire *le commencement de la richesse ou de la beauté*, en langage moderne le commencement de la belle saison. C'était le cap Pulcher des Romains.
12. Aujourd'hui Annaba (NDLE).
13. Voir *Les Incendies de Troie*, dans *L'Archéologie mystérieuse* de G. d'Orcet (Éditions Édite, 2000, NDLE).

monuments se composent de menhirs ou obélisques isolés, toujours parfaitement orientés, d'obélisques accouplés, de portiques ou *lichaven*[14], et de galeries couvertes ou non. Les obélisques accouplés et les lichaven sont toujours orientés de façon à former une méridienne, de sorte que, quand ils sont groupés en galerie couverte ou non, cette galerie s'infléchit légèrement dans la direction du nord-ouest au sud-est comme Notre-Dame de Paris. Cette inflexion augmente naturellement, à mesure qu'on s'éloigne de l'équateur. Les galeries forment toujours des parallélogrammes plus ou moins allongés dont les petits côtés font face à l'est ou à l'ouest, jamais au sud ou au nord. Le côté fermé indique celui des deux Dioscures qu'adorait la tribu. Ces observations ont été consignées dans un mémoire lu par le savant vice-amiral à la Société de Géographie, et ont été confirmées récemment par l'exhumation des fondations de l'obélisque d'Alexandrie jadis exécutées par des maçons grecs. Les francs-maçons qui y assistaient ont constaté qu'elles étaient absolument conformes aux règles qui leur ont été transmises par les constructeurs des églises du Moyen Âge, qu'on peut lire du reste, tout au long, dans le livre de Villalpando, car elles sont tirées du Deutéronome et du livre d'Ézéchiel. Elles sont toujours d'une importance capitale pour l'archéologue, mais bien plus encore lorsqu'on a à explorer des monuments phéniciens. Aussi croyons-nous indispensable d'adjoindre aux règles générales que nous venons de donner sur l'orientation, la théorie particulière des cabires phéniciens, d'après Sanchoniaton.

---

14. Autre nom du dolmen (NDLE).

Théologie des cabires phéniciens
d'après Sanchoniaton [15]

En règle générale, l'Est représente le principe *humide* et féminin et l'Ouest le principe *solide* et masculin. L'adjonction de ces deux principes correspond au Nord. Cette conception triangulaire semble avoir précédé la conception quadrangulaire sur laquelle se modelaient les établissements ou cantonnements des peuples méditerranéens. Il n'existe pas d'exemple connu de cantonnement triangulaire, ce qui ne veut pas dire qu'il n'en ait pas existé.

EST   OUEST

BOHU   ROUAH

Vide. Nymphe *Chao* des Grecs.   *Esprit.* Vent d'Ouest.

NORD

CHEPHETZ

Désir. Adjonction de *Bohu* et *Rouah.*

Bohu et Rouah sont deux principes inconscients, mais leur adjonction *Chephetz*, le Jehovah biblique, l'Éros d'Aristophane et de Platon, est un dieu androgyne et conscient qui engendre *Mot*, l'élément boueux où tous les éléments sont confondus sous la forme d'un œuf père et mère de toute chose. Le siège de Mot est la *Grande Ourse.*

Rouah engendre seul les quatre points cardinaux. Uni à Bohu ou à l'espace, il engendre

EST   OUEST

KADMON   OULAM

L'ancien,   Le voilé.

ce qui a précédé.   Ce qui ne se voit pas encore

                         La Vierge.

---

15. Ou Sanchoniathon, auteur connu seulement par des extraits traduits en grec, donnant toutefois de nombreuses informations sur la religion phénicienne (NDLE).

Ce sont les deux cabires ou Dioscures phéniciens, mais ils représentent plutôt, Cadmon le sud-est et Oulam le nord-ouest, que l'est et l'ouest, c'est-à-dire les deux divisions du méridien plutôt que les deux divisions de l'équateur. Ceux qui adoraient Cadmon et Oulam devaient commencer leur journée avec le soleil, et leur année à l'équinoxe du printemps, au lieu de minuit et du solstice d'hiver adoptés par les nations occidentales. Cadmon et Oulam doivent être venus du golfe Persique avec les Phéniciens proprement dits. Leurs sectateurs devaient orienter leurs temples et leurs tombeaux nord et sud, comme celui qui existe encore à Salamine de Chypre, et c'est une preuve certaine que le temple de Salomon, qui était orienté est et ouest, ne pouvait pas être d'architecture phénicienne.

De ceux-ci naquirent *Tholedoth* (la filiation), et *Moledoth* (la génération), le sud-ouest et nord-ouest. Ces quatre Cabires donnaient le tableau suivant :

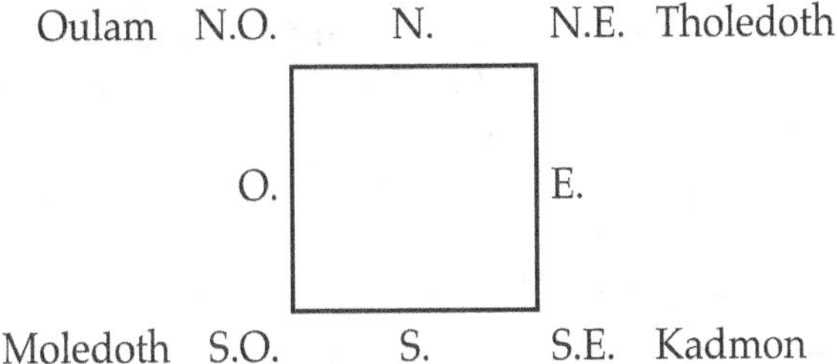

« Oulam et Kadmon engendrèrent des fils qui s'appelèrent *Lumière*, *Feu* et *Flamme*, et ceux-ci inventèrent l'usage du feu, en frottant l'un contre l'autre des morceaux de bois, et ils eurent des fils qui s'appelaient *Casius*, *Liban*, *Antiliban* et *Thabor*. »

Ce passage indique nettement le caractère de cette genèse qui n'est qu'un traité d'*Orientation* ou de *Géodésie sacrée*. Les quatre montagnes précitées sont les quatre points de repère d'un cantonnement phénicien, jalonné par quatre montagnes formant un parallélogramme très allongé dans la direction du sud-ouest au nord-est, dont les points extrêmes sont le Thabor et le Casius. Le Liban et l'Antiliban [16] jouent les rôles de Dioscures dont voici maintenant les noms :

« De ceux-ci naquirent *Samemrom* (celui qui monte vers le ciel) et *Ouso* (le velu, l'Esaü de la Bible), qui commencèrent à tirer parti de leurs mères en les livrant pour de l'argent. Et Samemrom habita dans l'île de Tyr et il eut des querelles avec Ouso. Samemrom inventa l'art de construire des cabanes avec des joncs et des papyrus enlacés (gourbis), Ouso inventa de faire des vêtements avec les peaux des animaux qu'il avait pris, et ce fut lui qui, le premier, se confia aux flots dans une barque improvisée [17], pour fuir l'incendie allumé par la foudre dans le bois qui couvrait alors l'île de Tyr…

M. François Lenormant croit qu'il s'agit ici de la Tylos ou Tyr du golfe Persique dont les Phéniciens étaient originaires, mais l'énumération des quatre montagnes syriennes dont il vient d'être question, n'autorise pas cette hypothèse. Ce livre n'a pu être fait que longtemps après l'établissement des Phéniciens en Syrie, et il indique qu'ils n'étaient pas les inventeurs de la navigation, mais des peuples sédentaires habitant des gourbis, autrement dit des *fellahs*. Ouso ou Esaü qui, dans tout ce récit, joue le rôle de seigneur sans domicile, allant loger à tour de rôle chez ses vassaux, comme le font encore de nos jours les nobles Circassiens, est l'*homme de l'ouest* ou le seigneur des *chétims*, c'est-à-dire des grandes îles de la Méditerranée en général et de Chypre en particulier [18]. Il est

---

16. Le mont Casius, aujourd'hui Jebel Aqra, se situe à la frontière syro-turque. C'est un lieu sacré très ancien. Le Liban et l'Anti-Liban (Mt Hermon) sont les plus hauts massifs de la région. Quant au Thabor (en hébreu « nombril »), malgré sa faible altitude, il domine la plaine galiléenne. Il a également une longue histoire religieuse et symbolique (NDLE).

17. Une outre.

18. Chétim désigne en effet les îles ; le mot semble dériver de Citium, la ville principale de Chypre. Quant aux Chétas, c'est le nom que la Bible donne aux Hittites, peuple quasiment inconnu au moment de la rédaction de cet ouvrage (NDLE).

pêcheur, chasseur, plus souvent encore pirate, et est venu par mer en Palestine, probablement dans un vaisseau de cuir, comme les Normands. C'est le *chéta* ou homme du nord-ouest, dont le nom veut dire clôture et qui a inventé en même temps que la navigation, les villes fortifiées.

Nous aurons à revenir sur ce qui nous reste de Sanchoniaton, lorsque nous aurons à traiter de la religion proprement dite des Phéniciens, dont descendaient ceux qui possédaient Utique, au moment où s'ouvre l'histoire écrite des peuples méditerranéens. Ce qui précède nous suffit pour établir, par un exemple irréfutable, les règles de l'orientation des cantonnements primitifs. (F. Lenormant, *Manuel d'Histoire ancienne*, T. III, Phéniciens.)

III

POPULATIONS PRIMITIVES DU BYZACIUM
BERBÈRES
EXPÉDITIONS DES ARGONAUTES
CENTRE HELLÉNIQUE DU LAC TRITON

Salluste[1] qui avait pu consulter les livres puniques et nous a conservé des données plus précises que celles d'aucun autre des écrivains classiques sur l'histoire africaine, avait connaissance des temps primitifs antérieurs à l'arrivée des tribus aryennes, qui ont laissé comme vestiges de leur passage les noms de Zeugis et de Byzacium, et des migrations phéniciennes auxquelles il faut attribuer les noms d'Atig et de Kart-Hadeshat. Avant ces migrations, toute l'Afrique du Nord devait être occupée sans interruption par les Berbères de la race de Phut, proches parents des Égyptiens du Nil, dont les établissements s'étendaient jusqu'aux îles de l'Atlantique. Salluste a eu aussi connaissance de la grande invasion japhétique qui se jeta ensuite sur la côte africaine où elle arriva par mer. Il fait de ces envahisseurs des Perses, des Mèdes et des

---

1. Historien et gouverneur de Numidie sous Jules César (NDLE).

Le site d'Utique est un des plus imposants de Tunisie (NDLE).

Arméniens composant l'armée d'Hercule, ce qui indique clairement qu'il connaissait leur origine aryenne. Les monuments égyptiens nous ont fait connaître la date de l'arrivée en Afrique des Japhétites, ou, pour parler le langage de Sanchoniaton, des *Auséens*, descendants d'Esaü, parmi lesquels figuraient les Libyens proprement dits, les Maxyes et les Maces. Elle fut contemporaine des règnes de Sethi Iᵉʳ et de Ramsès II, et menaça gravement la sécurité de l'Égypte. (F. Lenormant, *Histoire ancienne*, T. III, p. 154.)

Mais ce que les monuments égyptiens ne nous expliquent pas, c'est le motif qui faisait donner à ces peuples une origine persane et arménienne. Ce mystère historique trouve son explication dans les fouilles du docteur Schliemann qui ont mis au jour, à l'entrée du Bosphore, en face de Constantinople, un centre de civilisation au moins aussi ancien que celui des bords du Nil et dont l'histoire n'avait gardé que des souvenirs inconciliables avec la chronologie égyptienne, parce qu'il avait cessé d'exister avant que les historiens égyptiens fussent en rapport avec le monde extérieur par les guerres qu'eut à soutenir l'Égypte contre toutes les populations maritimes de presque toute la Méditerranée, formant une confédération où combattaient ensemble les marins de la Zeugitane, ceux de la Grèce et ceux de la Syrie, à une époque où, de l'aveu de Sanchoniaton, les descendants de Samemrom, venus du golfe Persique, ne s'occupaient que des travaux des champs. Il ne faut donc pas s'étonner si des Grecs avaient précédé les Phéniciens dans les comptoirs de la Zeugitane, puisqu'ils étaient les inventeurs de la navigation. Pirates toutes les fois qu'ils le pouvaient, ils avaient cependant une spécialité commerciale qui fit d'abord leur fortune et plus tard celle des Phéniciens, c'était celle de l'*étain*. Aujourd'hui ce métal est assez délaissé, mais il y a 60 siècles, il était fort rare et fort cher par conséquent, parce qu'il ne se trouvait que sur les côtes de l'Atlantique depuis le détroit de Gibraltar jusqu'à la Grande-Bretagne, ou dans les montagnes du Caucase.

Il est parfaitement démontré aujourd'hui que la civilisation égyptienne est le résultat direct de la découverte du bronze et du fer. Car, sans l'aide de l'acier, il était impossible de tailler les immenses blocs de granit dont se compose son architecture. Or, l'Égypte, qui est un pays d'alluvions, ne possède ni fer ni cuivre. Chypre, qui est dans le voisinage, produisait bien des fers et des cuivres de première qualité, mais le bronze, le plus employé des métaux chez les anciens, ne pouvait s'obtenir sans l'aide de l'étain, dont les gisements étaient à des distances énormes de l'Égypte.

Il en résulte :

1. que l'étain, qui entre dans la composition de ces magnifiques bronzes qu'on exhume dans les tombeaux du Haut Empire, était venu d'Espagne, de Bretagne ou du Caucase, et que, dès les temps les plus reculés, les Égyptiens se trouvaient en relations plus ou moins directes, mais forcées avec les pays producteurs d'étain ;

2. que la civilisation égyptienne étant le résultat de la découverte du bronze, ne pouvait pas être née en Égypte et que ses initiateurs venaient nécessairement ou du Caucase ou des bords de l'Atlantique. Au premier abord, on pencherait pour le Caucase, mais une foule de preuves tendent à démontrer que les civilisateurs de l'Égypte sont venus de l'Atlantique, et même il ne serait pas impossible que ce fussent les descendants des constructeurs des monuments mégalithiques de l'Armorique qui eussent dressé les pyramides et les obélisques de l'Égypte. M. Carl Vogt a constaté la concordance de l'agriculture des palafittes[2] suisses avec celle de l'Égypte, il y a six mille ans; l'existence, dans les habitations lacustres, de la petite vache à cornes courtes qui se trouve sur tout le littoral de l'Afrique septentrionale, la présence de l'orge à six rangs de grains du Nil, celle du lin, semblable à celui de la Méditerranée, de plusieurs plantes africaines telles que la *silena cretica* et le *bluet*, et l'absence complète des plantes d'origine asiatique, telles que l'avoine, le chanvre et la vigne. Enfin, pour comble d'analogie, les habitants des palafittes ne connaissaient pas ou ne connaissaient plus le cheval, qui avait été si commun à l'époque précédente.

Ils devaient donc être en communication fréquente avec la Zeugitane et de là avec l'Égypte, par l'Italie, la Sicile, Malte et le cap Bon, et ils pouvaient contribuer à l'approvisionnement de l'Égypte en étain d'Armorique et d'Angleterre. Les fouilles de M. Schliemann ont démontré, au contraire, qu'à la même époque la mer Noire ne communiquait ni avec l'Égypte, ni avec la Gaule. L'étain du Caucase devait se déverser sur les régions de l'Euphrate, par caravanes, comme la poudre d'or qui nous vient aujourd'hui du centre de l'Afrique et, en tant que valeur, il arrivait immédiatement après l'or et l'argent. C'est ce que

---

2. Habitations sur pilotis (NDLE).

constate une inscription de Nimroud de 916 ans avant notre ère : « Je reçus, dit-il, des tributs de la lisière des montagnes, de Tyr, de Sidon, etc. Ces tributs consistaient en argent, or, *étain*, bronze, outils de fer, etc. »

Il existait donc dans la Méditerranée, il y a soixante siècles, trois centres de civilisation ayant pour principe la découverte du bronze : le premier se trouvait sur le littoral de l'Atlantique ; il avait donné naissance au second, celui du Nil, et était resté en communication avec lui. Il faut probablement le chercher en Bétique ou Andalousie parce que les anciens en avaient conservé le souvenir, et il est vraisemblable que c'était un centre berbère. Le troisième, au contraire, établi à l'entrée du Bosphore, était sans relations avec les deux autres et avait été fondé non seulement par des Aryens, mais par des Grecs connaissant le cheval et adorant deux divinités, l'une à tête de chouette, l'autre à tête de cheval. La première se nommait *Glaux* ou *Chalcis* ce qui est précisément le nom du bronze[3], et la seconde *Karippos* ou *Kripos*, forme bien connue de Cérès. La station découverte par M. Schliemann était une acropole, ou un château fort habité par un seigneur et ses esclaves, plutôt qu'une ville. C'était un parallélogramme percé d'une unique porte au sud-ouest, avec un temple situé à l'angle nord-est. On n'y aurait point trouvé d'innombrables effigies de chouettes, que son orientation aurait suffi pour démontrer que cette forteresse était sous le vocable de Pallas Athénè et qu'elle devait se nommer *Chalcis* ou *Chalcopolis*, la ville du cuivre. En effet, le grand incendie qui la dévora vers le XXVe siècle avant notre ère, est signalé par une couche métallique qui a couvert toute la surface de cette acropole. Cet incendie fut précédé d'une lutte qu'il faut probablement attribuer à une révolte d'esclaves. Un passage de Sanchoniaton semble faire allusion

---

3. Grec *khalkos*, bronze (NDLE).

à cet incendie et à cette lutte dont l'histoire n'a gardé aucun souvenir.

Les monuments égyptiens nous ont transmis les portraits excessivement ressemblants des populations habitant alors les bords de la mer Noire ; elles étaient vêtues de peaux, d'où le nom d'*Esaü* ou *Oso* qui leur est donné par la Bible [4] et par Sanchoniaton. Ce dernier dit qu'après l'incendie elles s'enfuirent par mer, ce qui veut dire qu'elles étaient fort avancées pour le temps dans l'art de la navigation. Les fils d'Ésaü étaient également cavaliers et avaient inventé les places fortes que les Égyptiens ne connaissaient pas plus que les chevaux. Enfin, si leur civilisation était beaucoup plus rude que celle des Égyptiens, ils étaient aussi habiles qu'eux dans les arts métallurgiques. Ils abordèrent en Palestine par mer, y trouvèrent les peuples agriculteurs de la race de Samemrom [5], venus des bords du golfe Persique, les soumirent à l'aide de places fortifiées, et les entraînèrent, vers le XXIIIe siècle, à la conquête de l'Égypte qui ne put leur opposer aucune résistance. Les Égyptiens les nommaient *Ménas*, pasteurs, et *Hyksos*, qui semble vouloir dire *brigands à cheval*. Eux-mêmes se nommaient *Khétas* (clôture). Leur domination en Égypte dura cinq siècles, et ils finirent par s'y nationaliser comme les Normands en France et les Franco-Normands en Angleterre, qui se retournèrent les uns et les autres contre leur patrie d'origine, Sethi 1er et Ramsès II ou Sésostris, qui étaient de leur race, entraînèrent à leur tour les Égyptiens hors de leurs frontières et refoulèrent les Khétas jusqu'à l'Oronte, sans pouvoir jamais les déloger de la région située entre ce fleuve, l'Halys et le Cydnus, dont ils ne furent chassés que par les

---

4. Selon la *Genèse* XXV, 25, Esaü a « comme un manteau de poil » (NDLE).
5. Ce nom signifie *qui s'élève dans les cieux* et désigne le soleil levant : les Phéniciens en se proclamant fils de *Samem Rom* voulaient dire que le berceau de leur race était à l'orient de la Palestine.

Perses. Ils disparaissent alors de l'Orient, mais ils semblent avoir traversé la Phrygie pour revenir à leur point de départ, c'est-à-dire le Bosphore, d'où ils se seraient lancés dans la vallée du Danube, qu'ils auraient remonté jusqu'à sa source, et ils auraient formé la dernière couche gauloise connue sous le nom d'Apollinaires, qui a conservé le grec comme langue liturgique, jusqu'à la chute du paganisme. Il n'est pas possible, en effet, de douter que les classes supérieures des pasteurs ne fussent grecques. Les monuments égyptiens nous ont conservé le nom et le simulacre de leur divinité qui se nommait *Barstyx* (ce nom veut dire pointe de pieu). Il est représenté par un singe Kercops assis sur un pieu très effilé. C'est le type le plus ancien. Le plus moderne, est l'horrible dieu Bais, qui veut dire petit et palme [6]. C'est une sorte de nain difforme, emblème du soleil embryonnaire, ou Bacchus dans la cuisse de Jupiter bien connu pour avoir été la divinité des mercenaires grecs au service de l'Égypte, et depuis le XXe siècle avant notre ère jusqu'à la fin du paganisme, il n'a pas cessé d'être la divinité nationale de toute la race grecque, celle qu'on adorait dans tous les mystères, comme le seigneur du pôle nord et le dieu de la vie et de la mort.

Or, c'est précisément cette divinité difforme que nous avons retrouvée dans les fouilles d'Utique, sur le sol vierge, avec ces cônes de pierre ou de terre cuite nommés *fusaïoles* par les archéologues, parce qu'ils ressemblent à des *pesons* de fuseaux. L'usage qu'on pouvait en faire a donné lieu à bien des discussions, mais l'opinion la plus vraisemblable, en fait des *rhombos* ou rouets magiques, en français vulgaire des vire-broquins dont on se servait avant les briquets d'acier, pour allumer du feu par le frottement de deux morceaux de bois dont l'un était mis en mouvement au moyen d'un archet. Les

---

6. Grec *baios*, petit, *baïs*, palme (NDLE).

cônes de terre cuite, nommés fusaïoles, recevaient l'une des extrémités des fuseaux et garantissaient ainsi la main de l'opérateur. Les sculpteurs se servent encore de cet outil, sous le nom de *violon*, il ne diffère du rhombos que par le fuseau qui est d'acier au lieu d'être de bois.

Ces rhombos se trouvent par milliers dans les fouilles exécutées par M. Schlieman à Hissarlick, et il est à remarquer qu'on en attribuait l'invention à Prométhée qu'on enchaînait sur le Caucase. On ignore aujourd'hui le nom de l'inventeur des allumettes chimiques allemandes, mais on se rappelle celui de son illustre prédécesseur qui fut divinisé, et après tout, le méritait bien.

La présence des rhombos, dans les couches plus profondes des ruines d'Utique, jointe à celle du dieu Bais, est un témoignage qu'on peut considérer comme irrécusable de l'invasion de l'Hercule pélasgo-arménien dont parle Salluste. Les auteurs carthaginois qu'il avait à sa disposition n'avaient dû en conserver le souvenir qu'à l'état légendaire, parce que cette invasion avait précédé de quatre siècles leur propre établissement dans la Zeugitane, mais les Grecs en avaient gardé la mémoire très distincte dans leur fameuse expédition des Argonautes qui était devenue le centre de tout un cycle poétique.

En effet, cette fable se compose, comme les fables homériques, du récit de deux navigations dans deux directions diamétralement opposées qui, plus tard, ont été amalgamées à l'aide d'une géographie fantastique. Dans l'un, les Argonautes se dirigent vers le Nord et s'en vont à Colchos qui devait être un célèbre emporium d'étain, le véritable métal précieux de l'époque du bronze, à moins que ce ne soit le nom même de la cité exhumée par M. Schliemann où l'on adorait certainement Pallas-*Khalkis*, terme archaïque de *Glaux*, chouette. Nous n'avons pas à nous occuper des découvertes de M. Schliemann, mais nous allons voir, tout à l'heure, ce que devient un nom grec à travers les siècles, car l'expédition des Argonautes a laissé, dans la Zeugitane, des traces beaucoup plus apparentes que dans la mer Noire.

En effet, les monuments égyptiens qui n'étaient pas faits pour être lus par le vulgaire, nous ont transmis, sans la moindre légende, ce qu'on nommerait aujourd'hui des rapports officiels sur les combats que les Pharaons ont eus à livrer aux *Lebous*, c'est-à-dire aux Pélasgo-Libyens qui étaient venus par mer, un peu de tous les points de la Méditerranée orientale, et composaient les armées d'Hercule ou des Argonautes.

Ils avaient établi leur centre religieux sur le lac Triton[7] et sur le fleuve qui portait le même nom. Sans doute, ces nouveaux venus avaient dû à la longue abandonner leur idiome national pour adopter celui que parlent encore les Berbères, nos Kabyles d'aujourd'hui, car aucun auteur ancien ne signale de différence entre la langue qu'ils parlaient et celle de leurs voisins. « Mais, du moins, assure François Lenormant, le nom de leur lac sacré était demeuré comme un dernier vestige du temps où ils se servaient d'une langue aryenne. Triton est en effet le sanscrit *trito* « lac, eau », dérivé de la racine *trit, tri*, « rive, rivage », qui a produit les appellations du *Trita Aptya* védique, « celui qui est né au milieu des eaux », de Triton et d'Amphitrite dans la mythologie grecque. Aussi trouvait-on des fleuves du nom de Triton en Crète, en Thessalie, en Béotie, en Doride et en Thrace. »

Cette dernière observation est peut-être plus indiscutable que l'étymologie donnée par le savant historien, qui ne s'accorde pas avec le seul sens qu'ait en grec le mot *trito*. Il ne veut pas dire lac, mais tête, et *Pallas Tritogénie* voulait dire *Pallas née de la tête de Jupiter*[8]. Mais, il n'en est pas moins certain que le lac Triton et les fables libyennes jouaient un grand rôle dans la mythologie hellénique, que c'était du lac Triton que le culte de

---

7. Aujourd'hui le Chott-el-Jerid. On l'a aussi situé sur le lac de Kairouan (NDLE).
8. On trouve bien le mot τριτώ (tritô), tête en grec archaïque (NDLE).

Pallas et celui de Poséidon avait été importé dans l'Attique, et que leur existence et leur origine, longtemps inexplicables, se comprennent très bien depuis que les monuments égyptiens nous ont révélé la parenté des populations pélasgiques et des Libyens proprement dits, les relations étroites de confédération et de communications incessantes qui existaient, au temps de la XIXe et de la XXe dynastie, entre les Achéens du Péloponnèse et les tribus aryennes de l'Afrique septentrionale, enfin, la part que les Achéens, les Tyrrhéniens, les Laconiens et les Philistins de Crète prirent aux attaques des Libyens et des Maxyes contre l'Égypte (Fr. Lenormant, *Histoire ancienne*).

La Pallas libyenne se distinguait de la Pallas hellénique proprement dite, par un signe caractéristique qui la fait aisément reconnaître ; au lieu d'une chouette, elle portait pour cimier un crocodile. Cet emblème semble peu gracieux, mais la traduction l'est davantage. *Croco-deilé* veut dire la pâle aurore, ou l'aurore couleur de safran[9]. Nous ne connaissons point de légendes grecques sur le crocodile. Ordinairement, les bas-reliefs représentant Pallas l'entourent de *crocodeilon* ou chardon à carder, qui joue un grand rôle dans l'ornementation ancienne, et est l'un des symboles bien connus de l'aurore. Quant à la substitution du crocodile, pour rendre exactement la même idée, tout ce qu'on peut en dire, c'est qu'elle remonte aux plus belles époques de l'art.

Mais s'il n'y a pas de légende grecque sur le crocodile, il y en a sur le Bagradas qui portait le même nom que le lac de Tunis ; car, Tunis, en phénicien *Thanit*, veut dire crocodile, grand serpent d'eau[10], et Triton, dans la même langue, signifiait la marche ou la frontière du crocodile. Tanit (grec *Taô*) veut dire l'extension ou la plus grande longueur du jour. Les Grecs la représentaient par un paon étalant ses plumes[11], et les Phéniciens

---

9. Grec *krokos*, safran d'où jaune, *deilè*, matin (NDLE).
10. Hébreu *tanin*, crocodile (NDLE).

par un serpent se déroulant ou un animal de grande taille, tel que le cheval et l'éléphant[12]. Mais c'était le même nom et la même déesse, c'est-à-dire la première partie du jour, ou la fortune croissante, forme de Cérès particulièrement vénérée à Carthage, et l'on donnait volontiers ce nom à tout fleuve coulant de l'ouest vers l'est, comme la Medjerdah. Son véritable nom était donc le fleuve de Tanit ou du serpent, ce qui explique la mauvaise plaisanterie de Regulus.

Hérodote nous donne de curieux détails sur les mœurs des Tunisiens, d'origine pelasgique de son temps qui peut-être n'ont pas complètement disparu. Les Machlyes et les Auséens habitaient autour du lac Triton, mais étaient séparés par le fleuve du même nom. « Les Machlyes, dit-il, laissent croître leurs cheveux sur le derrière de la tête, et les Auséens sur le devant. Dans une fête, que ces peuples célèbrent tous les ans, en l'honneur d'Athénè, les filles, partagées en deux groupes, se battent, les unes contre les autres, à coups de pierres et de bâton. Elles disent que ces rites ont été institués par leurs pères, en l'honneur de la déesse, née dans leur pays, que nous appelons Athénè, et elles donnent le nom de fausses vierges à celles qui meurent de leurs blessures. Mais avant de cesser le combat, elles revêtent celle qui, de l'aveu de toutes, s'est le plus distinguée, d'une armure complète à la grecque, avec un casque à la corinthienne, et, la faisant monter sur un char, la promènent autour du lac. »

Ce passage ferait supposer que, si la langue grecque s'était perdue dans le bas peuple, elle avait dû se conserver dans la liturgie, comme chez les colonies grecques modernes de l'Asie

---

11. Grec *taôs*, paon (NDLE).

12. Sur les médailles de Claudius Macer, la déesse Tanit est représentée avec une tête d'éléphant ; dans le rite cadméen de Thèbes, le nom de cette divinité était traduit par *Pelore*, qui désignait un monstre de grande taille, hippopotame ou éléphant, mais ayant des dents dont on tirait de l'ivoire, car *pil* veut dire ivoire en hébreu.

Mineure et de l'Euphrate, qui, séparées depuis vingt siècles de la mère patrie, ne parlent plus que l'arabe ou le turc, mais ne prient qu'en grec. Cependant l'épigraphie zeugitane ne confirme pas, jusqu'ici, cette hypothèse, car on n'y trouve que du phénicien ou du latin.

Hérodote indique les peuples situés à l'ouest du lac Triton, comme n'étant plus nomades : « Ils labourent une terre fertile, ont des maisons, et se nomment Maxyes. Ils laissent croître leurs cheveux sur le côté droit de la tête, rasent le côté gauche, et se peignent le corps avec du vermillon. » Les monuments pharaoniques les représentent souvent avec une mèche de cheveux tressée tombant d'un côté de la tête, tandis que le reste de la chevelure est rasé et le corps couvert de tatouages.

« Les Zavèces touchent aux Maxyes ; quand ils sont en guerre, les femmes conduisent les chars. » On sait que les femmes des Khroumirs assistent aussi au combat, parées de tous leurs bijoux, si elles ne conduisent plus de chars.

Les *Gyzanthes* ou *Byzanthes* habitent immédiatement après les Zavèces. « Les abeilles font, dans leur pays, une prodigieuse quantité de miel. Les Gyzanthes se peignent tous avec du vermillon et mangent des singes. Ces animaux sont très communs dans leurs montagnes. »

Les Gyzanthes occupaient exactement l'emplacement des Khroumirs actuels, c'est-à-dire la région montagneuse à l'ouest de Bizerte, et Scylax les décrit comme étant encore de son temps blonds et remarquablement beaux. Ils formaient du reste une nation nombreuse, mais dont une partie seulement était restée indépendante et avait gardé ses anciennes mœurs. Le plus grand nombre s'était mêlé aux Liby-Phéniciens et aux colons carthaginois dont ils avaient pris les usages et la langue, dans la province à laquelle ils avaient donné le nom de Byzacène (Fr. Lenormant, *ibid.*)

Ce qu'il y a de plus étonnant, c'est que depuis Scylax, qui écrivait au VIe siècle avant notre ère et peut passer pour le père de la géographie, les choses n'ont pas sensiblement changé dans l'Afrique septentrionale et les blonds sont toujours aussi communs parmi les Kabyles, voire les Touaregs. Avant le déchiffrement des monuments égyptiens, on les prenait pour les descendants des Vandales, mais il est probable que ceux-ci qui étaient très peu nombreux et encore moins aimés des indigènes, ont dû être anéantis par les Arabes, avec ce qui restait de population latine dans les villes. Les blonds que l'on trouve parmi les Kabyles et les Khroumirs, aussi bien que ceux qu'on rencontre également en grand nombre dans le Liban, sont bien les descendants de ces Pélasges marins qu'un grand incendie chassa dans toutes les directions des bords de la mer Noire, et nous comptons en ce moment, parmi nos sauvages adversaires, plus d'un petit-fils des Argonautes. Il est vrai que nous en comptons au moins autant parmi nos tirailleurs indigènes qui sont presque tous Kabyles, et que nos célèbres zouaves se parent, sans le savoir assurément, du nom de la principale tribu des Argonautes, celle qui fonda Utique. En effet, les *Zouaias* ne sont pas autres choses que les Zavèces d'Hérodote, en grec classique Ζεύγιοι [Zeughioi], nom qu'on donnait aux marins qui ramaient au centre des navires, et c'était principalement la place qu'occupaient les Dioscures sur le navire *Argo*. Mais Ζεῦγος [zeugos] veut dire avant tout un attelage de deux chevaux et c'est celui qu'on rencontre sur les médailles d'Utique, d'époque romaine.

Il est probable que les Auséens, qui fournirent les Ausones à l'Italie, sont encore représentés par les *Oushta* qui habitent au sud des Khroumirs, dont le nom phénicien רמח est l'exacte traduction de leur ancien nom de Byzantes, qui veut dire *remplis* [13], et indique leur situation au nord-ouest des tribus pélasgo-libyennes. Il n'est pas jusqu'à Tunis qui ait remplacé,

---

13. Le nom libyque conservé par l'inscription bilingue de Thugga était *Melghi* qui signifie aussi rempli, adjoint au mot *ghi* terre.

par le nom phénicien de Tanit, celui de la déesse grecque *Cambé*, ou la bossue, que lui avaient donné les premiers colons et qui représentait le point le plus méridional du nome, celui où le soleil à l'apogée de sa course s'infléchit en décrivant une courbe que les Grecs personnifiaient dans une divinité bossue, d'où descendent les Ésopes et les Polichinelles. Les peuplades primitives qui s'étaient cantonnées, il y a quatre mille ans, sur les bords du fleuve et du lac Triton, s'y retrouvent donc encore, avec les mêmes noms et malheureusement le même état de civilisation, car elles se sont cristallisées dans la barbarie musulmane, mais nous avons vu de nos yeux de belles blondes kabyles porter exactement le même vêtement agrafé aux épaules, qu'on retrouve sur les statues grecques les plus archaïques.

Il en est de même du voile noir que portent les Touaregs, qui sont probablement les *Tourchas* des monuments égyptiens. Ce voile noir venait de Cilicie et Evagoras, roi chypriote de Salamine, qui mourut en 374 avant J.-C., s'est fait représenter sur ses médailles avec le voile noir des Touaregs.

Les Maxyes ont un nom grec qui veut dire galette ou azyme, ce sont ceux qui furent remplacés par les colons tyriens qu'amena Didon, et le nom des Machlyes veut dire *courtisane* [14]. Il existe encore des tribus berbères où ce métier est resté un privilège [15]. Le nom s'est perdu, mais non la chose. Ces Machlyes étaient des femmes qui courbaient le dos pour servir de marchepieds aux cavaliers, avant l'invention des étriers, c'était une épithète injurieuse de la déesse Cambé, ou du soleil qui s'infléchit à l'horizon.

Nous avons énuméré plus haut les raisons qui nous faisaient supposer que la Medjerdah et le lac de Tunis s'étaient appelés Tanit sous la domination phénicienne et qui faisaient repousser

---

14. Grec *makhlos*, lubrique (NDLE).
15. Les Ouled-Nails, dont le nom signifiait en phénicien *donum meretricium* [prostitution, NDLE].

une étymologie sanscrite pour le lac Triton qui en grec veut dire uniquement tête. Ce lac est aujourd'hui celui de Kairouan et est resté le grand centre religieux de la Tunisie ; quant au fleuve Triton, il faut probablement le chercher dans l'*Oued-el-Rouhia* qui est devenu le fleuve du Prophète après avoir été celui de la *Tête*.

Il résulte du témoignage d'Hérodote que ces peuples se peignaient le corps en rouge, usage qui n'était pas non plus étranger aux Romains, car les triomphateurs étaient passés au vermillon. L'usage de se peindre n'était guère moins répandu chez les anciens que chez les sauvages de l'Amérique du Nord, et il était encore de mode, à cette époque, de porter son blason sur la figure. Le plus grand nombre des noms antiques sont tirés des couleurs, et probablement des peintures de guerre de ceux qui s'en paraient. Ce n'était donc pas sans raison que les Grecs nommaient les Phéniciens *rouges*. C'était vraisemblablement leur peinture de guerre.

Nous nous sommes étendus avec complaisance sur ces détails généralement antéhistoriques, parce que nos fouilles, d'accord en cela avec les historiens classiques et les nouveaux documents tirés de l'histoire hiéroglyphique de l'Égypte, établissent avec une certitude complète que la Zeugitane est un des plus anciens centres de civilisation du bassin de la Méditerranée ; que six mille ans avant notre ère il était une des étapes indispensables des caravanes terrestres qui apportaient à l'Égypte l'étain dont elle avait besoin pour la fabrication du bronze qu'elle tirait soit de la Bétique, soit de la Bretagne, et qu'il confluait à Utique, en suivant les côtes de l'Italie ou celles du Maroc et de l'Algérie, en franchissant deux détroits très resserrés, qui ne pouvaient pas effrayer la marine ultra-rudimentaire de cette époque, ne fût-elle composée que de radeaux. Les vieilles stations de la Zeugitane sont donc de celles où l'archéologie peut espérer les plus amples récoltes.

IV

Période historique

Nous avons démontré, à l'aide des documents fournis par le déchiffrement des monuments égyptiens, que la fondation d'Utique se perd complètement dans la nuit des temps, et qu'avant que les Tyriens ne s'y établissent, ils avaient été précédés par une couche berbère et une couche pélasgique aujourd'hui fondues ensemble. C'est dans Polybe, Appien, Plutarque et les *Commentaires* de César qu'il faut chercher de préférence des renseignements sur la couche tyrienne.

Ainsi qu'ils l'avouaient eux-mêmes, les Tyriens étaient des tard venus dans l'art de la navigation. Les fils de Samemrom, d'abord exclusivement agricoles, paraissent avoir fait un rude apprentissage sous la dure tutelle des fils d'Esaü qui étaient chasseurs, pêcheurs et navigateurs. Bien que la ville de Sidon portât un nom tout à fait sémitique qui voulait dire *chasseur*[1] et traduisait exactement celui du Neptune Zagreus des Grecs, elle semble avoir été dominée jusqu'à la fin par une aristocratie grecque venue par mer, qui apprit aux Phéniciens à naviguer

---

1. Le mot a plusieurs sens, dont celui-ci, mais il faut plutôt retenir celui de « pêcherie » (NDLE).

en les faisant ramer sur ses galères, et les traces de ce servage se retrouvent aussi bien dans la Bible que dans ce qui nous a été conservé de Sanchoniaton. M. Renan a relevé, en Palestine, une curieuse inscription constatant au IVᵉ siècle la victoire d'un Sidonien aux Jeux olympiques, et revendiquant la parenté qui unissait les Hellènes aux fondateurs de Thèbes. Assurément, ces fondateurs étaient venus de Sidon, mais étaient-ils de race sémitique ? Agénor, père de Cadmus, sa mère Teléphassa, sa sœur Europe, portaient tous des noms parfaitement grecs, et il n'est pas prouvé que le sien puisse être confondu avec celui de Kadmon de Sanchoniaton qui veut dire l'*ancien* [2]. Plus probablement encore en avait-il deux, un grec et un phénicien, comme Didon qui s'appelait en grec *Elisa*. Ce qui est du moins incontestable, c'est qu'au IVᵉ siècle il existait encore à Sidon des Grecs concourant aux Jeux olympiques.

Sidon, jusqu'à sa destruction par les Gréco-Philistins, en 1209, paraît avoir exercé, sur les Tyriens, la même compression que plus tard Carthage sur Utique, mais avant de succomber elle avait dû donner asile aux Jébuséens et aux Gergéséens, tribus de race khetite, c'est-à-dire pélasgique, restes de ceux qui avaient envahi l'Égypte et avaient été refoulés par Sethi 1ᵉʳ et Ramsès II. Ils les dirigèrent sur la Zeugitane où ils devaient retrouver des frères, car les recherches de Movers prouvent qu'à la suite de l'invasion des Pasteurs en Égypte, quelques-unes de leurs tribus pastorales et agricoles avaient continué leur mouvement de migration vers l'ouest, et s'étaient avancées jusqu'au-delà des Syrtes et du lac Triton où elles s'étaient arrêtées dans les cantons fertiles qui formèrent plus tard le territoire de Carthage, et où Scylax et Hérodote devaient les retrouver plus tard avec leurs noms grecs et leurs cheveux blonds. Aussi la tradition nationale des habitants de la Byzacène et de la

---

2. Hébreu *kadmon*, ancien (NDLE).

Zeugitane revendiquait-elle, comme un titre de gloire, la descendance des Chananéens de la Palestine méridionale obligés de s'expatrier devant les Israélites. (Procope, *Belli Vandalici*, II, 20, F. Lenormant, *Hist. anc*, liv. VI, 48). Utique fut fondée en 1158. À cette époque, c'était l'élément grec qui dominait encore dans tous ces établissements pélasgo-libyens, mais après la destruction de Sidon, Tyr qui n'avait été jusqu'alors qu'une bourgade insignifiante, hérita de toute l'importance de la ville détruite, et commença par se débarrasser d'une aristocratie qui probablement n'était pas de même race que le fond sémitique de sa population.

Il n'existe pas en effet de nom plus grec que celui de Pygmalion, le frère de Didon, qui assassina son mari Sichée, portant un nom aussi grec que le sien. Didon en avait deux et tel était généralement le cas de ces monarques, à commencer par Salomon, d'où il faut conclure que l'Orient était déjà ce qu'il n'a jamais cessé d'être, c'est-à-dire habité par des populations juxtaposées, d'origine et de langues différentes, vivant côte à côte sans se mêler et dominant à tour de rôle. La faction populaire ou sémitique enrichie par le commerce, s'empara de Pygmalion enfant, le dressa dans ses idées et s'en servit pour expulser, avec sa sœur, tout ce qui restait d'aristocratie sidonienne.

Cette aristocratie se réfugia sur le territoire de l'ancienne Cambé ou Caccabé où elle retrouvait le même mélange d'éléments grecs et sémitiques, et dont elle acheta l'emplacement au roi pélasgo-libyen, *Japon*. La princesse fugitive y fonda un comptoir qu'elle nomma nouvelle ville de Tyr, mais qui fut bientôt appelé *Nouvelle Ville* tout court par les étrangers qui avaient affaire à elle. Les colons Hetites d'Utique qui étaient de même race, paraissent l'avoir puissamment secondée. Mais dans la nouvelle Tyr, comme dans l'ancienne, l'élément populaire ou sémitique ne tarda pas à prédominer, par suite de la nouvelle direction que la métropole fut forcée de donner à son commerce.

Les Grecs, qui semblent avoir toujours été plus belliqueux que les Phéniciens, fondèrent des comptoirs commerciaux dans l'Asie Mineure, et en écartèrent les Phéniciens qui durent se rejeter sur l'Afrique occidentale et l'Espagne. Ce partage d'influence semble s'être effectué sans lutte, car Grecs et Phéniciens ont toujours vécu en assez bonne intelligence, tant qu'ils ne se sont pas battus en qualité de mercenaires, sous des bannières diverses. Ils adoraient les mêmes divinités, sous des noms différents, et ils sacrifiaient dans les mêmes temples. C'est ce qui est mis hors de doute par le déchiffrement des inscriptions chypriotes, qui nous montrent des princes et de hauts personnages phéniciens remplissant des fonctions sacerdotales dans le sanctuaire d'Idalium et initiés aux mystères grecs, y compris celui de la langue des dieux. Les mêmes inscriptions ont également démontré que le sanctuaire de Paphos fondé par des Ascalonites, et qu'en conséquence on croyait phénicien, avait toujours été un sanctuaire grec ; ce qui n'a plus rien d'étonnant aujourd'hui que l'on sait que les Philistins étaient des Grecs de Crète [3]). Au moment de la fondation de Carthage, ces deux éléments étaient donc coexistants, et il est probable que sur un navire phénicien de cette époque, l'équipage était phénicien et les officiers grecs. Mais de même que les vestiges des Phéniciens s'effacèrent rapidement en Asie Mineure et dans les îles de l'Archipel, les vestiges pélasgiques disparurent aussi dans les régions libyo-pélasgiques, parce que les Phéniciens ne cherchèrent jamais à briser les liens de vassalité qui les unissaient à l'Égypte et plus tard à la Perse dont ils préféraient être les pourvoyeurs que les ennemis, de sorte que Carthage ne devint réellement une cité indépendante qu'après la destruction de Tyr par Alexandre.

---

3. Idalion et Paphos sont des cités cypriotes, consacrées toutes deux à Aphrodite. La présence phénicienne y est certaine. Quant aux Philistins, ils sont en effet très probablement un peuple égéen (NDLE).

Les Grecs, au contraire, ne cessèrent jamais d'être en guerre avec les suzerains des Phéniciens, ce qui dut nécessairement les éloigner de leurs comptoirs. Aussi, bien que les vestiges des Atlantides soient encore apparents, on ne rencontre pas d'inscriptions grecques à Utique, et les Grecs zeugitans durent adopter de très bonne heure la langue des colons tyriens de Carthage, pour ne plus la quitter.

Ils conservèrent cependant leur autonomie avec un Sénat et des suffètes particuliers, et il est probable que sur les médailles carthaginoises ils sont représentés par le cheval des Dioscures. Il est même à remarquer que contrairement à celui des médailles puniques siciliennes, qui est un étalon, le cheval uticéen est toujours hongre, parce que, ainsi que nous l'avons exposé plus haut, le nom de la ville d'Utique, suivant la valeur que l'on attribue à l'*élif* [4] précédant le radical TQ ou TG, veut dire *adjunctus*, ou *castratus*. C'était la traduction du grec *castor*. Du temps où florissait la piraterie, Utique se trouvait infiniment mieux placée que Carthage pour écumer les mers, puisqu'elle barrait la Méditerranée entre l'Afrique et la Sicile. Mais lorsque le commerce régulier prit le dessus et que la population phénicienne de Carthage se grossit sans cesse de nouveaux émigrants, tandis que les éléments pélasgiques se trouvaient à jamais séparés des terres dont ils s'étaient détachés, Utique tomba sous la tutelle de Carthage et ne paraît pas s'y être résignée de bonne grâce, puisqu'elle ne cessa jamais de nourrir une haine implacable contre sa puissante suzeraine.

Lors du second traité entre Rome et Carthage, rapporté par Polybe (III, 24), il y est stipulé « qu'il y aura amitié entre les Romains et leurs alliés, et entre les Carthaginois, les Tyriens et les habitants d'Utique et leurs alliés ; les Romains ne feront pas de course au-delà du *beau promontoire*, du *Mastix* et du *Tarseion* ».

---

4. Ou aleph (NDLE).

Ce passage est d'autant plus important que s'il ne nous renseigne pas sur le centre national auquel à cette époque prétendaient se rattacher les habitants d'Utique, il nous démontre péremptoirement que les Carthaginois ne les reconnaissaient point comme Tyriens, de la race de *Shora*, ainsi qu'ils se désignaient eux-mêmes.

En 317 av. J.-C., Agathocle devint tyran de Syracuse et y établit une de ces autocraties populaires, qui étaient, à de rares exceptions près, l'état normal des républiques anciennes. Menacé par les Carthaginois, il alla les attaquer à l'improviste en Afrique même et ayant brûlé ses vaisseaux, il s'empara de presque toutes leurs villes, notamment d'Utique, mais il finit par être vaincu et contraint de se réfugier à Syracuse (310 av. J.-C.) (Diodore, XX, 54.)

Après la première guerre punique (240-237 av. J.-C.), Utique prit part à l'insurrection des Mercenaires (Polybe I, 82.88). On sait que les Carthaginois qui n'ont jamais été qu'une oligarchie composée de quelques familles très puissantes et immensément riches, comme les patriciens de Venise, tiraient toute leur force de mercenaires recrutés sur tout le littoral de la Méditerranée, Espagnols, Gaulois, Liguriens, Siciliens, Grecs, mais surtout Africains de toute race. La paix conclue avec Rome, les Carthaginois durent ramener de Sicile en Afrique ces troupes devenues inutiles et ils auraient bien voulu les licencier. Mais il leur était dû sur leur solde des arriérés considérables que l'épuisement du trésor ne permettait pas d'acquitter en entier. Le Sénat leur proposa donc une réduction qui ne fut pas acceptée et, d'un commun accord, les Mercenaires se mutinèrent. La révolte s'étendit à tout le territoire africain, les villes vassales s'unirent aux rebelles et 70 000 mercenaires vinrent mettre le

---

5. Référence inexacte : les passages où Tite-Live parle de la guerre des mercenaires ont disparu (NDLE).

siège devant Carthage (T.-Liv., 1. C. LXXIV) [5]. Heureusement pour le Sénat carthaginois, Amilcar, de l'illustre famille patricienne de Barca, enleva les positions des assaillants, dont il fit un épouvantable massacre, et les habitants d'Utique qui s'étaient joints à eux reçurent une sévère leçon.

Dans la seconde guerre punique, cette ville vit son territoire ravagé tour à tour par T. Otacilius, M. Valerius Messalla et Valerius Lævinus. Scipion, surnommé le premier Africain, l'assiégea plus tard inutilement. « Il fit, dit Polybe, mettre ses vaisseaux en mer et dressa dessus ses machines de guerre comme pour l'assiéger par mer, puis il détacha 2 000 hommes de pied, pour s'emparer d'une hauteur qui commandait Utique ; il fit fortifier cette hauteur par un bon fossé, creusé tout autour. »

Voici maintenant le récit de Tite-Live que nous allons citer in extenso, parce qu'il peut servir à établir la véritable situation du *Cap Pulcher*.

Scipion, nommé consul l'an 205 av. J.-C., se fit donner pour province la Sicile, avec autorisation de passer en Afrique. Les vieux sénateurs, et à leur tête Fabius, s'opposaient à cette entreprise téméraire. Scipion trouva par lui-même des ressources considérables et organisa à Syracuse une formidable expédition. Il partit de la Sicile, avec un vent favorable N.-E. Dès le lendemain on signala le promontoire de Mercure à une distance de 5 milles romains [6]. Au lieu d'y débarquer, Scipion fit mettre les voiles dehors et ordonna de mouiller dans l'intérieur du golfe. La mer était grosse, le ciel brumeux ; on jeta l'ancre à l'entrée de la nuit. Le lendemain on avait la côte en vue. Scipion ayant appris que le cap en face de sa flotte se nommait *Promontorium Pulchrum*, trouva ce nom de bon augure, il fit mettre ses troupes à terre et envoya la flotte aux environs d'Utique [7].

---

6. Aujourd'hui cap Adar ou cap Bon.
7. Le cap qui est à l'entrée de l'ancienne rade d'Utique portait le nom de Roscinona, ce qui se traduit en latin par *formosum promontorium* ou cap Pulcher.

Scipion envoya donc sa flotte dans le voisinage d'Utique où elle jeta l'ancre dans un port nommé depuis *Castra Cornelia*. Au dire de Tite-Live, il établit son camp sur une hauteur, à quelque distance de la côte, et après avoir reconnu les environs il se retira dans le camp qui, jusque-là, avait été attenant à l'ancrage de ses vaisseaux, pour se transporter à un mille d'Utique (T.-Liv., XXIX, 34).

Appien se contente de dire que les vents conduisirent Scipion à Utique, et ce que nous savons ensuite, c'est que, après avoir assiégé la ville par toute sorte de moyens, il ne put s'en rendre maître tant elle était forte (204 av. J.-C.). Massinissa, ami de Scipion, venait d'être chassé de son royaume par Syphax, qui s'était déclaré pour les Carthaginois. Scipion battit Syphax et Asdrubal dans *les Plaines* (203 av. J.-C.), il aida Massinissa à reprendre la Numidie et enfin il remporta sur l'illustre Annibal la victoire décisive de Zama (19 oct. 202 av. J.-C.), qui termina la seconde guerre punique. Ce fut alors qu'il reçut le glorieux surnom d'Africain.

Au commencement de la troisième guerre punique (149 av. J.-C.), les habitants d'Utique jugeant prudent de se mettre du côté du plus fort, firent volontairement leur soumission aux Romains et aidèrent Scipion Émilien, le second Africain, à détruire de fond en comble la nouvelle Tyr (146 av. J.-C.).

Utique n'eut pas à se plaindre de Rome qui répartit entre ses habitants les terres situées sur les deux rives du Bagradas jusqu'à Bizerte, et elle redevint, pour plus d'un siècle, le premier emporium de la côte africaine centrale. C'est à cette époque qu'il faut sans doute rapporter les premières monnaies autonomes au type des Dioscures et de l'attelage de chevaux hongres, avec la légende phénicienne גתא ATG, qui est assez singulière, puisque les Grecs écrivaient ce mot Ἰτύκη [Itukè] (*Numismatique de l'ancienne Afrique*, Muller. Tome II, p. 159). Mais ce n'est pas l'unique singularité de cette médaille, dont la composition semble plutôt indiquer un retour à des souvenirs grecs et à l'ancien nom de *Zeugis*, qu'un grand amour pour les traditions tyriennes qui venaient de succomber avec Carthage. Faut-il voir dans ce nom d'*Atéghé*, au lieu d'*Atiqué*, un désir vague d'helléniser un nom phénicien? Car Ἀτεγη en grec donne le sens de *hauteur* qui convenait bien au site de la ville et à sa situation orientale dans l'ancien nome zeugitan. Peut-être des fouilles plus complètes que celles que nous avons pu faire dans un espace très limité, donneraient-elles la solution de ce problème en mettant au jour des épigraphes grecques, que jusqu'ici nous n'avons pas trouvées. Quoi qu'il en soit, ces velléités d'hellénisme ne purent pas durer longtemps, et dans les médailles autonomes, frappées sous Tibère, on ne rencontre plus ces traces de *phénicisme* qui restent très visibles sur la plupart des monnaies africaines de cette époque, soit dans les légendes ou les surfrappes, qui sont restées purement phéniciennes, soit dans la composition qui est destinée à parler aux yeux d'indigènes hors d'état de comprendre la langue latine. Aux Dioscures nationaux a été substituée une déesse représentée sous les traits de Livie, tenant d'une main une baguette et de l'autre une patène. La baguette Καρπίς [*karpis*] est le signe de l'affranchissement et se retrouve sur une foule de monnaies autonomes de l'époque impériale; la *patène* appartient à la vieille Thanis, déesse de l'expansion, mais habillée à la grecque. Désormais c'est une Cérès, dont le temple doit avoir laissé des vestiges d'autant plus apparents qu'il devait être très somptueux. Et cependant à la même époque *Hippo Diarrytus*, aujourd'hui Bizerte, conservait intact le type phénicien de la bonne déesse Ipô, dont elle portait le nom, avec la tête de la déesse aux épis de Carthage, ou Sora, au revers; celle-là restait fidèle à ses souvenirs phéniciens. Mais outre qu'Utique paraissait y tenir beaucoup moins, elle était devenue la résidence du proconsul d'Afrique, qui y resta tout le temps que dura la malédiction romaine condamnant Carthage à ne pas se relever de ses ruines. Auguste fit des habitants d'Utique des citoyens romains avec le titre de municipe qui, sur leur demande, fut élevé par Adrien au rang de colonie.

Dès lors la ville n'ayant plus rien à craindre des perturbations locales qui la forçaient jadis à se confiner dans son acropole, s'épandit largement tout autour en vastes faubourgs.

Cependant, il est à remarquer que ces faveurs attirèrent sur Utique nombre de tempêtes qui ne lui permirent point d'asseoir sa prospérité sur des bases durables, car, dans toutes les guerres civiles romaines, ce fut toujours son territoire qui fut choisi pour champ de bataille. L'an 81 avant J.-C., le grand Pompée y défit les adversaires de Sylla.

Plus tard, Varus, qui commandait à Utique, s'y rangea du parti de Pompée, et Juba, roi de Numidie, ayant appris qu'il y était assiégé par Curion, dévoué à la cause de César, vint à son secours, battit et tua Curion (49 av. J.-C.).

Mais Utique s'est fait surtout un nom dans l'histoire par la mort de Caton qui, bien que né en Italie, avait été surnommé Caton d'Utique, parce qu'il y commandait lorsqu'il y mit fin à ses jours dans des circonstances dramatiques qui ont rendu son nom à jamais célèbre (46 av. J.-C.).

Nous ne saurions donc nous dispenser de donner une esquisse biographique de la vie de cet homme illustre.

Marcus Porcius Cato, surnommé Caton d'Utique parce qu'il mourut dans cette ville, était l'arrière-petit-fils de Caton le Censeur. Né l'an 95 av. J.-C., il donna dès son enfance des marques de cette inflexibilité de caractère qui devait l'illustrer. Il fut élevé dans la maison de Livius Drusus, son oncle maternel, qui brillait au premier rang de l'aristocratie romaine, se livra à l'étude des doctrines stoïciennes et cultiva l'éloquence. Son patrimoine était considérable, il n'en fit usage que pour rendre service à ses amis.

Nommé questeur, il rétablit l'ordre dans le Trésor public, força les agents de Sylla à rendre l'argent qu'ils avaient pris à l'État, se dévoua à la défense de la République, soutint Cicéron lors de la conjuration de Catilina et, malgré César, fit condamner à mort les conjurés. Le peuple l'admirait, César l'éloigna en lui donnant une mission à Chypre. Il s'opposa aux pouvoirs extraordinaires que demandaient César et Crassus, et fut plusieurs fois traîné en prison.

Nommé préteur, il fit passer une loi contre la brigue. Dans la guerre civile, il prit parti pour Pompée. Après Pharsale, il rallia les débris de l'armée vaincue et les embarqua pour l'Afrique ; arrivé à la cour du roi Juba, il en laissa le commandement à Scipion et se retira à Utique, où il sauva la vie à ceux des habitants qui avaient pris le parti de César et qu'on voulait mettre à mort. Mais il ne tarda pas à se repentir d'avoir laissé à Scipion le commandement des restes de l'armée de Pompée. Celui-ci ayant méprisé ses avis se laissa mettre en déroute par César, à Thapsus, et le vainqueur tomba sur Utique à marches forcées.

Caton voulut d'abord défendre cette forte position, mais il ne trouva personne pour le seconder. Dès lors, résolu à mourir, il n'eut de souci que d'assurer la retraite des sénateurs qui l'avaient accompagné et qu'il fit embarquer pour l'Espagne. Puis il conseilla aux habitants d'Utique de sauver leur ville par une prompte soumission, en leur défendant de parler de lui à César.

Ces dernières dispositions prises, il soupa tranquillement, cherchant à détourner ses amis de tout soupçon sur ce qu'il projetait, puis il donna ses ordres, se coucha et se mit à lire dans son lit le livre de Platon sur l'*Immortalité de l'âme*. Surpris de ne point trouver à son chevet son épée qu'il avait l'habitude d'y mettre, il s'emporta contre son fils qui l'avait fait enlever et l'accusa de vouloir le livrer sans défense à César. On la lui rendit, il en examine la pointe et s'écrie : « Maintenant, je suis mon maître. » Puis il relut le Traité de Platon et s'endormit d'un profond sommeil. Vers le point du jour, s'étant assuré que tous ceux auxquels il s'intéressait étaient en sûreté, il se frappa de son épée, mais sans réussir à se donner la mort. Son fils et ses amis accoururent au bruit, et un médecin, son affranchi, voulut bander la plaie, mais Caton ayant repris ses sens, le repoussa, rouvrit sa blessure et expira. Il était âgé de 48 ans.

César entra immédiatement à Utique et se plaignit de ce qu'un ennemi qu'il admirait, lui avait ravi la gloire de lui accorder la vie. Il fit grâce à son fils (46 av. J.-C.).

On a cherché à préciser le lieu où Caton a dû se donner la mort. Les uns prétendent que ce fut dans l'acropole, mais sans preuve. D'autres pensent que ce fut dans sa maison même, qu'ils placent à côté du port. Cette opinion est celle qui réunit le plus grand nombre d'adhérents. Caton devait habiter non loin et au-dessous de la citadelle, dans un palais qui dominait le port marchand et toute l'île. Nos fouilles ont mis au jour, sur cet emplacement, les restes d'une habitation d'une grande magnificence possédant des thermes particuliers, luxe qu'on ne rencontrait que chez les plus riches personnages.

Il existe à la Bibliothèque nationale de Paris, une généalogie de la famille de Caton d'Utique, qui était originaire de Tusculum. Nous la reproduisons ci-dessous.

GÉNÉALOGIE DE CATON D'UTIQUE

Caton le Censeur épouse Licinia

|

Marcus Porcius Caton Licinianus,
mort désigné préteur du vivant de son père

|

M. Porcius Caton, consul avec Q. Marcus,
résidant en Afrique

|

M. Porcius Caton, mort dans les Gaules,
épousa Polonia

|

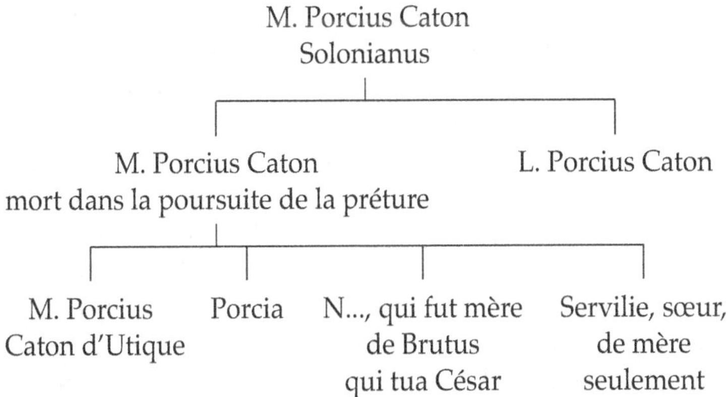

On conserve également à la Bibliothèque nationale, dans la section des Estampes, sous le titre de *Suite alphabétique de portraits gravés*, une intéressante série de portraits de Caton d'Utique. Quelques graveurs l'ont confondu avec Caton le Censeur, notamment dans la *Galerie des hommes célèbres*, publiée en 1808 par Landon (tome XI).

Utique, ayant secrètement favorisé la cause de César, échappa à la destruction. Nous avons vu qu'Auguste fit les habitants d'Utique citoyens romains : τους Ἰτυκησέους πολίτες ἐποιήσατο (Dio Cassius, XLIX, 16). Pline (v. 4) la qualifie « *Utica civium Romanorum* ». Sous le nom de *Municipium Julianum Uticense*, elle conserva son autonomie avec le droit de battre monnaie qui était une de ses prérogatives. Pomponius Mela, qui vécut sous Tibère, Caligula et Claude, est l'unique écrivain qui nous ait laissé un croquis d'Utique dans les premiers temps de l'empire romain. « *Utica et Carthago, ambœ inclytæ, illa fato Catonis insignis, hæc suo, nunc populi Romani colonia.* » [8]

L'apogée de la splendeur de l'architecture romaine est le règne d'Auguste. C'est l'époque où ce style pompeux se répandit

---

8. « Utique et Carthage, toutes deux illustres, l'une par le destin de Caton, l'autre par le sien propre, aujourd'hui colonie du peuple romain ».

dans tout le bassin méditerranéen, et Utique construisit alors une foule d'édifices dont les fouilles ont révélé l'emplacement avec de riches débris et des épigraphes en caractères magnifiques.

À partir du règne de Néron, l'ornementation romaine se surcharge et les monuments prennent des proportions colossales. C'est à cette époque que s'élevèrent à Utique les nombreux palais qu'on y exhume chaque jour, et les magnifiques *villas* qu'on y construisit sur le modèle de celles de l'Italie.

Pendant le règne des Antonins, les arts brillèrent encore d'un vif éclat. Trajan surtout fit exécuter dans les provinces de grands travaux d'utilité publique, tels que routes, aqueducs et ponts. Utique en eut sa part, une belle épigraphe qui y a été découverte en fait foi.

L'an XXIX av. J.-C., Auguste envoya sur le territoire de Carthage 3 000 colons romains qui y fondèrent une colonie, à côté de la ville maudite ; mais comme la population autochtone y fut aussi admise, la nouvelle colonie s'accrut si rapidement que, au dire de Strabon, elle était redevenue, vers la fin du règne d'Auguste, une des plus florissantes villes de l'Afrique. La nouvelle ville avait été fondée à quelque distance de l'ancienne et bâtie de ses débris. Mais peu à peu, sans tenir compte des malédictions du Sénat, on envahit aussi l'enceinte primitive. Le proconsul romain quitta alors Utique pour y fixer sa résidence et cette ville se trouva une seconde fois reléguée au second rang. Néanmoins, jamais elle n'avait atteint un tel degré de prospérité, et M. Daux qui a voulu rétablir une vue de la ville, a choisi avec raison l'an 45 de notre ère, comme étant celle de l'apogée du développement d'Utique.

Cette prospérité se maintint sous les Antonins. Adrien fit dit-on, élever le bel aqueduc que nous aurons à décrire plus loin, et ce fut lui qui, sur sa demande, accorda au municipe d'Utique le rang et les privilèges de colonie romaine.

V

On sait que le triomphe du christianisme bouleversa de fond en comble l'ancien état social. Dès les premiers siècles, la nouvelle religion s'établit à Carthage ; par suite de ses relations suivies avec Rome, les premiers catéchistes s'y introduisirent de bonne heure. La parole divine rayonna dans tous les sens et eut bientôt atteint Utique. Les progrès du christianisme y furent, paraît-il, plus rapides que partout ailleurs. D'après M. Guérin, Utique devint le siège d'un évêque et compta de nombreux martyrs (*Voyage en Tunisie*, T. II, p. 11.).

Au IVe siècle, on comptait dans Carthage et la Byzacène cent soixante églises, car, conformément à l'exemple venu de Rome, les édifices tant civils que religieux des païens avaient été transformés en basiliques chrétiennes.

Utique, toutes proportions gardées, n'était pas sous ce rapport au-dessous de Carthage, et nos fouilles dans les nécropoles phénicienne et romaine ont mis à découvert, à l'occident de la maison Ben Ayad, à environ cent mètres dans la direction de la route de Tunis, sur le sommet du monticule, un cimetière chrétien substitué à un temple romain, ce qui nous a d'autant moins étonnés que nous nous rappelions qu'en 421, Galla Placidia avait obtenu de son neveu, l'empereur Théodose II, l'ordre de faire raser les temples païens et de les transformer en cimetières.

Depuis le IVe siècle jusqu'à l'invasion arabe, en 689, il y eut donc à Utique nombre de chrétiens qui enterraient leurs morts dans le terrain où nous avons trouvé une série de pierres portant le monogramme cruciforme.

Voici deux épigraphes prises parmi beaucoup d'autres :

ESTVTAPACAE

et celle-ci bien touchante dans sa brève simplicité :

HMANTIA

MATER FIDELIS

IN PACE

La formule *in pace* est celle des chrétiens des premiers siècles. On l'a également retrouvée à Carthage, sur des pierres tumulaires chrétiennes.

Dans la même nécropole d'Utique, nous avons aussi mis à nu une magnifique dalle tumulaire en mosaïque de diverses couleurs portant également le monogramme cruciforme, mais avec la boucle du P à gauche, anomalie constatée sur plusieurs lampes de Carthage et d'autres pays. On y lit ces mots :

CANDI

DA EIDICI

S IN PACE [1]

Cette sépulture chrétienne était placée dans lui édicule ou chapelle semblable à celle de nos jours, car on voit encore les murs de la construction ; les caveaux sont au-dessous de dalles

---

1. Sur cette inscription et les débats qu'elle a provoqués, voir la préface (NDLE).

d'environ 2,50 m de long sur un peu plus d'un mètre de large, leur profondeur pouvait être de deux mètres, les parois en étaient maçonnées et construites en belles pierres de taille.

À la suite des dix persécutions générales ordonnées par les empereurs romains, de l'édit de Milan par lequel, en 313, Constantin proclamait le christianisme religion de l'empire romain, et du premier Concile œcuménique de Nicée qui, en 325, formula le symbole de la religion nouvelle, le gouvernement de l'Église se trouva définitivement constitué, et le christianisme dut s'asseoir solidement à Utique, ce qui explique la beauté des tombes chrétiennes de cette ville.

Marcelli, dans son *Africa Christiana* (1816, in-4°), donne une foule de détails sur l'histoire du christianisme en Afrique.

Mais toutes ces splendeurs allaient s'évanouir avec la vigueur éphémère du monde romain, hors d'état de protéger ses cités si florissantes contre les invasions barbares. L'an 429, trente mille Vandales et Alains, conduits par Genseric, franchirent le détroit de Cadix et débarquèrent en Mauritanie; dix ans plus tard, ils étaient maîtres de Carthage, Tunis, Utique et Bizerte, qu'ils démantelèrent de fond en comble. Genseric en personne présida à ce démantèlement qui, un siècle plus tard, devait laisser ses descendants sans défense contre les généraux byzantins; Utique vit alors tomber ses magnifiques remparts phénico-romains, qui pendant si longtemps avaient été son orgueil et sa sécurité. Mais le vandalisme de ces barbares ne s'en tint pas là; au dire de Victor de Vite, ils s'attaquèrent également aux théâtres et aux temples et détruisirent jusqu'aux rues, méritant ainsi de léguer leur nom à tous les destructeurs farouches et stupides. Après avoir tout saccagé et tout ravagé, Genseric s'établit à Carthage et y mourut en 477. (*Historia persecutionis vandalicae*, lib. I, cap.III, Ruinart, 1694. Paris.)

En 533, Bélisaire fut envoyé par l'empereur Justinien pour chasser les Vandales; vainqueur du roi Gellimer, maître de Carthage, d'Utique et de leurs richesses, il anéantit l'empire des Vandales. Il avait duré un siècle ; la domination byzantine devait être non moins éphémère. Cependant il faut lui rendre cette justice qu'elle opposa aux invasions musulmanes une résistance autrement sérieuse et autrement longue que celle des Vandales, et l'Afrique n'appartint aux Arabes qu'après cinq expéditions successives dont la première avait eu lieu l'an XXIII de l'hégire (644). Ce ne fut, toutefois, que sous le règne du khalife Abdel-Melk-ben-Mesouan (689 ou 698) qu'Hassan-ben-Noumân s'empara de Tunis, de Carthage et d'Utique. Les Grecs qui s'y étaient établis durent chercher un refuge en Sicile et en Espagne ; quelques-uns essayèrent de résister dans Bizerte où ils ne tardèrent pas à être poursuivis et écrasés. Carthage et Utique furent saccagées et détruites de fond en comble par les hordes de Hassan-ben-Noumân. Naturellement, elles s'acharnèrent après les églises chrétiennes qui avaient remplacé les temples païens. Les palais furent dévastés, tout ce qui ne put pas être emporté fut détruit, et de tant de splendeurs il ne resta qu'un monceau de cendres.

Depuis cette époque, l'aspect d'Utique n'est plus qu'un lamentable spectacle ; les ronces ont envahi ces monceaux de débris informes que le temps a achevé de niveler, et les oiseaux de rapine nichent dans les rares pans de murailles restés debout. Le reste, depuis douze siècles, sert de carrière à l'Arabe ignorant qui fait de la chaux avec des chapiteaux et des fûts de marbre précieux pour badigeonner sa hutte de pisé ou construire un vulgaire marabout, de sorte qu'on se demande comment il peut rester encore quelque chose de cette ville qui est une des plus anciennes stations de l'humanité.

Heureusement nous assistons à la revanche trop tardive de la civilisation sur la barbarie, et de nouveaux envahisseurs viennent rendre la vie à ces belles contrées que l'Islamisme a transformées, partout où il s'est établi, en funèbres nécropoles.

VI

DESCRIPTION DE L'ÉTAT ACTUEL DE LA VILLE D'UTIQUE

Utique était, en Afrique, la place forte que préféraient les Romains ; c'était de là que le peuple roi surveillait les populations libyennes. Grâce à cette importance, Utique fut dotée d'une foule de privilèges et enrichie de nombreux monuments qui, au dire des anciens, ne le cédaient point en magnificence à ceux de Rome elle-même.

Utique se divisait en deux quartiers bien distincts : la ville haute et la ville basse.

La ville haute couvrait une série de hauteurs séparées les unes des autres par des ravins plus ou moins profonds.

Elle possédait un port de guerre monumental, avec un palais amiral, un port marchand, une acropole ou citadelle, un palais du Sénat, un prétoire, de nombreux temples, un bel aqueduc, six vastes citernes publiques, un cirque, un hippodrome, un théâtre, etc., etc. Vue de la mer à l'époque romaine, cette ville devait offrir un coup d'œil magnifique.

Ses rues étaient étroites, et la moyenne de leur largeur ne dépassait point de 2 à 4 mètres. L'une se nommait la *Via Sacra*, et conduisait à l'hippodrome ; une autre, mentionnée sur une épigraphe, se nommait *Via Reni*. Au dire de Servius, ce furent les Carthaginois qui inventèrent le dallage. Les rues d'Utique étaient dallées et moins sinueuses que celles de Carthage. Les contemporains disaient que, sur ces rues, s'ouvraient une multitude d'impasses et de ruelles. Généralement, les maisons n'avaient qu'un étage et se terminaient en terrasses. Pline nous apprend que ces terrasses se composaient de plusieurs lits de poteries posées sur des lits de chaux pour obtenir à la fois une grande épaisseur et beaucoup de légèreté. Le dernier lit se terminait par une assise de carreaux dite ὄστρακον [ostrakonn].

Quelques-unes de ces constructions étaient très petites et se sont en partie conservées sur les flancs de l'*acropole*. Elles se terminent par une voûte que traverse un tube cylindrique en poterie, servant de cheminée. Chaque habitation était munie d'une citerne pour recevoir les eaux pluviales ; d'autres, les plus riches, possédaient des puits carrés dont les parois étaient faites de grands blocs de pierre également carrés. Ces puits avaient jusqu'à vingt mètres de profondeur et étaient alimentés par d'excellentes sources.

La ville était entourée d'une superbe enceinte de murailles, flanquée de tours, de construction phénicienne ; un large fossé protégeait cette enceinte. Il en est question dans Plutarque. Histias la qualifie de magnifique, Jules César de belle ; les Vandales la rasèrent complètement l'an 439 de notre ère.

Utique était percée de plusieurs portes, dont trois nous sont connues avec leurs anciens noms. C'étaient la porte *Bellica* au sud, donnant accès dans le faubourg romain. À Rome, il existait une colonne nommée Bellica par-dessus laquelle le grand pontife lançait un javelot contre les nations ennemies ; la porte *Triumphalis* était percée au sud-ouest ; la porte *Numidica* s'ouvrait au nord-ouest, et donnait accès au *Cothon*, à l'hippodrome et à la nécropole ; une quatrième s'ouvrait sur la route de Carthage (*Ad Carthaginem*).

Le berceau d'Utique était l'île dans laquelle s'étaient cantonnés ses fondateurs avant de se répandre sur les hauteurs voisines. Elle possédait un port marchand, de vastes quais, des

Vestiges du Cothon (mot grec qui signifie « coupe », NDLE).

palais, des bains, des temples. C'était le cœur de la ville, le séjour de l'élite de sa population. Sa superficie était de 350 mètres sur 250. C'est là que foisonnent les pavages en mosaïque de toute époque.

Les ports d'Utique étaient superbes, et ils étaient entourés, comme ceux de Carthage, d'un double portique. Nous avons dit qu'à l'époque romaine la mer baignait encore la ville, et nous avons exposé les raisons multiples qui l'ont fait retirer au loin, dans la direction de Porto-Farina.

Le port de guerre se nommait le *Cothon*, et était situé à l'ouest, au pied de deux hauteurs enceintes dans la ville. Il comprenait l'arsenal construit sur voûtes et flanqué de tours, ainsi que le palais du suffète-amiral, dont il reste d'énormes pans de mur encore très élevés qui se dressent majestueusement au milieu de l'île. C'était là que se trouvait l'*Euripe* dans lequel mouillaient les vaisseaux et les galères ; il y était joint un arsenal maritime et divers édifices religieux.

Le port marchand était formé par le canal qui séparait l'île du continent. À sa droite et à sa gauche il était bordé de beaux quais dallés, élevés sur arcades. Des marais couverts de joncs sont tout ce qui reste aujourd'hui de ces ports, jadis l'orgueil d'Utique et la fortune de ses habitants.

Sur le plateau le plus élevé de la ville se dressait l'acropole, remplacée aujourd'hui par deux marabouts ou tombeaux de saints arabes. C'était un énorme parallélogramme entouré de fossés et composé de quatre murailles avec quatre tours aux angles. Au centre s'élevait un bel édifice, qui était probablement un temple de style corinthien dédié à Bal-Hamon. Dans chaque tour était percée une porte. On arrivait à cette imposante construction par un chemin contournant le monticule en demi-cercle, et creusé de main d'homme dans sa partie supérieure. Ce chemin existe encore en partie. Tite-Live parle de cette acropole, livre XXX. Elle s'appelait *Byrsa*, ce qui n'est que la traduction phénicienne du grec *acropolis*.

On ne connaît pas au juste l'emplacement du forum, mais il a pu occuper un des deux points que nous allons indiquer.

En premier lieu, la partie inférieure de la colline de l'acropole faisant face à l'île, en second lieu les hauteurs qui dominent le Cothon. Il est certain que les monuments publics d'Utique ressemblaient beaucoup à ceux de Carthage. Or, dans cette dernière ville, le forum était tout près du Cothon.

Le forum était, comme l'on sait, une vaste place découverte entourée de portiques et de constructions, dans laquelle se tenaient les assemblées publiques en plein air. C'étaient là que se discutaient les affaires publiques et commerciales. Tout près se trouvaient les temples et de vastes portiques, sous lesquels marchands, banquiers et usuriers tenaient comptoir et faisaient leur trafic. C'était aussi dans le forum que se tenaient les comices, qu'on procédait au cens et que se trouvait la tribune aux harangues.

De même que Carthage, Utique possédait un nombre considérable de temples.

Les Phéniciens désignaient toutes leurs divinités sous le nom de *Bal* ou de *Belit* qui voulait dire Seigneur ou Dame, mais c'était une simple épithète honorifique précédant le véritable nom de la fraction du cercle équatorial à laquelle ils rendaient un culte spécial. Ce cercle était divisé en 360 parties ou jours, et chaque jour avait son patron à peu près comme dans nos calendriers modernes. Chacun de ces patrons était un Bal. Les plus connus sont Bal-Zebub ou *Zeus Apomyos*, le *Myagrius* des Romains, adoré à Acra (Aca), *Bal Hamon* le seigneur de la pluie, dieu primitif du district de Samarie, *Bal-Berith* ou *Zeus-Orkhios*, dieu des serments, etc.

Lorsque les Grecs parlent de Baal sans autre désignation, ils l'assimilent ordinairement à Hercule ou Melkarth que les Phéniciens nommaient *Bal-Tsor*, seigneur de Tyr. Melk-Karth voulait dire roi de la ville et surtout roi du froid. Une ville est une agglomération et le froid est l'agglomérateur par excellence. Aussi cette image se trouve-t-elle dans toutes les langues. Les Phéniciens primitifs paraissent avoir eu autant de répugnance que les Israélites pour les simulacres humains et l'on sait que Melkarth était adoré à Tyr sous la forme d'une énorme émeraude ou *prase* qui se disait *barqat*, mais ce dieu Émeraude ou *Maragdos* se retrouvait à Chypre dans un sanctuaire grec et semble plutôt grec que phénicien. Nous possédons en effet des preuves authentiques de Phéniciens adorant des dieux grecs et exerçant des fonctions sacerdotales dans des sanctuaires grecs, et quand il leur arrive de représenter leurs dieux sous une forme anthropomorphe, c'est toujours aux Grecs qu'ils l'empruntent. Nous avons, grâce aux médailles phéniciennes, des effigies certaines des dieux *Hadar* ou Neptune, *Melkarth* ou Hercule, *Ipo* ou Cybèle, *Bel* ou Phébus, *Sora* ou *Soïr* déesse des tempêtes et de la pluie correspondant à la Proserpine de Syracuse. Toutes ces divinités ne diffèrent en rien dans la façon dont elles sont représentées, des divinités grecques qui leur correspondent. Les Phéniciens n'ont jamais eu de style particulier, ils se sont servis tour à tour de celui des Égyptiens, des Assyriens et des Grecs, en se conformant à la mode régnante. Le sarcophage d'Eshmunazar est de fabrique égyptienne et certainement acheté en Égypte. Ceux qu'a rapportés M. Renan de Phénicie sont de travail grec et quelques-uns du plus beau style. Il n'y a donc qu'une inscription votive ou numismatique qui puisse faire reconnaître une divinité phénicienne d'une divinité grecque, et des premières, jusqu'ici, nous ne connaissons pas d'exemple.

L'inscription bilingue de M. Lang, trouvée à Chypre dans le sanctuaire essentiellement grec d'Idalium, est dédiée d'une part à *Reseph-Mikal*, et de l'autre à Apollon *Apios* ou Absent, qui tous deux correspondent au soleil infernal représenté par Melkarth.

Ce dieu représentant le jour embryonnaire a été longtemps figuré sous les traits d'un nain difforme coiffé de palmes ou d'une pierre carrée et vêtu d'une peau de *lynx*. C'est le type primitif d'Hercule ou Bacchus embryonnaire, qui, vers le septième siècle avant notre ère, se change en un bel éphèbe n'ayant conservé de son prédécesseur que la peau dont il est vêtu. Plus tard encore, on le représente enfant avec la peau et la massue, et le musée du Louvre possède deux charmants spécimens de ces Hercules Cupidons. S'il n'a ni peau ni massue et s'il tient un livre, c'est un Bacchus Byblos ou *Liber*, qu'on rencontre très souvent dans les Gaules. Nous avons trouvé dans nos fouilles un magnifique spécimen de Bacchus Byblos et, comme Byblos[1], située au pied du Liban, était une des villes phéniciennes d'où étaient partis les fondateurs de l'Utique sidonienne, il est probable que ce Bacchus était bien l'un des patrons de la ville africaine.

Dans les couches les plus profondes de la nécropole, nous avons exhumé une certaine quantité de têtes grimaçantes, très grossières, qui doivent vraisemblablement se rapporter au dieu grec par excellence, *Bais*, qu'adoraient les mercenaires grecs au service de l'Égypte et que les Égyptiens eux-mêmes finirent par adopter sous le nom de *Typhon*, l'étrangleur d'Osiris, Il

---

1. En phénicien *Sepher*.

répondait dans la mythologie classique au Dioscure Castor auquel devait avoir été consacrée la ville grecque fondée à Utique par les Argonautes. On peut rapporter à la même époque les cônes de pierre travaillée si communs dans les fouilles du docteur Schliemann et connus sous le nom de fusaïoles. Ils rappellent la forme sous laquelle était adorée l'Aphrodite de Paphos, dont le sanctuaire avait été fondé quinze siècles avant notre ère par des Philistins d'Ascalon.

On en avait conclu pendant longtemps que ce sanctuaire était phénicien, mais aujourd'hui l'origine grecque des Philistins ne fait plus doute et les noms de Cyniras, Kenchréïs, Myrra et Adonis qui étaient les héros de la légende de Paphos, sont aussi grecs que possible. Le culte singulier qu'on rendait au cône de calcaire adoré dans le temple de Paphos, explique assez bien l'usage des cônes que nous avons trouvés à Utique. Le cône de Paphos était percé en dessous d'un trou dans lequel l'adorateur introduisait un bâton qu'il faisait tourner. C'était le simulacre de l'opération à laquelle on devait se livrer pour allumer du feu d'après le procédé de Prométhée. Le cône était destiné à servir de crapaudine au fuseau de bois dur qu'on faisait tourner rapidement avec un archet sur un morceau de bois tendre. La machine entière se nommait *Ariadne* qui veut dire fuseau. C'était le *swastika* des Brahmines dont on trouve si souvent la représentation sur les monuments grecs sous la forme d'une croix dite phénicienne. Les Aryens de l'Inde en avaient de très grands que deux hommes manœuvraient avec une corde tissue de chanvre et de poil de vache. C'était par ce procédé que le soleil était rallumé chaque jour à minuit dans les régions infernales. Schliemann l'a décrit tout au long, dans ses *Antiquités Troyennes*, traduction Rangabé (Paris, 1874).

Le culte du rhombe ou rouet magique est resté très longtemps en honneur chez tous les peuples de race aryenne et la présence de ces cônes dans les couches les plus profondes de nos fouilles peut être considérée comme un vestige certain des Grecs

Atlantides venus en Afrique avec les expéditions des Argonautes, qui avaient dû laisser à Utique son premier nom de *Zeugis*, traduit postérieurement en phénicien par A-Tuké (*adjuncta*), qu'on retrouve également dans les noms des villes mauritaniennes et espagnoles de *Tucca*, *Tugga* et *Tugia*, ce qui explique l'orthographe ATG des médailles d'époque romaine.

Les Carthaginois avaient une vénération particulière pour Tanit, en grec *Taô* ou *Deo*, déesse de la fortune croissante à laquelle leur ville était spécialement consacrée, ainsi que l'indique le nom de Tunis, qui est resté au lac près duquel elle était située.

Tanit voulait dire crocodile, serpent d'eau, et le Louvre possède un splendide spécimen de la Plas au crocodile du lac Triton. La Tanit carthaginoise est reproduite par les médailles de Claudius Macer sous les traits d'une Pallas ayant pour cimier un serpent.

Asthoret ou Astarté, qui représentait la fortune décroissante, comptait aussi beaucoup d'adorateurs dans tous les pays phéniciens. Elle était généralement représentée sous la forme d'une vache, la *Io* ou la *Pasiphaë* des Grecs, et se confondait avec la déesse *Ipo* ou la bonne déesse figurée sur les médailles d'Hippone par une femme cornue ou rayonnante, car *ipo* veut dire *rayonner, être beau*. Elle correspondait à la Vénus latine et était l'amante de l'Adonis phénicien ou *Thamouz* tué par l'Ours ou le dieu de la Grande Ourse, ce qui indique son rôle cosmographique. Thamouz représentait la décroissance des jours, depuis l'équinoxe d'automne jusqu'au solstice d'hiver, tandis que l'Adonis grec, amant d'Aphrodite, représentait la croissance des jours depuis le solstice d'hiver jusqu'à l'équinoxe du printemps et était tué au mois d'avril par le Sanglier.

Ces deux Adonis étaient les Dioscures qu'on devait adorer particulièrement à Utique, sous la forme de deux chevaux, et les médailles d'Utique les représentent sous leur forme anthropomorphe ; leurs temples réunis devaient se trouver dans l'acropole, à l'endroit où l'on voit aujourd'hui un marabout, sur la plus orientale des deux collines qui avaient fait consacrer ce lieu aux Dioscures. Malheureusement ce marabout garantit l'emplacement qu'il couvre contre toute espèce d'investigation. Nous n'en avons pas moins exhumé sur un autre emplacement une curieuse mosaïque grecque, représentant la mort d'Adonis.

Tous les dieux que nous venons d'énumérer se confondaient avec Melkarth, qui est toujours représenté très jeune sur les médailles carthaginoises, aussi nous avons retrouvé répétées un peu partout les images de ce dieu dans nos fouilles d'Utique, sans compter les belles statues de Bacchus enfant, dont nous avons déjà parlé.

Les Carthaginois adoraient aussi *Moloch* ou Saturne, célèbre par l'horrible culte qu'on lui rendait en lui immolant des enfants qu'on faisait passer par le feu. L'inscription du roi Mésa était destinée à rappeler un de ces féroces holocaustes. Ils honoraient également *Esmun* ou Esculape ainsi que Neptune ou *Adar*. Toutes ces divinités devaient posséder des sanctuaires à Utique, mais à partir de l'époque romaine, les divinités d'Utique changent pour la troisième ou quatrième fois de nom, et celle qui domine est Jupiter dont le magnifique temple est cité par Polybe. Ce fut dans son enceinte qu'à l'approche de César, Caton rassembla tous les sénateurs. Ce temple occupait certainement le centre de l'île d'Utique, à l'endroit fouillé en 1853 par le comte Camille Borgia. On y voit encore des débris de colonnes de marbre jaune antique, confondus pêle-mêle avec de superbes marbres et des restes de moulures d'ordre corinthien. M. Davis qui y a fouillé après lui, en a rapporté deux belles têtes en marbre, provenant de statues.

Il y avait aussi, à Utique, un temple dans lequel un *aruspice* était chargé de présager l'avenir par l'inspection des entrailles des victimes. On fait remonter à Romulus l'introduction, à Rome, des aruspices, dont la science était comme l'on sait, originaire d'Étrurie.

Salluste nous apprend que lorsque Marius se trouva à Utique sous les ordres du consul Q. Cecilius Metellus, son protecteur, pendant la guerre de Jugurtha (108 av. J.-C.), l'aruspice lui apprit, par l'intermédiaire des entrailles des victimes, que de grands et merveilleux prodiges étaient prévus en sa faveur, qu'il devait par conséquent accomplir tout ce qui était résolu en son esprit, avec une entière confiance dans les dieux, et qu'il devait tenter sa fortune aussi souvent que possible, car tout tournerait ultérieurement à son profit. Il aspirait alors au consulat et il l'obtint, en effet, l'année suivante.

Le temple où se trouvait l'autel sur lequel l'aruspice interrogeait ses victimes ne serait-il pas celui que nous avons découvert au-dessous de l'acropole et dans lequel nous avons trouvé une admirable statue de Bacchus enfant ? Ce monument, qui n'était pas très vaste, était précédé de portiques d'une grande richesse et de pavages en mosaïque des plus élégants ; des deux côtés se trouvaient des chambres décorées de deux peintures murales et de mosaïques, dont l'une représente la mort d'Adonis et dont l'autre, placée dans un bassin, est semée de Tritons jouant sur les flots. Mais tout ce gracieux attirail ne s'accorde guère avec la sombre boucherie romaine des aruspices, et peut-être est-il plus naturel d'y voir un sanctuaire d'Adonis lui-même, le Dieu de Byblos et probablement celui d'Utique, dont nous avons retrouvé la statue sous les traits enfantins qu'on lui donnait presque toujours. Cette hypothèse serait d'accord avec les médailles d'Utique.

Apulée, de Madaure, sénateur de Carthage, fils d'un duumvir, avocat, philosophe, initié aux mystères d'Isis et romancier célèbre par son livre mystique *l'Ane d'or*, nous apprend qu'à l'époque des Antonins, Carthage possédait des statuaires et des fondeurs habiles, aussi à cette époque ses temples et ceux d'Utique étaient-ils remplis de statues.

Le culte des dieux du paganisme s'y maintint jusqu'au commencement du Ve siècle, mais, en 421, Galla Placidia, fille de Théodose le Grand et femme de Constance, sur les instigations du tribun Ursus, obtint de son neveu Théodose II, empereur d'Orient, l'ordre de faire raser tous les temples des faux dieux jusqu'aux fondements, pour les convertir en cimetières. (Voir l'auteur anonyme des *Promesses et Prédictions*, dont l'ouvrage est inséré à la suite des œuvres de saint Prosper d'Aquitaine).

On a trouvé dans la nécropole d'Utique à l'ouest de la maison du général Ben-Ayad, les vestiges d'un temple accusés par divers débris, notamment des colonnes cannelées en marbre blanc. Comme il résulte de plusieurs épigraphes que les chrétiens ont enseveli leurs morts dans les ruines de ce temple, ce ne pouvait être qu'après l'an 421 à la suite de la cession qui leur en avait été faite, d'après l'ordonnance obtenue par l'influence de Galla Placidia,

Comme toutes les villes de quelque importance, Utique avait ses théâtres. On reconnaît aisément celui qui s'élevait dans la plaine au sud ; celui qu'on croit reconnaître à l'ouest non loin de l'habitation du général Ben-Ayad nous suggère les observations suivantes.

Il était creusé dans le sol de la montagne et tous les gradins en ont été enlevés, mais son fer à cheval est encore très apparent et il remonte probablement à l'époque phénicienne, car les relations d'Utique avec la Sicile et la Grèce ont dû lui donner de bonne heure le goût des représentations scéniques. Or nous savons que les Grecs aimaient à creuser leurs théâtres dans le flanc des collines, comme on peut le voir à Syracuse, à Athènes et dans une foule d'autres villes grecques. M. Daux voudrait que cette excavation eût été faite après la prise d'Utique par Agathocle, pour faire disparaître la hauteur de laquelle il aurait menacé et enfin pris la ville. Mais si l'on examine actuellement l'état des lieux, on remarque immédiatement que les terres enlevées forment un remblai très visible du côté de la plaine à travers laquelle coule la Medjerdah. Or le cubage de ces terres n'indique nullement qu'ajouté à l'excavation à l'aide de laquelle on a fait le théâtre, il en résulterait une hauteur dangereuse pour la ville. Si l'on comble, au contraire, par la pensée, cette excavation avec les terres enlevées, le nivellement correspondrait exactement avec celui des champs voisins sans les dépasser.

Quant à l'autre théâtre situé au sud-est de la plaine, un peu au-delà de l'enceinte de la ville, il existait déjà du temps de César. Car ses *Commentaires* en font mention à propos de Varus assiégé dans Utique par Curion (49 av. J.-C.).

« La position d'Utique, y est-il dit, était forte. Il (Varus) était défendu par la ville même d'un côté, et de l'autre par un théâtre bâti dans la ville et dont les vastes constructions rendaient l'accès du camp difficile et étroit. »

Il est probable que ce théâtre ne remontait guère au-delà de l'époque de César. Auguste, grand amateur de jeux scéniques, au dire de Suétone et de Tacite, l'aura peut-être embelli, ainsi que Néron, l'empereur histrion par excellence.

À l'époque où M. Daux campa à Utique (1865), on voyait encore autour de ce théâtre des tronçons de colonnes de porphyre rouge antique d'Égypte, provenant du proscénium et de la scène. Aujourd'hui il n'en reste plus d'autres vestiges qu'un haut tumulus en fer à cheval. Ce devait être un édifice superbe : il avait 95 mètres de diamètre du nord au sud devant l'orchestre.

À environ 126 mètres de distance de ce théâtre, se trouvent les ruines d'un grand édifice bâti sur le type du palais amiral.

Le premier amphithéâtre construit à Rome ne remonte pas au-delà de César et était dû à la magnificence de C. Scribonius Curion le même qui fut tué à Utique par le roi Juba (49 av. J.-C.). On ne peut donc pas assigner une plus haute époque à celui d'Utique qui était situé dans l'intérieur de la ville, contrairement à l'usage. C'était comme tous les amphithéâtres un vaste édifice ovale et il se trouvait à portée du palais du proconsul qui était sur l'acropole, comme à Rome le Colisée et le théâtre de Marcellus se trouvaient dans le voisinage du palais des Césars.

Cet amphithéâtre mesurait 118 mètres du nord au sud et 98 dans son axe le plus court.

Ce qui le distinguait de beaucoup d'autres, c'est que la *cavea* tout entière avait été creusée dans le massif d'une montagne. L'entrée de l'arène se trouvait au sud sous une vaste galerie couverte dont il reste une voûte en mauvais état. Le périmètre de l'arène était orné de colonnes de marbre noir.

La profondeur de ce monument frappe tous les visiteurs, on dirait le trou béant d'un cratère.

Tous les gradins ont été enlevés depuis des siècles et il n'en reste que de rares débris. Les flancs sont tapissés de broussailles et de hautes herbes. L'emplacement de l'arène est jonché de gros blocs de pierre. Au-dessous il y avait des espèces de cages ou l'on enfermait les bêtes féroces destinées à amuser le peuple.

Le cirque ou hippodrome avait 562 mètres de long et 76 mètres 60 de large. Il longeait parallèlement le rivage, près du palais amiral, dans la partie occidentale de la ville ; il était décoré de marbres de diverses couleurs. On reconnaît actuellement son emplacement à un exhaussement du sol au milieu des terrains cultivés ; il n'en subsiste que de rares débris de murailles. Il devait y avoir, comme dans tous les cirques, un obélisque placé au centre.

Selon saint Augustin, les Carthaginois, et par conséquent les Uticéens, aimaient passionnément les courses du cirque. C'était le proconsul qui avait la présidence de ces spectacles et donnait le signal des courses de l'hippodrome ou des jeux de l'amphithéâtre.

Nos fouilles nous ont fait découvrir dans un important monument de l'île, un fragment d'épigraphe relative à l'empereur Gordien, surnommé l'Africain. Ce prince, proclamé empereur malgré lui à Thysdrus, aujourd'hui El-Djem, en Afrique (237), était très populaire à Carthage et dans les villes voisines. Possesseur d'une immense fortune territoriale en Afrique, il donna des jeux magnifiques dans les amphithéâtres. Voici ce fragment d'épigraphe gravé sur marbre en belles lettres romaines :

GORDIA
FORV
IEQ
MC
HIS

Cette épigraphe porte des sigles, c'est-à-dire des lettres exprimant à elles seules un mot complet.

Utique possédait plusieurs thermes ou bains publics, les uns destinés à tout le peuple, les autres exclusivement réservés aux sénateurs, comme dans toutes les villes romaines.

Il est probable qu'il faut les chercher au sud et sur les flancs de l'acropole ; on y voit encore les restes bien conservés d'un établissement de ce genre. Les murs ont conservé une certaine hauteur et forment un vaste parallélogramme divisé en plusieurs compartiments, qui étaient de vastes salles voûtées comme le prouvent les voûtes effondrées et enfouies dans le sol, que nous avons retrouvées en fouillant.

Il y avait au sud de l'île des bains fort riches décorés de marbres et de statues, dont des fragments ont été retrouvés, ils servaient peut-être aux sénateurs. Les maisons des riches Romains, sorte de petits palais, avaient en outre des bains privés. Dans l'une d'elles nous avons découvert une piscine avec les conduits en terre cuite qui y amenaient l'eau ; ces conduits avaient la forme de bouteilles s'emboîtant les unes dans les autres.

Nous avons aussi trouvé des thermes près du premier palmier de l'île d'Utique ; leurs ruines formaient une petite éminence que nos ouvriers ont attaquée de tous les côtés à la pioche, ce qui a amené la découverte de deux piscines d'inégale grandeur, munies de beaux gradins pour s'asseoir, avec de forts beaux pavages en mosaïques ; nous y avons trouvé aussi un spécimen de fresque romaine de la plus grande rareté, formée de cadres aux couleurs rouges, vertes, jaunes et bleues, et dans le centre de l'un d'eux un personnage aux allures guerrières, armé d'une lance.

Nous avons trouvé aussi des bains dans les villas des alentours et dans l'un d'eux une piscine pavée d'une mosaïque blanche circulaire.

Utique possédait un aqueduc de 11 kilomètres de parcours, il était soutenu par des arcades et prenait naissance dans les gorges des hautes montagnes situées de l'autre côté du golfe, à la *Kescbaâta*, assez près de *Coluha* (l'El-Aâlia d'aujourd'hui) ; il passait près des grandes citernes, tantôt à fleur de terre, tantôt au-dessous, pour aboutir à deux pas de l'amphithéâtre, où il bifurquait. Un embranchement se dirigeait vers le port de guerre, l'autre portait l'eau dans la citadelle ; les canaux de cet aqueduc avaient 50 cm de haut sur 48 cm de large.

On croit qu'il avait été construit par l'empereur Adrien vers 129 ou 130. Ce prince dota en effet d'aqueducs les principales villes de son empire ; il vint même en Afrique, au dire de *Spartien*.

Sur les hauteurs d'Utique, les arches de cet aqueduc subsistent encore, mais sur beaucoup de points et notamment dans la plaine, elles sont complètement démolies.

De vastes citernes publiques ayant chacune 41,50 m de long sur 5 de large subsistent encore en partie sur le sommet de la colline au sud et près de l'amphithéâtre. Sur six il en reste trois. Elles pouvaient contenir entre les *radiers* et la naissance des voûtes 9 000 mètres cubes d'eau pluviale. Leur construction est phénicienne et leurs voûtes sont d'époque romaine. Les caravanes de chameaux qui font halte à Bouchater y cherchent souvent un refuge, et elles servent ordinairement d'étables ou de greniers à fourrage.

La nécropole phénicienne d'Utique occupait le sommet du monticule situé à l'ouest des citernes. Les peuples asiatiques aimaient à inhumer leurs morts sur des lieux élevés. Les

Carthaginois et les Uticéens ne pratiquaient point l'incinération des cadavres, ils les déposaient dans des sarcophages ou dans des niches creusées dans les parois des sépulcres ayant 2 m de long sur 60 cm de large et 70 de hauteur. Ces chambres sépulcrales avaient 5 ou 6 m de profondeur et étaient creusées dans le rocher ; on ne pouvait y pénétrer qu'en se courbant.

Les Romains n'adoptèrent l'incinération que très tard et les inhumations se faisaient chez eux avec toute sorte de solennités.

On ne peut donner aucune règle générale sur la forme et la construction des tombeaux, mais ils étaient toujours soumis à une orientation rigoureuse, Il parait que très anciennement les Romains creusaient une fosse, y déposaient le mort et le recouvraient d'un tumulus, suivant l'usage étrusque.

Généralement les personnages de marque avaient soin de se faire construire un tombeau de leur vivant.

Nos fouilles ont également mis au jour de nombreuses épigraphes funérailles sur marbre, la plupart malheureusement fort mutilées.

Voici quelques-unes des mieux conservées : [2]

```
          D.M.S
     I Q · LICINIVS I
     B DATIVS · VIX I
     Q ANN · XXVIII I
  MENS · VII · DIEB X.S.
```

———————

. . . . . .

```
    VIXIT ANN
  FECIT DOMITIV
  INEVS MATRI
     I · T · I
```

———————

———————

2. Les dimensions de ces épigraphes sont généralement de 20 centimètres carrés.

Pendant notre mission à Utique une partie notable des fouilles que nous avons entreprises a été consacrée à l'exploration de la nécropole, ou pour parler plus exactement des nécropoles. Il en résulte que la nécropole phénicienne entourait la maison du général Ben-Ayad. Nos ouvriers ont creusé des tranchées dont la profondeur n'était pas moindre de 3,50 m, et c'est à cette profondeur que nous avons recueilli une série d'objets phéniciens bien caractérisés, notamment des lampes portant plusieurs caractères phéniciens et deux têtes très petites de divinités.

Pendant l'époque romaine, on a continué à inhumer dans la nécropole phénicienne. Mais ses limites se sont étendues beaucoup plus loin, et l'on enterrait moins profondément, ce que nous avons constaté par nos fouilles dans le même champ de repos. Ces dernières nous ont donné une série nombreuse de vases de formes diverses, tels que *ollae ossuariae*, urnes, lacrymatoires en verre et en terre cuite, *unguentarii, capis, paterae, patenae*, bijoux romains, statuettes mythologiques en terre cuite, nombreux petits cippes, tombeaux en pierre, monnaies phéniciennes et romaines.

Les limites de cette nécropole romaine sont indiquées par une pierre servant de borne du côté du couchant sur le sommet du monticule. L'épigraphe dont elle est décorée fait savoir qu'elle était placée près de la villa et des jardins d'Addian et de la villa de Sabianus.

FI · FAVSTINIAN · HORTOS
ADDIAN · IVG · XX · PVI
ITEM · SABIANV · MV
NIANVS · F · SEXTI
IVG · XXVII · PVIII

Les urnes des familles pauvres étaient tout simplement placées entre deux lignes de vases ou de briques.

Sylla fut le premier Romain dont le corps fut incinéré. Il mourut en l'an 78 av. J.-C.

Depuis cette époque, l'usage de brûler les cadavres sur un bûcher devint général et donna lieu à un cérémonial bien connu. Les cendres étaient recueillies dans des urnes funéraires (*ollae ossuariae*) en terre cuite, en verre, en plomb. On trouve aussi de petits sarcophages de 0,35 m de longueur sur 0,20 m de largeur et 0,25 m de hauteur.

L'usage de meubler les demeures funéraires d'objets ou d'images d'objets ayant servi aux besoins et aux joies de l'existence, était commun à tous les peuples de l'antiquité. On y enfermait avec le mort des statuettes mystiques représentant ses dieux familiers, les têtes ou les images des animaux immolés, des miroirs de bronze le plus souvent gravés, ou des vases peints qui étaient, selon toute probabilité, des diplômes d'initiation aux mystères des Cabires, de Cérès, de Bacchus et autres.

La nécropole d'Utique nous a fourni des spécimens de tout le mobilier mortuaire, notamment un grand nombre de lampes en terre qu'on croit avoir symbolisé la lumière éternelle.

Les vases se plaçaient aux pieds, entre les jambes, aux aisselles et derrière la tête du mort. Quelques fois on jetait dans le bûcher les plus beaux des vases du défunt et on en déposait les morceaux calcinés dans son tombeau. Mais, même dans les pays où l'on n'incinérait pas, les assistants brisaient une multitude de vases sur la tombe du mort, et c'était à cet usage que servaient notamment les lécythes athéniens blancs et noirs, tous brisés, qu'on recueille avec tant de soin aujourd'hui à cause de leurs magnifiques dessins au trait. L'usage de briser des vases sur les tombes s'est conservé chez les Grecs modernes. Ainsi s'explique la prodigieuse quantité de vases brisés anciennement que l'on trouve dans le cimetière romain d'Utique, notamment de belles et solides amphores qui auraient résisté aux injures des siècles.

Nous avons recueilli une quantité considérable de balsamaires ou vases à parfum.

On plaçait aussi dans les sépultures une foule d'objets faisant l'office d'amulettes, parmi lesquels beaucoup de phallus, des dés à jouer, emblèmes du nouveau sort, des insignes tels que des *phalerae* ou plaques rondes que l'on portait sur la poitrine, des *fibulae* ou agrafes, des colliers de grosses perles de verre colorié, des bracelets en bronze en forme de serpent, avec deux petites clochettes ou *tintinabula*. Ces bracelets portaient le nom de *spaalium*.

Nous avons également trouvé une foule de monnaies destinées à payer la barque à Charon.

Les anciens ne manquaient jamais de placer près des restes de leurs parents des vases renfermant toutes sortes de comestibles. Aussi dans une foule de ceux que nous avons recueillis, avons-nous trouvé des os de volaille, des arêtes de poisson et des coquillages.

C'est ainsi qu'à Utique, comme dans tous les pays où les Romains avaient importé leur civilisation, leurs tombeaux nous rappellent tous leurs usages et toutes les conditions de leur existence. Les hommes reposent avec leurs armes, les femmes avec leurs bijoux, les enfants avec leurs jouets.

Les vases les plus communs trouvés dans la nécropole d'Utique sont généralement en terre. Ceux en verre sont plus rares et ont dû appartenir à de riches défunts. Ces urnes sont placées à des profondeurs diverses et sont pleines de cendres et de débris d'ossements.

À l'époque phénicienne, les environs d'Utique étaient déjà couverts de villas ; c'est ce qu'affirme Diodore de Sicile à propos du siège de cette ville par Agathocle (310 av. J.-C.).

Sous la domination romaine, les sénateurs et les riches Romains se faisaient construire de somptueuses maisons de campagne, décorées de peintures et de mosaïques, avec des thermes particuliers. Les fouilles que nous avons entreprises dans la campagne nous ont fait retrouver plusieurs de ces villas.

Dans la ville nous avons mis au jour un grand nombre de

riches maisons romaines décorées de magnifiques peinturés murales, d'élégantes mosaïques grecques et de marbres de diverses couleurs.

Nous avons pu constater qu'à Utique, le caractère distinctif des habitations romaines consistait en deux cours intérieures environnées de galeries et flanquées d'appartements dont l'une était destinée à recevoir les étrangers et dont l'autre était habitée par la famille.

Les Romains ne se tenaient guère dans leurs maisons qu'aux heures des repas et du sommeil, ce qui explique l'exiguïté de leurs appartements. Le jour ils mangeaient dans des salles ouvertes et le soir sur leurs terrasses. La plupart des pièces ne recevaient de lumière que par la porte. Pendant la journée, les citoyens se répandaient sur les places publiques, sous les portiques et les colonnades des temples et des théâtres.

La maison romaine se composait donc principalement d'un *atrium* ou avant-corps de logis ouvert aux hôtes, aux clients, aux visiteurs. L'atrium était un édifice couvert entourant une cour centrale rectangulaire nommée *cavaedium* autour de laquelle se groupaient plusieurs pièces de service. Dans le milieu du toit était ménagée une ouverture nommée *compluvium*, qui livrait passage aux eaux de pluie tout en donnant du jour à la cour. Les eaux étaient reçues dans un bassin appelé *impluvium* ; du milieu de l'impluvium s'élançait d'ordinaire une fontaine jaillissante dont l'eau était fournie par les aqueducs publics.

De l'atrium on passait par des couloirs au *peristylum*, grande cour entourée d'un portique dont les colonnes étaient réunies par un mur à hauteur d'appui (*pluteum*). Au milieu du péristyle se trouvait un bassin, autour étaient disposées les chambres à coucher. L'appartement des femmes donnait sur le péristyle.

Outre les pièces dont nous venons de parler, des thermes étaient adjoints à la plupart des palais. C'est ce que nous avons constaté à Utique dans une habitation située au pied et au nord de l'acropole.

L'île d'Utique, d'après une photo d'époque (NDLE).

Ces bains étaient accompagnés d'un *aleatorium*, pièce garnie de tables sur lesquelles on jouait aux dés ; nous avons trouvé un grand nombre de palets qui étaient à la fois un jeu et un exercice.

Les plus belles habitations romaines d'Utique étaient bâties sur le penchant et au pied de l'acropole, côté nord. Parmi celles que nous avons fait fouiller, plusieurs étaient d'une grande magnificence.

On ne peut remuer le sol de l'île d'Utique sans découvrir de belles maisons romaines ornées de marbres, de mosaïques et de colonnes, et de nombreuses statues brisées. Nous en avons retiré une charmante statuette de Bacchus portant de la main droite une grappe et maintenant de la gauche sur son épaule une sorte d'amphore à deux anses.

À côté de cette habitation nous avons déblayé un édifice somptueusement décoré, dans lequel se trouvait une statue colossale, ainsi que le prouve le pied que nous avons rapporté. Il est probable que là devait se trouver le temple du dieu philistin Goliath, altération du grec κηλητής [kèlètès]. Son nom sémitique était *Nephil* le géant, qui veut dire aussi tomber [3]. C'était le soleil décroissant ou Thamouz que le dieu El enterrait au solstice d'hiver, ou qu'il abattait d'un coup de pierre comme dans la légende de Goliath et de David qui se retrouve répétée une demi-douzaine de fois dans les Paralipomènes, sous des noms différents, ce qui s'explique aisément, lorsque l'on sait que David portait le nom de l'Eros sémitique et que ce nom voulait dire *mignon* [4]. Nous avons eu la bonne fortune de retrouver une terre cuite très bien conservée de ces deux divinités d'époque et de composition phénicienne. Il est donc probable que cette terre cuite avait été fabriquée à Utique même et qu'elle représentait les deux faces de Thamouz Elioun, telles qu'elles devaient être livrées à cette époque à la vénération des fidèles. Thamouz ou Nephil est nu sous les traits du Dionysius grec, Elioun est tout petit et vêtu d'un pagne bleu dont la couleur s'est admirablement conservée. Ce mot se traduit en phénicien par *moil* qui correspond au français par-dessus et qui a pour radical *El*, latin *super*, nom bien connu du cabire matinal.

Il y a donc eu à Utique aussi bien qu'à Carthage une culture sémitique ayant survécu à la domination romaine, dont les vestiges se retrouvent dans les noms de suffètes, tels que *Mutumbal* et dans les compositions des médailles faites pour parler aux yeux de populations ne comprenant pas le latin. L'esprit phénicien s'était donc réfugié dans ces divinités domestiques ou funèbres exprimant les croyances intimes de chacun. Quant au magnifique temple qui nous a suggéré ces observations, il est peu douteux qu'il ne fût consacré à Bacchus Dionysius, car son dallage et ses colonnes étaient de marbre

---

3. Les noms uticéens de ces deux divinités sont fournis par de nombreuses épigraphes phéniciennes, le géant se nommait *Bal-Hamon* et le nain *Aden-Lob* ou l'Adonis libyen, il était nègre. [Quant au vocable lui-même, les *Nephillim* sont les géants de la *Genèse* (VI, 4), et *naphal* signifie tomber, NDLE].
4. Hébreu, *dod*, bien aimé (NDLE).

blanc veiné de violet, la couleur de *Iao* le soleil d'automne. Ses larmiers en marbre blanc étaient du style grec le plus pur et le plus riche et les filets décorés d'*oves* et de *dards*. Cependant cette décoration n'est pas grecque ; le dard se dit *selah*, l'œuf *bitz*. En hébreu, *bitz* veut dire littéralement blanc et *selah* expulsé [5]. C'est donc le soleil ayant franchi le solstice d'été ou le *blanc expulsé* qu'on adorait dans ce temple. Nous retrouvons le nom de *selah* dans celui de la ville de Salera qui veut dire le *lion expulsé* et devait être sous l'invocation du cabire de la décroissance des jours. La beauté du style de ces débris permet de supposer que ce temple appartient à l'époque phénicienne et qu'il était d'ordonnance phénicienne, ce qui est peut-être encore plus rare. Ce qui nous confirmerait dans cette hypothèse, c'est qu'il était dallé en marbre, au lieu de l'être en mosaïque, décor plus riche, mais plus moderne que le simple dallage.

Les mosaïques sont excessivement communes sur toute la surface de la ville d'Utique et il est impossible de remuer la terre sans en rencontrer des vestiges, à des profondeurs variables, mais ne dépassant pas 1,50 m. Nous en avons rapporté de très curieuses évidemment dues à d'habiles artistes grecs.

On donnait à ce genre d'ouvrage le nom d'*opus musivum, musaïcum, mosaïcum*, parce que les cubes de pierre dont il était formé décrivaient des lignes sinueuses imitant la marche des vers. Ces cubes étaient de marbre, de pierre ou de verre de couleurs variées qu'on fixait sur une couche de ciment en les assortissant de façon à former des arabesques, des fleurons, des rinceaux, et à représenter des figures, des paysages, des animaux et surtout des objets mythologiques. Ce genre de décoration est relativement très moderne et n'a pas de nom en grec classique : il n'apparaît guère avant notre ère, mais il a été fort à la mode pendant les périodes romaine et byzantine et a

---

5. Hébreu *shelah*, flèche, *shalah*, expulser, *beytz*, œuf (NDLE).

presque complètement détrôné la sculpture, car il a été non seulement appliqué au décor des pavages, mais encore à celui des parois, des voûtes et même des plafonds, comme nous avons pu le constater à Utique.

On croit que la mosaïque a pris naissance en Égypte [6] et Sylla est le premier Romain qui en fit exécuter à Préneste dans le commencement du premier siècle avant notre ère ; mais déjà du temps de César on en fabriquait de portatives pour les généraux en campagne, ce qui donne l'explication du curieux spécimen que nous en avons trouvé à Utique ; il représente la mort d'Adonis et est encastré dans une large plaque de terre cuite pour pouvoir être transporté aisément d'un lieu à un autre.

Quand on veut déterminer l'âge relatif d'une mosaïque, l'on doit avoir égard à la nature des matériaux employés ; plus ils sont diversifiés, moins la mosaïque est ancienne. Les cubes de verre coloriés ne sont pas antérieurs à l'empire romain. Leur emploi devient général dans l'ornementation des églises bâties par les architectes néo-grecs de Byzance.

À Utique, nous en avons constaté l'emploi dans des sépultures chrétiennes remontant à la fin du IVe siècle.

Parmi les nombreuses mosaïques romaines que nous avons découvertes à Utique, nous citerons celle que nous avons exhumée dans une maison de l'île près du port.

---

6. On sait maintenant que la mosaïque était déjà connue des Sumériens. Il semble aussi que les Romains en ont découvert la technique pendant les guerres puniques (NDLE).

VII

COMMERCE
INDUSTRIE
LANGUE
LITTÉRATURE
NUMISMATIQUE
GOUVERNEMENT

Utique a été certainement un port de premier ordre fort longtemps avant l'ère chrétienne et plusieurs siècles après ; elle précéda Carthage et conserva toujours une grande importance militaire et commerciale sous sa domination. Enfin elle hérita de la plus grande partie de celle de sa rivale, lorsque celle-ci fut détruite de fond en comble par les Romains (146 ans av. J.-C.).

Sa situation l'avait appelée de tout temps à être un entrepôt considérable de métaux et surtout d'étain que les Phéniciens allaient chercher sur les rives de l'Atlantique. On sait qu'ils faisaient surtout un commerce d'échange, ce qui explique pourquoi Carthage frappa si tard des monnaies particulières. En échange des métaux qu'elle recevait bruts, cette ville donnait des produits manufacturés, tels qu'étoffes, métaux, cuivres et poteries. Utique a dû se distinguer dans l'industrie céramique, car les poteries que nous y avons trouvées sont aussi remarquables par la variété des formes que par leur élégance.

Les potiers avaient jadis l'habitude d'imprimer leur marque sur leurs produits, surtout lorsqu'ils étaient d'une certaine importance. Un grand nombre des lampes funéraires que nous avons trouvées à Utique porte des sigles. On trouve de superbes marques sur les grandes briques d'époque romaine. L'une de celles que nous avons rapportées contient dans la ligne extérieure le nom du préteur, *Laurus*, celui de César et celui du fabricant, *Dol*, écrit *Duelani* dans la seconde ligne, avec le mot punique *muer* pour *forma, species* ; le tout transcrit en caractères hébreux donne : האמר לד ינא *ego sum forma Doli*, au centre, pour ceux qui ne savaient pas lire, est une palme, en phénicien *Dalé*. Ainsi dans cette ville où tout semblait romain, il n'y avait de romain que la bourgeoisie. Le peuple était resté punique et les Arabes n'avaient qu'à paraître pour qu'il se rangeât de leur côté.

Il résulte de ce précieux monument, et de beaucoup d'autres que nous avons découverts, que, même sous la domination romaine, le peuple d'Utique n'avait pas cessé de parler la langue des fondateurs sidoniens de cette ville, c'est-à-dire celle dans laquelle les Hébreux ont écrit leurs livres sacrés. Cette langue est parfaitement classée depuis la découverte du sarcophage d'Eshmunazar et de l'épigraphe de Mésa, d'ailleurs le savant Gesenius[1] n'avait pas attendu ces deux textes de longue haleine pour en déterminer très exactement le caractère. Il avait même prédit que si l'on découvrait des textes phéniciens un peu anciens, le caractère phénicien et le caractère archaïque grec devaient arriver à se confondre. C'est ce qu'a prouvé l'épigraphe de Mésa dont les caractères ne diffèrent des caractères grecs de la même époque que par des nuances absolument insignifiantes, moindres que celles qu'on peut constater aujourd'hui entre le caractère *romain* ordinaire et l'italique. Dans le punique, au contraire, l'alphabet cadméen a subi de fortes altérations qui le rendent

---

1. Wilhelm Gesenius (1786-1842), considéré comme l'initiateur des études phéniciennes (NDLE).

d'une lecture plus incertaine. Cela tenait sans doute à ce que c'était une écriture essentiellement commerciale, qui tendait à se rapprocher de la *tachygraphie*.

La littérature punique n'a jamais été très riche, parce que le grec était une langue de tout temps très cultivée par l'aristocratie carthaginoise, si bien qu'Annibal a écrit en grec. Les mercenaires grecs formaient l'élite des troupes carthaginoises, et le grec était à cette époque la langue internationale par excellence. Il y avait beaucoup de Grecs d'origine dans les grandes familles d'Utique et de Carthage, à commencer par les *Barcides* qui descendaient probablement des Héraclides de Cyrène. Aussi les Carthaginois envoyaient-ils des présents au temple de Delphes. Ils cultivaient peu la philosophie, mais le seul philosophe carthaginois dont on ait conservé le nom, Asdrubal l'alla étudier en Grèce et y porta le nom de Clitomaque[2]. Il en fut de même de la religion, les Carthaginois n'avaient pas de familles sacerdotales et partant, pas d'aristocratie de naissance. Aucune barrière ne s'opposait donc à ce que les étrangers enrichis n'arrivassent à tous les honneurs, ni que les divinités étrangères s'introduisissent dans le pays. Apollon eut un temple à Carthage dont la statue colossale fut apportée à Rome, et c'est probablement sur ce modèle qu'avait été dressée celle dont nous avons retrouvé le pied à Utique, dans un temple de style grec, comme tout ce que firent les Carthaginois, architecture, statuaire et monnaies. La plupart des artistes devaient être purement et simplement Grecs, cependant nous avons vu plus haut que les compositions étaient carthaginoises.

La littérature autochtone se composait d'ouvrages ayant un caractère purement pratique, et traitant de marine ou

---

2. Ce nom signifie qui *combat le couchant* et est une traduction très libre du phénicien *Ash-dor*, la femme sur le bûcher, ou Didon abandonnée. [Clitomaque dirigea la nouvelle Académie à la fin du IIe siècle av. J.-C., NDLE].

d'agriculture, il ne nous en reste qu'une traduction du périple d'Hannon (F. Lenormant, *Hist. ancienne*).

Scaliger est le premier qui au XVIe siècle, ait abordé l'interprétation des monuments puniques. Puis sont venus Montfaucon et l'abbé Barthélémy, mais le savant Gesenius est le premier qui ait démontré complètement l'identité du phénicien avec l'hébreu classique ; l'on cite parmi les contemporains Quatremère, de Saulcy, le docteur Duclos, le duc de Luynes, Munck, Movers, Ewald, l'abbé Bourgade, et enfin le déchiffrement des textes assyriens, joint à celui de deux monuments phéniciens très importants, ne laisse plus planer sur les textes phéniciens d'autre obscurité que celle qui est inhérente à l'imperfection de l'orthographe sémitique.

Le punique, ainsi que nous l'avons vu, continua sous la domination romaine à être la langue vulgaire de cette partie de l'Afrique. Apulée nous apprend qu'à l'âge de vingt ans le fils de sa femme Pudentilla ne voulait ni ne pouvait parler le latin et ne savait que le punique.

Aurélien Victor dit que Sévère savait le grec, mais que, né en Afrique, il avait l'élocution plus facile en punique. Au Ve siècle, saint Augustin prêchait encore dans cette langue.

Cependant, il fallait qu'à cette époque on eût cessé de l'écrire, car il ne nous en est rien resté, même dans les ouvrages de l'évêque d'Hippone.

Les monnaies puniques antérieures à la domination romaine, ne portant jamais le nom de la ville où elles ont été frappées, sont difficiles à classer avec une certitude absolue. On attribue à la Sicile celles qui portent d'un côté une tête de Koré couronnée d'épis, et de l'autre un cheval avec un palmier (*Sos-Hul*) qui semble être le nom de cette province. Les médailles frappées à Carthage portent d'une part *Koré couronnée d'épis* ou la déesse *Sora* divinité présidant aux orages et à la terreur, qui semble être une forme de Tanit ou Pallas et de Bal-Hamon le dieu du feu auquel on immolait des

Drachme avec cheval et palmier. À l'avers, Tanit (NDLE).

victimes humaines. Il est probable que le cheval hongre que l'on voit au revers désignait la ville d'Utique et son origine aryenne, car le cheval des Dioscures est un emblème essentiellement grec ou persan dont il n'est jamais question dans les mythes phéniciens. La présence des Dioscures et des deux chevaux sur les médailles, postérieures à la destruction de Carthage, portant le nom d'Atig, semblent confirmer cette hypothèse.

Généralement les anciens battaient surtout monnaie en temps de guerre et l'effigie portée au revers indiquait presque toujours des liens d'origine, d'alliance ou de domination avec le pays qui y était désigné. Dans nos fouilles nous avons trouvé un grand nombre de médailles portant d'un côté le portrait des *Juba*, et de l'autre le cheval des médailles de Carthage alors détruite. Il ne peut donc pas y être question de cette ville, et ce cheval ne peut rappeler que les Dioscures d'Utique, alors autonome, ou le cheval des Numides, qui avait été importé en Afrique par les Argonautes.

Les médailles d'Utique d'époque impériale portent son nom en caractères latins et ne peuvent donner lieu à aucune espèce d'incertitude.

On ne sait que fort peu de chose du gouvernement d'Utique, sinon qu'il devait ressembler beaucoup à celui de Carthage, et que l'aristocratie d'argent devait par conséquent y jouer un rôle prépondérant. Aristote et Polybe en ont fait l'éloge ; cependant, on connaît trop bien les défauts du système carthaginois pour qu'ils ne se retrouvassent pas dans celui d'Utique. Le peuple avait une certaine part aux affaires, puisqu'il élisait les sénateurs, mais elle se bornait à vendre ses suffrages au poids de l'or. Des pentarchies ou commissions de cinq membres tirées du Sénat formaient autant de sections administratives. Un conseil de justice de 104 membres, pris dans le Sénat, constituait une sorte de parlement judiciaire, dont le chef correspondait au préteur romain. Des suffètes commandaient les armées et les flottes. Ils étaient élus pour un an et rendaient leurs comptes au conseil des 104. Les autres généraux n'étaient que leurs lieutenants,

Utique conserva son autonomie sous la domination romaine. Aussi, Histius nous apprend-il que Caton fit enfermer le Sénat, sachant qu'il inclinait du côté de César.

DEUXIÈME PARTIE

JOURNAL DES FOUILLES

LUNDI, 31 JANVIER 1881

Nous sommes arrivés à Tunis à huit heures du matin après avoir eu à subir entre Malte et la Goulette une véritable tempête. Nous sommes restés quatorze heures en vue du cap Bon sans parvenir à le doubler. Le capitaine du *Dragut*, bâtiment de la Compagnie Transatlantique, est venu plusieurs fois dans la nuit nous dire que nous n'avions rien à craindre, le navire étant solide.

Dans de tels moments, ces sortes de consolations sont relatives.

Notre commandant, comme le sont la plupart des officiers de la Compagnie Transatlantique, était un homme fort distingué. C'était, depuis dix mois, le troisième coup de mer qu'il voyait de cette violence.

Enfin, une fois à terre, tout est oublié.

Cette première journée a été remplie par des visites officielles.

Visite au général Bacouch;

Visite à M. Roustan, consul général de France;

Visite au premier ministre.

Visite au général Hamida Ben-Ayad.

Le général Hamida Ben-Ayad est un des plus grands, sinon le plus grand propriétaire foncier de la Tunisie.

C'est à lui qu'appartient l'immense domaine de douze mille hectares, au centre duquel se trouve la ville d'Utique que nous nous proposons de fouiller.

Le général nous accorde, dans la mesure la plus large, l'autorisation de nous établir sur son domaine, dans sa propre maison, et de bouleverser ses terres là où nous le jugerons convenable.

Il reste peu de grands seigneurs dans le siècle où nous vivons, mais quand en Orient on a la bonne fortune d'avoir affaire à l'un d'entre eux, rien ne peut donner une idée de leur hospitalité ni de la délicatesse de leurs sentiments.

Le reste de notre temps a été employé à une excursion dans la ville et à une visite au quartier juif, où nous avons vu des types curieux de femmes et de riches costumes.

Mardi, 1ᵉʳ février

Réveillés à 4 h 30 du matin, nous nous mettons en route pour Utique. Le chemin de fer nous conduit jusqu'à la station de Djédaïda, où nous visitons le moulin que le général Ben-Ayad vient de faire construire après avoir établi un barrage sur la Medjerdah.

À notre arrivée à Utique, nous sommes reçus par le fils du général qui nous accueille avec une hospitalité grandiose, et nous fait servir un repas moitié français et moitié arabe.

Parmi les plats nationaux, nous remarquons le lait fermenté, un gâteau d'œufs et de foie, un couscoussou au lait de chèvre avec pistaches et dattes fraîches, des oranges musquées et des bergamotes venues de Palerme; vins de France à profusion.

Nous visitons l'emplacement des fouilles que nous nous proposons d'effectuer. Le panorama est splendide, la maison confortable. Utique passe pour un séjour salubre pendant la plus grande partie de l'année.

Quatre heures de voiture nous font franchir les 35 kilomètres qui séparent Utique de Tunis. Le pays que nous traversons est plat, cultivé, sans arbres ; de loin en loin, nous rencontrons quelques goums de l'aspect le plus misérable, quelques-uns sont adossés et même creusés dans le flanc des collines. Nous traversons le lit de la Medjerdah suivant l'habitude orientale, c'est-à-dire à côté du pont. Ses eaux sont peu abondantes et ce fleuve célèbre ne paie pas de mine.

Généralement le caractère du paysage est peu africain. Sans les petites caravanes d'ânes et les longues files de chameaux, on pourrait se croire en Europe. Le bétail est d'un misérable au-dessus de toute expression ; bœufs et vaches sont de toute petite taille, les nombreux moutons que l'on rencontre ont tous d'énormes queues, dont quelques-unes pèsent plusieurs kilogrammes ; ils sont presque tous de couleurs différentes, les uns tout noirs, les autres tout blancs, d'autres mélangés de blanc et noir et de blanc et jaune ; en somme race médiocre.

Il paraîtrait que cet énorme développement de la queue serait dû à une influence locale, car à quelque race qu'appartiennent les moutons importés d'Europe, à la troisième génération leur queue atteint le volume de ceux du pays. Il est probable cependant que cet effet ne peut être dû qu'à un croisement, car les moutons à grosse queue ne sont pas particuliers au continent africain ; ceux de l'Asie Mineure se font remarquer par le même développement graisseux, fort apprécié généralement des peuples auxquels la loi de Mahomet interdit l'usage de la graisse de porc, car celle qu'on tire de la queue du mouton est d'une finesse remarquable et remplace le beurre avec un certain succès, dans une foule de plats orientaux.

Le pays nourrit de nombreux troupeaux de chèvres fort laides d'aspect, mais excellentes laitières.

À 15 kilomètres de Tunis, la mauvaise route que nous suivons traverse un bois d'oliviers plusieurs fois séculaires, dont les troncs monstrueux affectent les formes les plus fantastiques. L'aspect n'en serait pas gai si la verdure poudreuse de l'olivier n'était relevée de distance en distance par le riche et métallique feuillage des caroubiers.

D'énormes figuiers de Barbarie servent généralement de clôture.

Nous passons devant l'habitation beylicale du Bardo, la route est souvent bordée de petits tombeaux de saints musulmans, ou marabouts, dont le seul luxe, comme celui de toutes les habitations du pays, consiste en un badigeonnage d'une blancheur éclatante.

MERCREDI, 2 FÉVRIER

Nous rendons visite à Hussen ben Caïd Hussen qui a épousé la fille de Mustapha pacha, neveu du dernier dey d'Alger.

JEUDI, 3 FÉVRIER

Excursion à Carthage.

La route qui mène de Tunis à Carthage est plate, sans arbres et passe entre le bassin de la Goulette et l'ancien aqueduc qui approvisionnait d'eau la ville phénicienne.

Après deux heures de marche d'un train ordinaire nous rencontrons les premiers blocs de maçonnerie qui décèlent l'existence de constructions antiques. À droite, entre nous et le lac, une vingtaine de poules de Carthage n'accordent pas la moindre attention à notre équipage. Le chemin devient tortueux et peu commode, il est obstrué de pans de murs écroulés et de monceaux de ruines qui deviennent de plus en plus nombreux. Nous sommes sur l'emplacement de l'ancienne cité punique. C'est là que mourut saint Louis et que se trouve la chapelle qui rappelle ce glorieux souvenir des croisades ; l'ancien écusson fleurdelisé de France en décore la porte. Nous visitons le collège et le petit musée des Pères, dont les honneurs nous sont faits par le Père Delattre, un archéologue[1] ; on nous montre la mosaïque aux poissons, laquelle est en assez mauvais état, et nous déplorons un acte de vandalisme. On a rasé le petit temple de Jupiter, afin de faire une cour spacieuse où puissent jouer les élèves du nouveau collège que les Pères viennent de fonder. Généralement, toutes les antiquités qu'on nous montre sont en mauvais état de conservation. On voit que les Pères ont d'autres préoccupations que le soin de les entretenir. C'est pour un archéologue une triste visite que celle de Saint-Louis. Nous remarquons une curieuse épigraphe de Thysdrus, et dans le jardin le temple d'Esculape ; de nouvelles épigraphes ont été trouvées au fond des fouilles entreprises par M. Beulé. Nous visitons ces fouilles, et remarquons en route nombre de boulets de pierre. Notre opinion est que Carthage est encore à explorer, car tout ce qui a été fait jusqu'à ce jour et rien sont à peu près la même chose.

Nous visitons les dix-sept citernes qui sont splendides et d'une admirable conservation.

Puis les points qui attirent notre attention sont :
Sidi-Bou-Saïd.
La pointe d'Oued-Mela (route du Sel).
Les îles de Zamor, grandes et petites, vues du phare de Sidi-Bou-Saïd.
Les habitations du général Larbi Zardech, ministre du bey, Cheik Medina le préfet de Tunis.
La maison de Ben-Ayad et de Bacouch son gendre.
La maison de la Beya, femme de feu Mohamed-Bey.
La Marsa, maison d'été du consulat de France.

---

1. Le père Delattre (1850-1932) a travaillé toute sa vie sur le site archéologique de Carthage (NDLE).

C'est à Sidi-Bou-Saïd que la tradition arabe fait mourir saint Louis en 1270. Cette tradition est beaucoup plus vraisemblable que celle qui le fait mourir au lieu-dit aujourd'hui Saint-Louis-des-Français, à cause de la chapelle qui y a été élevée, car cet emplacement n'était qu'un simple rocher. Sidi-Bou-Saïd est une petite ville sainte d'un aspect très curieux, dans laquelle les Européens ne pénètrent que depuis fort peu de temps.

4, 5, 6 FÉVRIER

Séjour à Tunis, pendant lequel nous préparons notre expédition au point de vue matériel. Quel travail pour réunir cent bons ouvriers! Que de détails, quand il faut assurer le ravitaillement de notre petite armée. Nous avons l'honneur d'être présentés au bey.

LUNDI, 7 FÉVRIER

Nous partons pour Utique, à 8 heures du matin, dans une bonne calèche tunisienne à trois chevaux, avec le baron de Billing, M. Joseph Valensi et M. Tardieu [2].

M. Joseph Valensi, assez dévoué pour se joindre à nous pendant toute la durée de notre mission en Tunisie, n'ayant d'autre intérêt que de faciliter une mission scientifique française, est un de nos compatriotes dont le frère occupe une haute situation à Tunis comme premier député de la Nation. Lui-même met son éloquente parole, en qualité d'avocat, au service de toutes les causes qui ont besoin d'un défenseur désintéressé et de talent. Son concours nous sera des plus précieux, il parle l'arabe comme le français.

Le fils du général Ben-Ayad nous installe dans sa propre maison.

---

2. Le baron Robert de Billing était ministre plénipotentiaire à Tunis. Il s'est lié d'amitié avec l'auteur. Il est difficile de situer M. Tardieu, mais Grasset avait des parents par alliance de ce nom, une famille provençale connue dont deux membres furent successivement maires d'Arles (NDLE).

Mardi, 8 février

Les ouvriers commencent les fouilles au nord-est et en face de l'habitation, dans le cimetière. La journée est consacrée à la distribution des tâches, à l'organisation des brigades. Du reste, tous nos hommes sont très fatigués. Ils ont fait hier la route à pied et ne sont arrivés que dans la nuit. Quoi qu'il en soit, ils exhument dès les premiers coups de pioches des lampes et des lacrymatoires. C'est avec une profonde émotion que nous recueillons les premières pièces de notre collection.

Mercredi, 9 février

Les ouvriers attaquent la nécropole au-dessous de la grande excavation qu'on prétend faire remonter au siège d'Agathocle.

Jeudi, 10 février

Départ de M. de Billing. C'est avec un vif sentiment de regret que nous voyons s'éloigner M. le baron de Billing après un si court séjour en Tunisie.

M. de Billing est rappelé en France par une dépêche du Ministre des affaires étrangères nécessitée par le besoin du service diplomatique.

Nous perdons en M. de Billing non seulement un érudit de premier ordre, mais encore un sympathique compagnon dont la présence devait puissamment nous aider à vaincre tous les ennuis, toutes les fatigues et toutes les responsabilités auxquels un chef de mission est fatalement destiné.

M. de Billing a été chargé d'affaires de France à Tunis, il a pu, pendant le peu de temps qu'il est resté près de nous, nous aider de la façon la plus efficace en attirant sur nous toutes les amitiés et tous les respects.

On fouille le temple de Jupiter et l'on commence l'exploration de la maison située au-dessous de l'acropole.

Vendredi, 11 février

Nous allons visiter Gournata. Gournata est aujourd'hui le nom d'un canton auquel se rattache une de ces légendes antérieures, non seulement à l'islamisme, mais à la domination romaine, qu'il serait excessivement intéressant de recueillir, mais nous n'avons pu nous procurer aucun renseignement sur *Sidi-Gournata* ; tout ce que nous en connaissons, c'est son nom, lequel est bon phénicien, et veut dire en cette langue une *aire à dépiquer le grain* [3], en grec ἄλως [halôs]. L'aire jouait un grand rôle dans les rites de Bacchus et de Cérès. Il y avait une Cérés *Alôas*, et les fêtes des Aloades se célébraient à l'époque des vendanges, c'est-à-dire dans le mois que les Assyriens nommaient *Araqh Samn*, le riche en terre (octobre, novembre). C'était l'époque du pressage des olives et des raisins que l'on avait fait sécher sur les toits, ainsi que des semailles qui suivaient les pluies d'octobre et que l'on comparait à un enterrement. Aussi, toutes ces fêtes avaient-elles un caractère essentiellement funèbre, et les pressoirs et les aires étaient toujours relégués dans les mêmes lieux que les nécropoles, c'est-à-dire au nord-ouest des villes, quelquefois au sud-ouest, jamais au nord-est, ni au sud-est.

La *Djama* de Gournata est située à environ sept kilomètres nord-ouest de Bouchater et fait face à une autre Djama, marquée sur la carte sous le vocable de *Djama Ahmar*. Avec celles de Bouchater et de *Sidi-Baïeur*, située à environ sept kilomètres ouest de Bouchater, elle forme un losange parfaitement orienté, dont elle occupe la pointe septentrionale, et elle doit indiquer la limite du territoire particulier d'Utique dans cette direction.

Dans un cantonnement d'étendue considérable, les quatre angles du parallélogramme sont occupés par des places fortes ; lorsque ce n'est qu'une simple subdivision, ces quatre angles

---

3. Hébreu *goren*, aire à battre (NDLE).

n'en sont pas moins marqués par des temples plus ou moins importants. Nous avons relevé l'emplacement de celui de Sidi-Baïeur, qui avait dû être consacré à l'une des nombreuses incarnations du Tammouz phénicien, il est probable que celui de Gournata devait être consacré à Melkarth, le dieu du solstice d'hiver. On lui élevait très rarement des statues, surtout dans les hautes époques, car les premiers Phéniciens n'étaient pas moins iconoclastes que les Juifs et généralement toutes les nations originaires du bassin de la mer Noire.

Melkarth était donc représenté le plus souvent par une pierre dure ou silex, qui était à Tyr une énorme émeraude ou prase. C'était avec les éclats du silex qu'on garnissait les traîneaux dont on se sert encore en Orient pour dépiquer les blés et hacher menu la paille que mangent les bestiaux. Melkarth était donc le seigneur naturel des aires, et probablement l'inventeur de cet outil que nous avons vu fonctionner dans toute sa simplicité primitive. Les morts dans l'Hadès devaient aussi subir cette purification par le *tribolos*. C'est ainsi que le nommaient les Grecs. Aussi, une épigraphe grecque nomme-t-elle le dieu de l'Hadès maître de l'aire du sommeil, et comme toutes les recherches que nous avons faites dans la nécropole d'Utique prouvent que ses habitants, soit qu'ils suivissent le rite grec, soit qu'ils suivissent le rite phénicien, étaient également affiliés au culte de Bacchus, tout nous faisait présumer que nous retrouverions à Gournata les vestiges du temple de la divinité infernale des Uticéens, qui est indiquée sur la carte sous le nom de *Sidi-Abou-Phar, le père sauvage, le taureau ou l'onagre.* Plusieurs de nos lampes funéraires portent un onagre, mais les Grecs adoptaient de préférence ou un homme sauvage et velu, ou le taureau à face humaine des Assyriens que ceux-ci nommaient *Souresh* (principe), et les Grecs *Minotaure*. Ce dernier nom signifie réellement colonne de partage. Aussi, la plus ancienne manière de le représenter était tout simplement une pierre brute ou *men-hir*.

C'est autour de cette pierre brute que se groupaient dans toutes les religions antiques toutes les légendes funèbres, car cette pierre représentait le *léthé* ou la *léthargie* et la vie ne devait renaître que lorsqu'elle aurait été amollie ; aussi dans tous les pays la graissait-on d'huile ou de beurre, afin de l'attendrir. Cette cérémonie s'est conservée dans les Indes, mais il en est question dans la Bible à propos du songe de Jacob, qui arrose d'huile la pierre sur laquelle il a dormi [4]. Ce culte était universel et toutes les stèles que l'on place encore sur les tombeaux le rappellent.

Nous étions donc fort désireux de visiter les ruines que les Arabes nous avaient signalées à Gournata, et à une heure de l'après-midi, accompagnés de M. Joseph Valensi nous montâmes à cheval pour nous y rendre avec deux Arabes que nous avions pris pour guides.

Ainsi que nous l'avons dit, la distance d'Utique à Gournata n'est que de sept à huit kilomètres, mais le terrain est inégal et entrecoupé de marais hérissés d'épaisses broussailles qui entravaient la marche de nos montures et ne nous permettaient d'autre allure que le pas.

Nos deux Arabes n'étaient pas de trop, car ils nous protégeaient contre les violents assauts des meutes de chiens féroces qui, au passage de chaque bordj, se jetaient sur nos pauvres montures et leur mordaient cruellement les jambes, politesse bédouine à laquelle elles répondaient par de formidables ruades.

C'est ainsi que nous mîmes deux heures à atteindre Gournata ; dès que nous eûmes mis pied à terre nous nous vîmes entourés d'une douzaine de Bédouins qui commencèrent par nous souhaiter la bienvenue, puis songeant à satisfaire la curiosité naturelle à tout enfant du désert, ils nous demandèrent

---

4. *Genèse*, XXVIII, 19 (NDLE).

qui nous étions, d'où nous venions et ce que nous voulions. Cet interrogatoire est de règle dans tout l'Orient.

Qui nous étions et d'où nous venions ? Nous pûmes le leur faire entendre, mais quant à ce que nous voulions, ce fut beaucoup de bruit pour rien, autrement dit peine perdue. N'ayant jamais quitté leur gourbi, ils ne purent comprendre pourquoi nous retournions les pierres pour y chercher des inscriptions ou des traces de sculpture et ils ouvraient de gros yeux quand ils nous voyaient prendre des notes et des croquis, croyant sûrement assister à quelque opération de sorcellerie.

Enfin nous pûmes pénétrer dans l'édifice qui était le but de notre pèlerinage.

Il se compose de deux salles souterraines, formant deux carrés, qui sont reliés l'un à l'autre par une grande arcade, en un mot c'est la disposition la plus générale des hypogées phéniciens de Syrie et de Chypre, mais il n'est pas à croire que celui de Gournata remonte à une antiquité très reculée, car sa voûte est à arêtes partant des angles pour se rejoindre au sommet, disposition très savante dont nous ne connaissons pas d'exemple ailleurs, avant l'époque byzantine.

Les voûtes à claveaux ne peuvent guère remonter au-delà de l'époque d'Alexandre, à la fin du IVe siècle avant J.-C.

Cependant il résulte des sculptures assyriennes que sur les bords de l'Euphrate où l'on construisait en briques faute de pierres pour établir des architraves à la grecque et à l'égyptienne, les voûtes étaient employées plus de dix siècles avant notre ère et les Phéniciens devaient en avoir connaissance [5], car M. Daux signale la voûte comme un des caractères distinctifs de leur architecture éminemment pratique, avec un large emploi du blocage à la chaux, lequel ne semble pas avoir été usité en Orient avant la domination romaine. Les Assyriens ne

---

5. Peu utilisée dans le monde gréco-romain en dehors des bâtiments civils, la voûte était courante au Moyen-Orient dès le IIIe millénaire (NDLE).

connaissaient d'autre ciment que le bitume et en Palestine on ne se servait que du plâtre qui devint comme on sait la matière favorite de l'art arabe.

Les arêtes des voûtes de Gournata se signalent par une autre singularité ; il y règne tout le long un cordon qui varie d'une pièce à l'autre. Dans la première on dirait un chapelet de noyaux d'olives, entremêlés de petits cônes accouplés. L'olive *samin* que nous avons rencontrée dans l'ornementation du temple de Baal-Samin de l'île d'Utique est le nom même de ce dieu accompagné de deux pointes, *pim*, épithète figurant dans l'épitaphe d'*Ianonia*.

Cette espèce de vestibule était donc consacrée au dieu de l'Occident *Samin Pim* ou *Samin* le gros. Cette pièce est percée de deux portes [6] *Sarim*, qui signifie les *deux horribles* et elles sont complétées par la troisième donnant entrée dans la seconde pièce ou saint des saints. Le même nombre 3 se reproduit à l'aide de trois niches, deux dans la première pièce et une dans la seconde. Enfin l'on arrive aux bas-côtés de ce souterrain par quatre petites voûtes.

Il est évident que ce plan architectonique forme une progression mystique et raisonnée partant du chiffre 4 pour arriver au chiffre 1 lequel se trouve représenté dans le centre de la seconde salle par une énorme pierre fichée en terre que nous avons eu beaucoup de peine à ébranler et à retourner. Elle a la forme d'un autel et est creusée sur une de ses faces qui était encore remplie de terre mêlée de cendres. Il est donc probable qu'elle a dû dans le temps servir de mortier, et cet ustensile qui joue un grand rôle dans les anciens mystères a été le premier avec lequel on a trituré le grain.

Le mortier se nommait *madoka* ; or nous verrons par deux épigraphes que le Bacchus Lenus d'Utique avait nom *Dik* et

---

6. *Sar* signifie à la fois porte et horrible.

était représenté par le chacal qui porte le même nom ; nous avons même relevé une épigraphe chrétienne portant le nom de *Eidic*, dans une tombe décorée d'une très riche mosaïque annonçant qu'elle a appartenu à une famille opulente. Avant de se faire chrétien, Eidic dont le nom signifie *qui pile dans l'Hadès*, devait donc être un prêtre de Bacchus et probablement un descendant de ce dieu, ou se prétendant tel.

Le mortier nous donne en même temps l'explication d'une des particularités du mythe de Cadmus inexpliquée jusqu'ici ; mais nous la réservons pour une étude d'ensemble sur la religion de la ville d'Utique [7]. Bornons-nous à faire observer que le chapelet qui décore les arêtes de la seconde pièce n'est pas le même que celui de la première et qu'il se compose d'un grain dans des lacs entremêlés.

En grec, cet ornement se dit un *labyrinthe* et il représente l'Hadès, il le représente également en phénicien, mais il se lit *Chebel*. Quant au grain, lorsqu'il avait passé par le mortier, il se disait en phénicien, *Gourn* ou *Gournat*, littéralement *égrené*, anglais *grind*. Gournat Chebel était donc le nom ancien de l'édifice en question, et il s'est transmis à travers les âges avec la glose *Abouphar*, qui veut dire aussi le père du grain, car Chebel vient du verbe *chabol* qui veut dire *garrotter avec des cordes, torturer* et, par extension, *enfanter dans la douleur*.

Ainsi tout sort du mortier planté au milieu de cette crypte, car c'est la matrice de l'univers ; il faut donc y voir une divinité femelle et non mâle, comme celle qu'on retrouve le plus souvent dans ces hypogées, qui est le pilon ou *phallus*. Elle se nommait en grec *Thyoné*, qui veut dire aussi mortier et c'était une des épithètes de Sémélé, mère de Bacchus Lenus, lequel est représenté dans l'alphabet chypriote par un L qui se prononçait *lan* et n'était pas autre chose qu'un pilon ou une barre de pressoir.

---

7. *Madoka* signifie à la fois mortier et dent molaire.

Passons maintenant à la progression si fortement marquée dans cette architecture, qui indique les rites des disciples de Pythagore. Elle comprend les nombres I. II. III. IIII., qui sont les cabires ou points cardinaux dont voici les noms et les figures :

1	I	*Resh*	la tête	grec	ἀρχή	[arkhè]
2	C	*Sin*	la lune	grec	δίδυμος	[didumos]
3	Δ	*Shalish*	le triangle	grec	τρυγών	[trugônn]
4	+	*Réba* ou *Taut*	Mercure	grec	κύβος	[kubos]

Voici leur position dans l'espace :

	Δ		+
	3° Nord-Ouest		4° Nord-Est
	C I		
	2° Sud-Ouest		1° Sud-Est

D'après la théorie de Pythagore, les nombres pairs étaient heureux et les nombres impairs malheureux, mais il y avait exception pour le nombre 1 qu'il rangeait parmi les pairs, comme étant lui-même l'origine de toute numération. Ces quatre nombres représentent un homme étendu sur le dos, dont la tête serait au sud-est, le bras gauche au sud-ouest, les pieds au nord-ouest et le bras droit au nord-est : telle est l'orientation que l'on donnait généralement aux temples et aux sarcophages.

Le nombre malheureux par excellence était le triangle *Shalish*, qui veut dire le sommeil de l'homme en phénicien, et se traduit en grec par *Trygon*, le marc du pressoir [8], ou l'Hadès, aussi c'était le lieu choisi de préférence pour les *nécropoles*, les *pressoirs* et les *aires* à dépiquer le blé. Les marcs d'olive et de raisin étaient brûlés pour être ensuite répandus sur les vignes ; cet usage semble avoir donné naissance à l'incinération des cadavres qui paraît avoir pris naissance en Perse, n'a jamais été adopté que partiellement par les Grecs et a toujours été repoussé par les

---

8. Grec *trux, trugos*, lie de vin (NDLE).

Juifs et les Phéniciens, aussi bien que par les Étrusques. La nécropole d'Utique nous fournit de nombreux vestiges d'incinération, antérieurs à l'époque romaine, qui annoncent par conséquent une population grecque considérable. Cependant ce sont les inhumations qui dominent. Parmi les objets que nous avons trouvés figurent de nombreux triangles de bronze ou *Shalish*, mais ils devaient être communs aux deux rites phénicien et grec qui, à Utique, ne paraissent avoir différé que par des nuances résultant uniquement de l'emploi de deux langues liturgiques différentes. Ainsi l'hypogée de Gournata aurait pu tout aussi bien être consacré à la déesse Thyoné qu'à la déesse Madoka si l'on s'en tenait à la pièce où se trouve le mortier, dont la décoration se traduit exactement de même dans les deux langues. Mais les Grecs n'emploient jamais dans leur ornementation des chapelets d'olives et de pointes géminées, et cependant il serait fort possible que l'architecte qui devait savoir les deux langues se fût étudié à combiner ses symboles de façon à ce qu'ils fussent également intelligibles pour les deux liturgies. Car, des olives donnent en grec *Élakhys*, ce qui veut dire *amoindri* [9]. Autant qu'il nous est permis d'en juger par nos fouilles, la liturgie grecque se rattachant au sanctuaire du lac Triton était la plus ancienne. L'hypogée de Gournata semble se rattacher, comme époque, à celle où l'on a introduit le style grec en traduisant ses formules en phénicien. Cette époque pourrait être comparée à notre seizième siècle, où nos livres liturgiques furent traduits en langue vulgaire.

Ce qui est certain, c'est que le sanctuaire de Gournata ressemble beaucoup à ceux de Malte et de Gozzo et doit remonter à la même époque. Ils se composent également de deux salles successives en forme de parallélogrammes communiquant par un passage assez étroit ; en face de ce passage

---

9. Grec *elea*, olive, *elakhus*, petit, court (NDLE).

s'ouvre une abside en hémicycle, au sol notablement plus élevé et jadis séparée du reste du temple par une barrière. On y a retrouvé la pierre conique qui, comme à Paphos, était l'image de la déesse Nature, et la Vénus de Milo a été exhumée dans une crypte tout à fait semblable. Cette disposition s'est du reste conservée dans les églises romanes où l'on adorait les vierges noires faites de basalte ou de bois de cerisier, qui y avaient succédé à la déesse *Marca* ou *Marsa* dont la tête, coiffée de merises, décore les anciennes médailles de Marseille. Marca, Marsa ou Martha est le nom romain et gaulois du pilon. Les Grecs la nommaient *Massa* ou Masse, et elle est restée populaire dans la superstition des *lavandières* qui tordent des cadavres pendant la nuit et les aplatissent à grands coups de battoir. Telles étaient les fonctions de *Perséphone* et de la déesse *Madoka* représentée par un mortier, ou par un cuvier. Elle présidait à la résurrection par le *principe humide*.

Les matériaux employés dans la construction de l'hypogée de Gournata sont de premier choix. Les blocs sont énormes et ont généralement plus de 80 centimètres de hauteur ; le tout est recouvert de stuc à une épaisseur de plus d'un centimètre. Nous y avons vainement cherché des traces d'inscriptions ; il est probable qu'il n'y a jamais eu d'autre ornementation que les chapelets de la voûte, dont on expliquait la signification aux initiés.

La grosseur des matériaux et l'absence des culs-de-four, que M. Daux donne à juste titre comme un des caractères distinctifs du style phénicien, tendraient à faire croire que cette construction est due à un architecte grec et non phénicien, et qu'il a cherché à l'accommoder au goût des deux classes d'adorateurs qui venaient y faire leurs dévotions.

L'adjonction des *culs-de-four* aux deux extrémités des temples de Gozzo et de Malte est donc essentiellement phénicienne et représente les deux courbes ascendante et descendante du soleil, dont l'une se disait *gab*, monter, et l'autre *hana*, descendre.

M. Daux, dans ses recherches sur les *emporia* phéniciens (page 44), décrit un monument de ce genre situé entre Sousse et Kairouan, c'est-à-dire tout près du lac Triton qui, au dire de Diodore de Sicile, fut un des berceaux de la mythologie grecque ; il est voûté en encorbellement et construit en blocage, c'est-à-dire beaucoup plus ancien que celui de Gournata. Il contient les traces de trois divisions intérieures, et la quatrième est une niche dans laquelle se voient encore les restes du Bétyle ou Pilon, qui en était la divinité principale. M. Daux y a recueilli des ossements qui ont été reconnus ne pas appartenir à l'espèce humaine. Ce n'était donc pas un tombeau, mais un sanctuaire de la mère de Bacchus ou Thyoné. Malheureusement, il n'en donne ni le nom ni l'orientation.

En sortant de ce vénérable souterrain, nous n'aurions pas été fâchés de dîner confortablement. Un des Arabes que nous avions emmenés d'Utique nous avait promis une fabuleuse quantité de gibier, si nous voulions bien lui prêter un fusil. Nous nous rendîmes à ses désirs. Presque aussitôt part à dix pas de lui une superbe compagnie de vanneaux ; notre homme ajuste magistralement, tire son premier coup, puis le second.

Rien ne tombe, mais notre Nemrod n'en paraît nullement décontenancé. Il chevauche toujours en quête de carnage. Nous tombons sur une quinzaine de pluviers.

— Voilà votre dîner, dit-il solennellement ; il fait encore coup double, mais avec le même succès que la première fois.

— Allons ! Disons-nous avec une philosophie non exempte de mélancolie, rabattez-vous sur les alouettes.

L'Arabe brûle une vingtaine de cartouches et nous apporte deux alouettes qui sont religieusement partagées au dîner entre tous les convives.

Nous avions toujours entendu vanter l'adresse des Arabes, et l'on nous soutenait qu'ils tuaient une caille à balle ; après tout c'était la faute à nos cartouches, qui n'étaient chargées qu'à plomb.

Nous quittons Gournata et, à quelques minutes de marche nous trouvons un puits de toute beauté, auprès duquel gisent des colonnes de jaune antique, couleur qui semble avoir été consacrée au dieu du nord-ouest, dont on construisait les temples au-dessus des citernes. Plus loin se trouve le marabout de Blidha-Sidi-Mohamed-Bou-Phares qui est entouré de ruines considérables, parmi lesquelles on remarque des pierres sculptées, des marbres de toute espèce et des colonnes de jaune antique consacrées spécialement à cette divinité, comme correspondant à la couleur du taureau d'Ephraïm, ou de la vache d'Astarté, qui se nommait *phar*. Ce lieu doit donc avoir conservé sa désignation antique et devait former un centre de population important.

Quant à Gournata, il est probable que son hypogée était entouré d'une nécropole, car M. Daux observe, à propos du monument du même genre qu'il a décrit, qu'il avait toujours été situé en dehors de tout centre de population, et il a noté la couleur du stucage dont il était revêtu, qui était l'*ocre*, ou σμήλη [smèlè], terre à foulon, qu'on tirait surtout de l'île de Milo, et dont la mère de Bacchus, Sémélé, avait tiré son nom, étant foulonne de son état, ce qui, vu l'habitude de porter à peu près exclusivement de la laine, correspondait à nos modernes blanchisseuses.

Pendant notre excursion, nos ouvriers ont découvert un puits de proportions grandioses. La margelle se trouvait à deux mètres de la surface du sol. Nous faisons venir un puisatier de Tunis.

Samedi, 12 février

Nous partons pour Dougga. Nous quittons Tunis à deux heures du soir et le chemin de fer nous dépose à quatre heures et demie à la station de Medjez-el-Bab, où nous remplaçons ce genre de locomotion prosaïque mais confortable, par les ânes de l'Écriture. Le khalifat du lieu nous accorde une hospitalité quelque peu rustique, pour ne pas dire grossière, dont la pièce capitale est un poulet poivré à emporter la bouche. On transforme en chambre à coucher un magasin dans lequel l'espace ne manque pas plus, hélas! que les insectes. Ceux de Medjez-el-Bab sont de dimensions colossales, et la garde qui veille aux barrières du Louvre n'en défendrait pas les rois. Les infiniment petits sont le fléau de l'Afrique. On se défend très aisément du lion et du tigre; contre la puce et la fameuse mouche *tzetzé*, il n'y a ni fortifications, ni armures qui tiennent. Nous leur servons de pâture, ainsi que notre fidèle Zoulou, bipède qu'il ne faut pas confondre avec un quadrupède. Zoulou n'est pas un chien, c'est un serviteur indigène. Le poivre du poulet du khalifat est aussi intraitable à l'intérieur, que ses puces à l'extérieur. L'aube vient. Dieu sait avec quel plaisir nous fuyons ces bêtes voraces dignes descendantes de Madame Putiphar.

À six heures du matin, M. Valensi est prêt, nous partons escortés par Zoulou et deux officiers arabes, avec un petit convoi de chevaux, de mules et d'ânes destinés à nous porter ainsi que nos bagages, l'un de ces officiers fait partie de la maison du général Ben Ayad, l'autre est attaché à la personne du premier ministre, ils répondent de nous sur leur tête.

Le froid est intense pour l'Afrique, le thermomètre marque un degré au-dessous de zéro à sept heures du matin, mais la température se réchauffe avec une brusquerie dont nous nous passerions bien, car il fait 28° à midi et 31° à deux heures du soir.

Nous nous dirigeons sur *Tboursouk* qui est à quarante milles de Medjez-el-Bab. Le chemin est difficile. À *Trabelsia*, nous visitons les ruines d'un très grand temple accompagné de deux plus petits.

Après le deuxième temple, on rencontre une pierre milliaire encore debout, sortant d'un mètre de terre, ainsi qu'une inscription effacée par le temps. Près du dernier, se trouvent de grandes pierres travaillées en forme d'auges; une d'entre elles mesure un mètre carré et devait être un bassin.

Le nom de *Tebour* est antique, c'est celui de Jupiter *Atabirius* ou du *Thabor*.

À partir de Trabelsia, rien d'intéressant à signaler comme ruines, si ce n'est un amas de décombres en plein champ, qui dénote la présence des fondations de quelque édifice considérable.

Nous notons l'absence de toute espèce de marbres dans les ruines que nous avons aperçues jusqu'ici.

Arrivés à Sloughia, nous remarquons une tour en briques, fort délabrée, dont le soubassement en pierre est construit avec des débris d'édifices romains, jusqu'à une hauteur de deux mètres ; l'un des écoinçons se trouve même formé d'un chapiteau parfaitement conservé. Le haut de la partie en briques est encore émaillé çà et là de rares carreaux de faïence qui piquent d'autant de points lumineux la masse terreuse de la tour, et démontrent, comme l'assurent les Arabes, qu'elle était autrefois un minaret.

Dans l'intérieur du bordj, nous relevons quatre inscriptions dont trois encastrées dans les murailles de ses hideuses maisons.

La dernière se trouve dans la grande rue dont la largeur n'est pas moindre de trois mètres, ce qui fait que la fainéantise arabe s'y trouve au large. Pour nous approcher de notre épigraphe, nous devons enjamber plusieurs gaillards barbus jouant aux osselets.

Nous nous remettons en selle après avoir pris quelques croquis, et nos chevaux font lever de nombreuses compagnies de perdrix. Nous cheminons sur des crêtes de montagnes qui rappellent les Pyrénées. Les grandes lignes du paysage sont admirables, mais la végétation est misérable. À notre gauche est un goum dont les habitants vivent sous la tente. Ces tentes sont fort grossières, toutes noires et tissues de poils de chameau. Le bétail est maigre, la chèvre est très nombreuse, les charrues sont étranges ; les bœufs ne sont pas liés au joug par les cornes, mais ils le portent sur le garrot ; le soc est un morceau de bois armé d'une pointe de fer.

Une de nos charrues de France travaillant après ces outils contemporains de l'âge d'or, retournerait partout la terre vierge. Pour qu'elle produise quelque chose avec un pareil labour, il faut qu'elle soit singulièrement complaisante.

Les champs de figuiers de Barbarie sont à peu près les seuls qui s'accommodent de cette culture à la diable, car ils poussent sur les cailloux ; aussi sont-ils superbes.

Nous arrivons à midi à *Testour*, un nom non moins phénicien que celui de Thebour, qui veut dire le *retour de Thish* ou d'Adonis. Cet Adonis phénicien, l'amant d'Astarté, était ni plus ni moins qu'un *bouc* ; il est vrai que la dame étant une vache, n'avait aucun reproche à lui faire, au moins du côté des cornes. Mais le vulgaire n'est guère habitué à se représenter Vénus et Adonis sous les traits de deux variétés de l'espèce ruminante.

Un souvenir non moins antique vient égayer le déjeuner rustique que nous prenons sur nos genoux dans le fondouk. Une *hétaïre* de passage, en arabe une *Ghazié*, vient nous complimenter et nous faire admirer la légèreté de son costume et de ses tatouages, qui représentent des feuilles de figuier autour des poignets et des chevilles. Elle en porte un autre entre les deux seins qu'elle nous montre avec la même complaisance. C'est sur leur peau que nos ancêtres ont appris à écrire et à dessiner, avant de tanner celle du mouton et de la chèvre pour les orner de leurs élucubrations. Ces tatouages sont traditionnels et doivent être fort anciens. Le figuier se dit en phénicien חנאת, Théna, et signifie en même temps l'amour charnel. Nous ne sommes pas loin d'*Agavé*, aujourd'hui *Heja*, que nous nous proposons de visiter, et dont le nom a la même signification. On sait de quelle façon l'on honorait la déesse Tanit, la Cotyto des Syracusains. Il est probable que cette demoiselle, qui s'est fait graver sur la peau une bijouterie dont elle ne peut pas être dépossédée, porte les armes parlantes de quelque tribu telle que celle des *Ouled-Nail*, dont le nom (תדנ) veut dire *donum meretricium*. Cette façon de gagner sa dot était en honneur chez toutes les races de l'antiquité.

Nous continuons à noter l'absence de toute espèce de marbres, mais non d'auberges. Testour possède un gargotier italien ; *rara avis*.

À une heure et demie, nous repartons pour Tonga avec un soleil tropical : le thermomètre a haussé de 33 ° depuis le lever du soleil.

Tonga est l'ancienne *Tighnica* (en phénicien חכת חכנ, qui tue son adjoint). La victime est un bouc, et le meurtrier un agneau. Le christianisme en a fait des cousins germains, mais en leur laissant *la peau de bouc* qui distingue saint Jean et la peau d'agneau dont on revêt encore les petits jésus de cire qui font l'ornement de nos vieilles chaumières.

Un superbe peuplier ombrage encore la source d'Aïn-Tonga. Ses ruines occupent un espace considérable et s'étagent sur plusieurs collines qu'elles couvrent du haut en bas. Une grande construction probablement byzantine a été bâtie avec une foule de blocs antiques parmi lesquels sont encastrées nombre d'inscriptions relevées par M. Guérin. L'une d'elles est très importante au point de vue historique, parce que c'est la dédicace du temple *d'Hercule frugifère*, refait de fond en comble sous le règne de Verus [10].

Nous avons retrouvé le nom phénicien de cet Hercule ou Bacchus frugifère, qui est ici Hercule Tighnica et porte à Dougga le nom de *Bacchus Prinatus*. Prinatus correspond, en phénicien, à frugifère. C'est le Bacchus ou l'Hercule dont nous avons retrouvé les deux statues dans les deux villes d'Utique, et dont les chrétiens ont fait ensuite le *saint Laboureur* ou *saint Georges*.

---

10. Entre 161 et 169 apr. J.-C. (NDLE).

Il est particulièrement vénéré en Auvergne sous le nom grec de saint Vernix (Βεϱενίξ) [Verenix]. [11]

Les ruines du temple de sa victime Adonis ou le bouc se voient dans la partie haute de la ville et sont indiquées à la fois et par l'orientation de ce temple qui est sud-ouest, et par sa situation sur un haut lieu pour indiquer la fortune décroissante. C'était de ces hauteurs qu'on précipitait le bouc émissaire lorsque ce rôle n'était pas rempli par un étranger, un criminel ou un esclave fugitif. Les Carthaginois y mettaient même un raffinement de cruauté en plaçant la victime, qui était souvent leur fils, sur les mains même du dieu toujours représenté de taille colossale, et de là elle tombait dans le brasier allumé pour la recevoir. La fameuse stèle du roi Mésa écrite en si beaux caractères sur du basalte noir, a été gravée pour rappeler le sacrifice de son propre fils. Ces horribles coutumes existaient partout, mais particulièrement chez les Gaulois, où l'on fabriquait en osier une statue géante qu'on remplissait de prisonniers de guerre, et à laquelle on mettait le feu en l'honneur du dieu *Esus*, que les artistes gaulois représentaient aussi velu que son frère phénicien.

Elles avaient été abolies par Claude dans tout l'empire et, par conséquent, n'existaient plus à l'époque de la reconstruction du temple de Tighnica, dont il ne reste plus debout que la cella. Le portique est renversé ; il était d'ordre corinthien et bâti de blocs énormes.

La cella mesure 11 mètres, celle de Tighnica lui-même, dont le temple se trouve au-dessous, n'en mesure que 8. Ce dieu, qui est le Thésée des Grecs, avait toujours ses temples au pied des acropoles, comme le *Théséion* d'Athènes qui était dominé par le Parthénon. De même à Utique, nous avons retrouvé sa

---

11. St Vernix, ou Verny, est surtout devenu au fil du temps un saint vigneron (NDLE).

statue au pied de l'Acropole, dont la situation et l'orientation indiquent qu'elle était consacrée à Bal-Hamon. On lit sur un bloc à moitié enfoui près du petit temple de Dougga :
··· AX · TRIB · POT · HONOREM FLAMO
OMNIQUE CVLTU EX ···

Flamon, en phénicien la *plénitude d'Hamon*, correspond au grec Πέλωρος [pelôros] et doit être le nom local de la divinité du grand temple.

Notons, après ces deux seigneurs du lieu, un arc de triomphe très mesquin, un grand hémicycle construit en blocage qui semble phénicien et les vestiges d'une église.

Tighnica était alimentée par deux fontaines qui coulent encore l'une à l'est, l'autre à l'ouest, et n'avaient pu manquer d'être consacrées aux Dioscures, ainsi que l'indique le nom de la ville.

Elle a été la résidence d'un évêque et, autant qu'on peut en juger, a dû posséder une acropole.

Nous nous remettons en route au coucher du soleil ; le chemin est dangereux, les hyènes font entendre un long miaulement qui se termine par un éclat de rire ; nos chevaux ne trouvent pas cette gaieté de leur goût et tremblent de tous leurs membres. Bientôt nous sommes entourés de chacals aboyant de tous les côtés. Cette faune locale mérite d'être étudiée avec soin, car nous la retrouvons dans nos fouilles. Ordinairement Adonis est représenté par le bouc ; mais, à Utique, le chacal, *Diq* ou *Tan*, exprime le dernier degré d'humiliation de l'astre qui nous éclaire.

Les oiseaux que nous avons remarqués dans la journée sont de nombreuses bergeronnettes, des alouettes huppées, des perdrix grises, un oiseau inconnu, des bandes de pigeons, des oiseaux de proie, de nombreux merles, autant de dieux antiques.

Depuis Tonga nous faisons route avec deux Arabes qui viennent de Bizerte, c'est le maître et le valet. Ils conduisent deux chevaux chargés de poisson, vont au Kef et doivent marcher 36 heures sans s'arrêter. Le maître chemine sur les quatre jambes de son âne, le serviteur sur les deux siennes. Qui faut-il plaindre le plus, de ceux qui mangent ce poisson si étonnamment frais ou des pauvres bêtes qui le portent? En chemin de fer, le poisson arriverait frais, les convoyeurs aussi. Faites-le donc comprendre à ces descendants de *Phut*.[12]

Nous nous croisons en route avec un magnifique *sloughi* ou lévrier pur sang.

De nombreux aboiements nous annoncent l'approche de Tboursouk, nous descendons chez le khalifat, qui est borgne; borgne aussi était celui qui nous avait si solidement poivré le palais à Medjez-el-Dab. Espérons que celui qui lui succédera ne sera pas aveugle. Puisque nous en sommes au chapitre des mutilations, notons à ce propos que nous avons fait le voyage avec un âne dont l'oreille est fendue. Ne croyez pas qu'il en soit moins fier, ni surtout qu'on en soit moins fier, car cela veut dire qu'il est né un jour férié, c'est-à-dire un vendredi. Mais cette coutume remonte certainement au-delà de l'islamisme, car en France on fend ou l'on fendait les oreilles aux chevaux réformés et il est probable que cette mutilation a une origine sémitique. En effet, en hébreu *ptar-azn* veut dire *libre de charge* et *oreille fendue*[13]. Il est donc à croire que dans l'origine les ânes auxquels on fendait l'oreille étaient dispensés de travailler. Aujourd'hui ce n'est plus qu'un blason de gentilhomme, dépouillé de toute espèce de privilège. Et l'âne est un gentilhomme de vieille date, car son nom est phénicien et veut dire oreillard[14]; aussi les Orientaux le traitent en gentilhomme, ne fût-ce que pour avoir porté Notre Seigneur Aïssa. Pour compléter ces renseignements sur les bêtes à

---

12. Petit-fils de Noé, qui peupla la Libye (*Genèse*, X, 6, NDLE).
13. Il existe les mots hébreux *patir*, libre, *patar*, fendre, et *ozen*, oreille. En revanche, on ne trouve rien pour « charge » (NDLE).
14. Ane se dit *hamor* en hébreu (NDLE).

oreilles plus ou moins longues, disons que six quadrupèdes et un guide nous ont coûté 40 piastres pour 15 heures de service, soit 22 francs.

Sans être plus borgne que le khalifat de Medjez-el-Bab, celui de Tboursouk nous reçoit beaucoup moins rustiquement et nous en obtenons une installation presque confortable. Aussi est-ce avec un plaisir sans pareil que nous allons nous coucher. Allah nous garde des puces monstres, altérées de sang roumi !

Nous quittons Tboursouk à 7 heures du matin et nous arrivons à Dougga après avoir relevé quatre lettres d'une épigraphe encastrée dans un mur de clôture.

Les habitants nous font un gracieux accueil et nous admirons le curieux panorama de cette vieille cité liby-phénicienne. Dougga, anciennement *Thucca*, semble porter le même nom qu'Utique et devait être comme elle dédiée aux Dioscures ou *adjuncti*. Son plus bel ornement était, il y a quelques années, un tombeau décoré d'une épigraphe bilingue en caractères libyens et phéniciens. Malheureusement il a été en partie détruit par les ordres de M. Thomas Reade, consul d'Angleterre à Tunis, qui en a fait démolir toute la façade pour emporter l'épigraphe à Londres. C'est un acte de vandalisme que l'exemple de lord Elgin ne saurait excuser, et qui a encore été aggravé par la barbarie avec laquelle cet ordre a été exécuté par des brutes arabes. Ils ont démoli toute la façade orientale et obstrué les chambres sépulcrales inférieures pour enrichir le muséum d'un mince sciage, lequel aurait été parfaitement remplacé par un moulage. On ne saurait trop signaler à l'indignation du monde savant de pareils actes de béotisme. Un certain palicare du nom d'Ulysse fit sauter le lion de Chéronée il y a une cinquantaine d'années, pour voir s'il n'avait pas de trésors dans le ventre. Mais au moins était-il béotien de naissance.

Le mausolée de Thugga (IIe siècle av. J.-C.)
est un exemple rare d'architecture numide.
Au moment de la mission, il était écroulé au niveau du deuxième étage
(NDLE).

Le monument de Thugga est donc mutilé à jamais. On peut cependant, par ce qu'il en reste, en rétablir encore le plan. [15] Sa longueur est de 6,44 m et sa largeur de 6,18 m, ce qui donne un carré presque parfait. Chacun de ses angles était orné d'un pilastre d'ordre ionique cannelé dont les débris gisent à terre ; il était divisé en deux étages, dont le premier renfermait quatre chambres et le second deux seulement. Ce dernier, qui a été presque entièrement précipité dans l'étage inférieur, était surmonté d'une espèce de pyramide. L'ensemble était donc de style gréco-asiatique et avait dû être construit par des architectes grecs, vers le IVe siècle avant notre ère.

L'orientation des portes, dont l'une était à l'est et l'autre au nord, rappelle celle du grand tombeau de Salamine à Chypre et indique que l'angle sacré, c'est-à-dire l'angle sud-ouest, était consacré au dieu de la mort, désigné dans des épigraphes d'Utique sous le nom de *Pim-isish*, le vieux satyre, dont le nom est écrit dans la crypte de Gournata par une *olive et deux pointes géminées*.

Il était bâti tout entier de grandes pierres de taille tirées de la montagne voisine. Deux grandes dalles de même matière, glissant dans des rainures, fermaient les deux portes.

M. Guérin, qui a visité ce monument en 1861, a pu voir encore un torse de femme ailée dont la tête et les membres manquaient et sur un bloc de 1,60 m de long par 0,89 de large, un quadrige ou *tétrapole* en haut-relief dont le conducteur était très mutilé. Le même décor était reproduit sur le côté opposé, et ces deux victoires avec ces deux tétrapoles devaient orner la partie supérieure de l'édifice.

Nous n'avons pas vu les nobles débris dont M. Guérin signale la mâle raideur, raideur qui ne pouvait appartenir qu'à

---

15. Lord Elgin a défiguré l'acropole d'Athènes en emportant la plupart de ses sculptures. Quant au mausolée de Thugga, il a été très heureusement restauré par Louis Poinssot, au début du XXe siècle (NDLE).

une haute époque de l'art grec, et un vandale d'Albion a emporté à Londres l'épigraphe qui aurait pu nous en donner l'explication. Fort heureusement, nous avons avec nous l'ouvrage de M. Guérin qui en contient un fac-similé que le duc de Luynes a fait soigneusement graver d'après l'original. Il est regrettable que le savant voyageur n'ait pas cru devoir y joindre la traduction de Gesenius, si fautive qu'elle dût être, faute d'une transcription exacte ; mais après tout, le phénicien n'est pas aussi difficile à lire que le chinois, et nous pouvons déchiffrer sans trop de peine, vu la netteté des caractères, la moitié du texte phénicien contenant surtout des noms propres dont voici la traduction :

« Tombeau de *Sathdin*, fils d'*Ip-matat*, fils de *Palek-Abdon* ; prince du peuple de *Baresh*, pontife de la grasse Astarté, il a chanté *Béka-thbal*, il a pleuré *Ip-matat*, il a pleuré *Palek* menant son char, il a pleuré *Kar paz* (l'agneau pur). »[16]

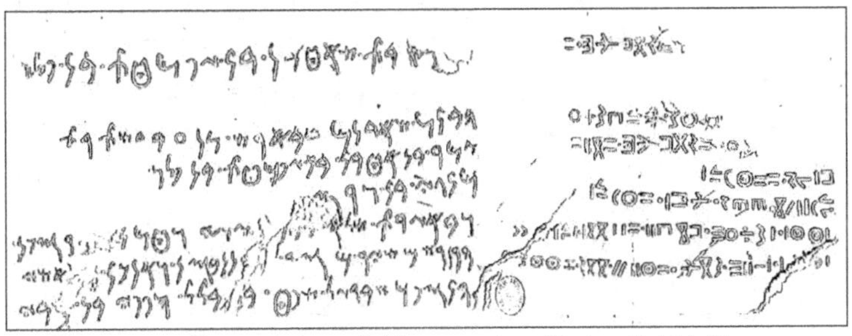

L'inscription libyco-punique de Thugga, aujourd'hui au British Museum, a permis le déchiffrement de l'écriture libyque, à droite (NDLE).

Le reste de cette épitaphe raconte le voyage de Sathdin dans l'Hadès et est par conséquent une des plus curieuses qui existent, car la fameuse épitaphe d'Eshmunazar ne donne que très peu de détails sur la religion des Phéniciens de Syrie, qui semble

---

16. Hébreu *kar*, agneau, *paz*, pur (NDLE).

avoir été beaucoup moins développée dans ses conceptions sur l'autre vie que celle des Phénico-Libyens.

Le défunt se nomme Sathdin (le juge fouetteur); il a pour père Ip-matat (la belle au lit), et pour grand-père Palek-Abdon (le rond qui meurt).

Il est prince de Baresh (la fille dans la citerne)[17]. C'est la traduction exacte de *Héré Lacinia* et le nom du nome dont Dougga faisait partie qui était situé au nord-ouest de la Zeugitane. Enfin il était pontife de la grasse Astarté.

Le texte libyen est écrit en caractères dont les Berbères actuels se servent encore et qu'on nomme *Klemtifinag*. F. Lenormant n'a pas classé cet alphabet dans sa savante étude sur la propagation des alphabets cadméens[18]. Cependant son origine cadméenne n'est pas douteuse; il se rapproche beaucoup de l'alphabet irlandais connu sous le nom d'*oghams* et qu'on sait avoir été importé d'Espagne; mais il ne ressemble pas moins au syllabaire gréco-chypriote, qui semble avoir précédé l'alphabet dit phénicien[19]. Le Klemtifinag est-il venu de la Bétique ou a-t-il été apporté d'Asie par les tribus chétas qui dépassèrent l'Egypte et précédèrent les expéditions des Argonautes? Il est probable que les deux opinions doivent être admises, car il semble un mélange d'oghams d'Irlande et de grec archaïque. Ses formes carrées le rendent d'une lecture infiniment plus certaine que le phénicien africain; aussi rien

---

17. L'auteur accumule les approximations pour expliquer le sens de ces patronymes: *shot*, fouet, *din*, juge, *yapheh*, beau, *mittah*, lit, *pelek*, cercle, *abad*, mourir, *bor*, citerne, *ishsha*, fille (NDLE).

18. Le tifinagh était tombé quasiment en désuétude hormis chez les Touaregs. Il est de nouveau d'usage courant chez les Berbères. Cette écriture d'origine très ancienne a sans doute subi l'influence de l'alphabet punique (NDLE).

19. D'après plusieurs légendes, les tribus fondatrices de l'Irlande seraient venues d'Espagne. Mais les oghams semblent être de création locale, au contact des alphabets gréco-latins. Quant au syllabaire chypriote, il dérive du linéaire A crétois (NDLE).

n'est plus facile que le déchiffrement de l'épigraphe libyque. On s'aperçoit alors que, si la langue et la grammaire diffèrent du phénicien, tous les noms religieux sont cependant empruntés à cette dernière langue, ce qui permet de suivre d'un bout à l'autre le texte libyen. Il serre d'assez près le texte phénicien et peut en être considéré comme l'abrégé.

Sathdin devient en libyque *Satat* (le signe du fouet). Son père se nomme *Riq* (pauvre) pour Ip-matat (la belle au lit). Son grand-père est *Stor* (le rond) pour Palek, qui a la même signification. Il prend le titre de *pil* (juge) au lieu de *Adon* (prince), et ce titre doit être en même temps civil et religieux, car il ne répète point celui de *Kon*, pontife,[20] à propos d'*Ab-Asthoret* (la grasse Astarté), qui se nomme en libyen *Ab-Dol* (la grasse qui diminue), le nome qu'il gouverne est *Melghi* pour Baresh et veut dire la *grasse en terre*.

Le libyen était donc fortement imprégné de phénicien et l'un et l'autre suivaient le rite grec du lac Triton, traduit en phénicien, non en libyen.

Le nom de Thugga ne se trouve ni dans le texte libyen, ni dans le texte phénicien. Sathdin ou Satat invoque successivement les quatre divinités cardinales de son nome, qui sont:

Phénicien	*Libyen*
NORD	
BEKATHBAL	ZIZI
S'inondant de larmes	La source jaillissante
Aujourd'hui Beja	
OUEST	
IP-MATAT	AB-DOL
La belle qui se couche	La grasse qui maigrit

Aujourd'hui indiquée par la *Djama-de-Rekaba* (la grasse qui maigrit), près de *Souk-Arba* (la place de l'Ouest)

---

20. Hébreu *rush*, pauvre, *palal*, juger, *kohen*, pontife (NDLE).

SUD

PALEK-MANGHI   LOB-BAL

Le rond menant son char   Le Libyen en haillons

Aujourd'hui *Kef*, ancienne Sika Venerea (Marché d'Astarté)

EST

KARPAZ   NESSORÉ

L'agneau pur   Rapt de la fille nue

Aujourd'hui *Djama-Korra*, près de Dougga

Il résulte de cette énumération que les noms à'Utique et de Dougga sont assez modernes, et que les Djamas d'Et-Kour et de Korra ont conservé leurs noms antérieurs.

Bien que l'étude de cette double épigraphe soit très incomplète, elle suffit pour rendre compte de l'ornementation et de l'époque du tombeau de Sathdin ou Matât.

Les deux quadriges représentent *Palek-Manghi*, le rond menant son char dans les deux directions opposées ; et les deux figures ailées sont connues pour être des représentations de la déesse Astarté, qui se nommait le matin *Aghelé* (la génisse) et le soir *Canap* (celle qui se couvre, qui s'enveloppe dans les couvertures de son lit)[21] ; mais Canap, indépendamment de ce sens, indique particulièrement les quatre points cardinaux. Or, il est fort possible que les femmes ailées aient été au nombre de quatre.

Nous quittons ce beau mausolée, déplorable victime de la barbarie britannique, pour aller visiter le grand temple consacré à Minerve et à Jupiter, c'est-à-dire à Tanit et à Palek, dont le pronaos, encore remarquablement conservé, se compose de six magnifiques colonnes corinthiennes, quatre de face et deux sur les côtés.

Une épigraphe nous apprend qu'il a été dédié à Jupiter Optimus, Maximus et à Minerva Augusta, par L. Marcius

---

21. Grec *aghelè*, génisse. En revanche, *canap* n'a de sens ni en grec, ni en hébreu (où couvrir se dit *caphar*, NDLE).

Simplex et L. Marcius Simplex Regillanus, sous le règne de Sévère. Mais à côté de cette dédicace officielle s'en trouve une autre toute locale, c'est l'aigle gigantesque aux ailes éployées qui décore le tympan. Au premier abord, on pourrait le prendre pour l'aigle romaine, si on ne remarquait tout à côté la tête d'un personnage très mutilé, qui a fait penser à sir Grenville que c'était l'enlèvement de Ganymède ; mais l'explication de ce sujet doit se chercher dans la partie libyque de l'épigraphe du mausolée de Sathdin. On y lit Nessoré (le rapt de la femme nue) ; ce mot se trouve écrit en phénicien par l'aigle lui-même qui se nomme *Nesser*. La femme se dit *Ashé*, qui veut dire en même temps *flamme*[22]. La femme nue est le soleil qui est tombé dans la citerne (Lakinia ou Baresh) et que Bacchus va chercher dans l'Hadès pour l'abandonner ensuite. Ce sujet s'est transmis d'âge en âge à l'aide des légendes de Saint Georges et des romans de chevalerie. Le héros en est toujours un laboureur (Géorgos). En phénicien, il se nomme *Korra*, *Kar* ou *Et-Kour* (le coutre qui coupe), en grec, *Érechthée*[23] ; mais, comme tous les Bacchus, il semble plutôt d'origine phénicienne que grecque, et le nom de Baresh (la femme dans le puits) fournit un jeu de mots sur le soleil assimilé à la femme qu'il est impossible de retrouver dans le grec Lakinia ; c'est donc Baresh qui doit être le texte primitif.

Nous sommes arrivés ici avec l'autorisation d'emporter le bas-relief qui décore le tympan du temple de Nessoré, et certes, si nous l'avions trouvé à terre, nous ne nous en serions pas fait faute ; mais, après avoir visité le mausolée de Sathdin, l'exemple de M. Thomas Reade ne nous tente pas, et nous profitons de cette occasion pour maudire une fois de plus les vandales

---

22. Hébreu *nesher*, aigle, *ishsha*, femme, *esh*, flamme (NDLE).
23. Grec *ghêôrgos*, cultivateur. Érechthée se rattache à une racine signifiant déchirer (NDLE).

modernes, quelle que soit leur nationalité, qui détruisent un monument pour enrichir un musée.

La position de celui-ci est admirablement choisie, et il est superbe quand il est caressé par les rayons du soleil couchant. Nous le léguons donc tel que nous l'avons trouvé à ceux qui viendront après nous.

Un second temple, également de style corinthien, était bâti au pied de l'acropole, comme celui que nous avons fouillé à Utique. Il est ruiné de fond en comble, mais sa situation annonce qu'il devait être consacré à une divinité infernale, et c'est sans doute à elle qu'il faut rapporter une dédicace de statue à
ASICIÆ VICTORIÆ

Cette victoire est l'Euménide *Asicia* (חכי שא, la femme qui châtie); il semblerait qu'elle ait donné son nom à un quartier de la ville dont les habitants avaient offert de l'argent pour une fête du dieu Flamon (רומח לפ, richesse étonnante), qui devait être le nom du quartier dans lequel avait été érigé le temple de Jupiter. Tonga[24] avait aussi son Flamon, à l'imitation du célèbre Hamon de Carthage, qui fut emporté à Rome après sa destruction. La ville se divisait donc en *Asicienses* et *Flamonienses* ou nord et sud.

Maintenant sautons seize siècles sans broncher, car l'archéologie creuse l'estomac et, au retour du temple de l'*étonnante richesse*, on nous offre un déjeuner dans une écurie. Après la splendeur, la misère.

Tout est relatif dans ce monde, car nos hôtes croient avoir fait grand et certes le couscoussou est copieux. Nous prenons place autour de ce plat antique, digne des Spartiates; l'argenterie est remplacée par des cuillers de bois qui peuvent passer pour des pelles de fossoyeurs, chacun fouille devant soi, comme s'il

---

24. Il ne faut pas confondre Tonga (aujourd'hui Aïn Tounga) et Dougga/Thugga. Les deux sites sont très voisins, mais Dougga est incomparablement plus impressionnant (NDLE).

s'agissait d'enfouir civilement un ami ; bien robuste est l'appétit qui résiste à l'aspect d'une pareille curée ; toutes les mains, et quelles mains ! se plongent dans le plat et retirent le morceau de viande que les dents rongent à grand bruit ; on se croirait au repas des fauves, chez Bidel ; mais encore les fauves, quand ils ont mangé un os, ne le remettent-ils pas dans le plat, où tout ce monde continue à puiser et c'est en cela qu'ils diffèrent d'un Arabe. Trop de civilisation !

À deux heures, nous remontons à cheval pour nous rendre à *Héja*, l'ancienne Agavé. C'est notre dernière étape archéologique.

Cette ville a été complètement détruite avant l'invasion arabe, et ses restes ont servi à construire une forteresse byzantine formant une grande enceinte rectangulaire dans laquelle sont encastrées un grand nombre d'épigraphes dont une fait mention du temple des deux Cérès, ou de Déméter et sa fille Koré. Celle-ci, sous le nom de Kotyto, était honorée par des scènes de débauche dont Agavé (*municipium agubiense*) a tiré son nom.

Nous y retrouvons une inscription monumentale en l'honneur de Flamon :

· · · MANUS OB HONOREM FLAMONI

Son nom devait donc être *Jupiter Flamonius* ; c'est la troisième fois que nous le notons.

Parmi les stèles funéraires, nous accordons une place distinguée à celle-ci, à cause de son originalité.

D · M · S ·

Arinia. Victoria, magnis. moribus. femina. at cujus sectam nunquam accedi potest. hic sepulta.

Set. domi. es. dea. nemo certus es. quia, nunquam discedi.

Meo Marcus. Motasius. dico. sepulchrum. quod sit. tibi. idem. et. mihi.

P · V · A · X X X V

H · S · E ·

Consacré aux dieux mânes.

Arinia (qui a pour dieu le lion en fuite) *Victoria, femme de grandes mœurs, mais dont jamais la religion n'a pu être bien déterminée, est enterrée ici. Set* (le tapage) *était-il sa divinité ? Nul n'en est certain, car elle n'est jamais venue chez moi.*

Donc moi, Marcus Motasius (qui a pour dieu la mort de la femme), *je dédie ce sépulcre au mien pour que nous ayons le même.*

Ce n'est donc pas d'aujourd'hui que datent les épitaphes grotesques. Sur ce, nous remontons à cheval et rentrons à Tboursouk., pour, de là, nous rendre directement à Utique.

13, 14, 15, 16, 17, 18, 19 FÉVRIER

Pendant notre absence, on a continué les fouilles dans la maison près de la nécropole.

DIMANCHE, 20 FÉVRIER

Nous nous rendons à Tunis. Il pleut.

LUNDI, 21 FÉVRIER

Nous sommes de retour à 3 heures du matin. La Medjerdah a grossi et s'est transformée en un océan de boue ; il pleut toujours. Ce voyage de Tunis à Utique n'a pas duré moins de treize heures et peu s'en est fallu qu'il ne fût beaucoup plus long. La pluie qui tombe depuis trois jours, a fait déborder la Medjerdah. Ses eaux inondent aujourd'hui la plaine. Il est des moments où nos chevaux ont de l'eau jusqu'aux genoux. Vers onze heures du soir, malgré le fouet de notre cocher renforcé d'expressions richement colorées, les chevaux refusent d'avancer et nous restons en détresse au milieu d'un véritable torrent. La nuit est noire et nous ne sommes pas sans inquiétude sur le développement que peut prendre l'inondation ; enfin à deux heures du matin, après trois heures d'immobilité complète, pendant lesquelles la pluie n'a pas cessé de tomber, nos pauvres chevaux se décident à donner un vigoureux coup de collier et nous sommes à Utique.

Mardi, 22 février

Les ouvriers continuent à fouiller au-dessous de la grande excavation signalée par M. Daux.

Mercredi, 23 février

Les ouvriers attaquent les deux côtés de la maison.

Jeudi, 24 février

Continuation des travaux.

Vendredi, 25 février

On découvre près de la maison de petits tombeaux de pierre avec un collier entremêlé de phallus et de cornalines.

Samedi, 26 février

Nos fouilles continuent autour de la maison. Nous sommes indubitablement au-dessus d'une nécropole dont nous saurons l'âge plus tard. Sans avoir été très bonne, la journée n'a pas été infructueuse. La pièce la plus importante que nous ayons découverte est une monnaie de grand module de Juba 1er, roi de Mauritanie. Nos fouilles avaient atteint hier trois mètres de profondeur ; c'est tout au fond que nous avons trouvé un beau tombeau en pierre maçonnée au-dessous duquel gisait le petit bracelet en cornalines, une lampe sans figure, une petite empreinte en plomb et plusieurs lacrymatoires. Aujourd'hui, à cette profondeur, nous n'avons plus rien trouvé, nos fouilles ont continué entre un mètre et deux mètres de la surface du sol. Là, pêle-mêle et sans ordre aucun, gisaient des coffrets funéraires en pierre, des amphores pleines de cendre, de petits sépulcres fermés par de grandes briques jointes par le haut ; le squelette s'y trouvait tout entier avec le crâne et les tibias. C'est l'unique fois que nous ayons eu cette fortune depuis le commencement de nos fouilles. Dans une grande amphore à large goulot, nous avons trouvé le crâne et les tibias d'un même individu, de la terre, des cendres et des ossements brûlés. Cette amphore en terre rouge était comme toutes celles que nous avons recueillies aujourd'hui fort mal cuite. Nous avons trouvé aussi dans l'épaisseur des terres 7 ou 8 crânes à côté les uns des autres enchevêtrés sans ordre dans un monceau d'ossements. On se serait cru dans une fosse commune, mais il est plus probable que ces restes provenaient de sépulcres voisins qui avaient été vidés pour faire place à d'autres. Les ossements des personnages de marque étaient recueillis dans des amphores et des coffrets de pierre, dont la longueur était calculée sur celle des os les plus longs, les autres étaient entassés pêle-mêle.

Dans un *capis*[25] plein de cendres et d'ossements brûlés, nous avons trouvé une paire de ciseaux ; sur un tombeau, au-dessous d'un petit massif de maçonnerie de 40 cm d'épaisseur, nous avons trouvé l'inscription suivante :

		DMS	
P	IANONIA		O
M	ARTHEMIS		T
I	PIA VIXIT		B
S	ANNISXIX		Q
S	MENS X D XI		

Notons ici un détail très original qui rappelle les fouilles de Pompéi. Une niche ménagée dans la maçonnerie contenait une petite soucoupe pleine de rouge et de jaune non broyé, avec une pierre ponce pour s'en servir. Ainsi cette jeune fille qui vécut pieusement et mourut à l'âge de dix-neuf ans, ne manquait point de coquetterie et ne dédaignait point le maquillage. Mais ce petit secret enfermé dans le sépulcre de Mademoiselle Arthemis Ianonia, est encore moins intéressant qu'une particularité de son épitaphe. Sur les flancs se lisent des lettres romaines en colonnes verticales, qui ne donnent aucun sens en latin et ne peuvent pas

---

25. Petit vase utilisé en général pour les sacrifices (NDLE).

être des sigles. Elles sont ainsi disposées : PMISSOTBQ. Si on les transcrit en caractères phéniciens on a les quatre mots PM. ISIS. OT. BQ. qui donnent un sens parfaitement clair. *Pim* est une divinité phénicienne dont le nom veut dire *saturé* de nourriture, il correspond au satyre grec. *Isis* veut dire vieux, *oth*, habiller, et *Béka* est un des noms phéniciens de Proserpine. Le nom d'Ianonia est aussi phénicien et se traduit *qui a pour dieu le bouillant Hon*. Hon ou Bal-Hon veut dire *riche*, c'était la divinité à laquelle on sacrifiait des victimes humaines en les faisant passer par le feu et il présidait à la canicule. Comme dieu de la richesse, on le représentait sous les traits d'un satyre ventru ou de Silène. La phrase entière doit donc se traduire : « *Elle adorait le bouillant Hon, Pim habille Béka d'un linceul.* Béka qui a laissé son nom à la moderne Béjà, était la déesse des larmes ou la mort, à laquelle cette curieuse épigraphe assimile la jeune Arthémis, en lui donnant le vieux Pim ou Pluton pour valet de chambre.

Cet exemple de phénicien transcrit en caractères romains n'est pas unique dans les épigraphes que nous avons recueillies à Utique. En voici une autre non moins curieuse :

D.M.S

I	Q · LICINIUS	I
B	DATIVVS.VIX	I
Q	ANN.XXVIII	I

MENS · VII · DIFD · X · S

Ici le nom du défunt est purement latin et cependant l'épitaphe est flanquée de huit lettres OT. BQ. II. LS, qui n'ont aucun sens dans cette langue ni comme sigles, ni autrement, tandis qu'elles donnent les trois mots phéniciens *Iot bqi isl, maintenant la lionne le déchire dans l'Hadès*[26]. Il est probable que

---

26. Ces lettres n'ont rien à voir avec le phénicien. Il s'agit du sigle très fréquent sur les inscriptions funéraires latines « O(ssa) T(ua) B(ene) Q(uiescant), T(erra) T(ibi) L(evis) S(it) », « Que tes os se reposent bien, que la terre te soit légère » (NDLE).

Q. Licinius était quelque peu ivrogne de son vivant. Quant à cette formule, elle était traduite du grec et se retrouve sur plusieurs vases du Louvre, *ΜΕΘΙΝΑ, il cuve son vin*. Les anciens assimilaient la mort au soleil occidental, qu'ils comparaient à un ivrogne allant cuver son vin, dans les thermes d'Amphitrite et après avoir été consciencieusement massé par cette déesse, il reprenait sa course le lendemain. Ainsi en était-il du mort, lequel après s'être purifié dans le *Léthé*, était appelé à d'autres fonctions. Ces épigraphes prouvent que les Phéniciens résolvaient de la même manière que les Grecs, le problème de l'autre vie, tandis que la Bible exprime une opinion très différente.

Pendant que nous exhumions ces souvenirs du gros Silène, dieu de la bombance et de la mort, qui enlève les jolies filles fardées, nous étions inquiets sur le sort de nos provisions. Enfin elles arrivent d'un côté, notre puisatier de l'autre, avec trois hommes à cheval ; que nous apporte-t-il ? Quelles sont les surprises que nous réserve notre bienheureux puits ? Depuis que nous nous plongeons dans la lecture des relations de fouilles, nous ne voyons aucun explorateur dont la fortune soit égale à la nôtre.

Dimanche, 27 février

Température	8 heures du matin	+ 13.
	midi	+ 18.
	7 heures du soir	+ 12,

Belle journée ; du brouillard jusqu'à 9 h 1/2 du matin.

Nos fouilles ont été aujourd'hui très intéressantes. Nous continuons le travail commencé hier, et, d'après les médailles que nous trouvons, aussi bien que d'après d'autres indices, nous sommes en droit de présumer que le lieu que nous explorons est une nécropole d'époque phénicienne dans laquelle on aura pu inhumer à des époques postérieures.

Nous découvrons plusieurs urnes funéraires et dans deux moitiés d'amphores rapprochées par le milieu un crâne humain.

À côté, dans une autre amphore, tous les ossements nécessaires pour reconstituer un squelette, sauf la tête : ils sont tous relativement bien conservés et ne portent aucune trace de feu.

Ces amphores se trouvent tantôt à 3 m de profondeur, tantôt à 2 m et même à 50 cm de la surface. Nous en avons trouvé d'ordinaires contenant des cendres.

À 3 m, nous trouvons un grand nombre d'ossements rangés avec ordre au-dessus des crânes ; en fouillant sous ces tas, nous découvrons tantôt de 1 à 32 lacrymatoires, tantôt une assiette dans laquelle se trouve généralement une lampe. Une de ces assiettes, indépendamment de sa lampe, contient une monnaie et une bague de bronze en forme d'alliance.

Dans une autre, au lieu de lampe, nous trouvons un petit bijou de bronze d'une conservation parfaite, représentant un anneau avec deux branches ; l'une d'elles est un phallus, l'autre un bras au bout duquel se trouve une main dont un doigt est allongé. Cette composition est certainement grecque et se trouve développée sur une foule de vases peints à l'aide de deux personnages, dont l'un est un vieillard obscène (βληχρός) [blèkhros] et l'autre une jeune fille aux cheveux roulés en boucles (ἕλιξ) [helix]. Le vieillard représente la mort, et la jeune fille l'avenir embrouillé comme ses cheveux. Blékhros dont le nom veut dire abruti, embrasse l'incertitude de la destinée future. Ce petit bijou devait faire l'office de nos chapelets modernes, et doit être de très haute époque grecque.

À 3,20 m, sous un monceau d'ossements, nous découvrons un objet encore plus semblable à nos chapelets, car il est plus grand qu'un bracelet et plus petit qu'un collier ; il est formé de perles en forme d'olives auxquelles est suspendue une petite tête noire aux cheveux crépus. Ce nègre est l'*Adonis libyen* des épigraphes d'Utique, et les olives représentent le dieu *Samn*.

À la même profondeur, les ouvriers découvrent quelques instants après un bijou en argent, décoré de trois figurines des plus rares en verre irisé. Deux d'entre elles représentent une femme accroupie. Sur la troisième est une figure virile avec une barbe tombant jusqu'à la ceinture et les trois palmes (*bais*) du dieu Bais ; c'est du grec de la plus belle époque et de la conservation la plus rare.

Dans une amphore, nous trouvons non seulement les cendres qui y ont été déposées, mais des clous et du charbon qui semble fait d'hier.

Vers midi, à un mètre de profondeur et en pleine terre, les ouvriers trouvent une épingle de bronze, semblable à celle dont nous avons parlé, mais de forme nouvelle. Nous trouvons également une pierre de 50 cm de long, sur 15 de large, se terminant en pointe par en haut ; dans sa partie supérieure est gravé en creux un personnage ; c'est une stèle de style phénicien.

La quantité d'objets grecs que nous venons de découvrir fait supposer ou qu'Utique possédait à cette époque une population grecque encore considérable, ou bien que sa population phénicienne s'approvisionnait en Grèce d'objets de piété et il est probable que ces deux hypothèses doivent être admises en même temps.

Les monceaux d'ossements tantôt rangés en bon ordre, tantôt pêle-mêle, la présence d'amphores dont l'une contient la tête et l'autre le reste du squelette, celle d'amphores coupées en deux dans lesquelles on a enfermé des ossements préalablement disloqués, indiquent que nous sommes sur l'emplacement d'un charnier, dans lequel on vidait le contenu des sépulcres du voisinage, après que les squelettes avaient été disloqués par le temps.

À quelques-uns on accordait les honneurs d'une amphore particulière, aux autres la fosse commune, avec ou sans ordre méthodique. Il est probable que ces fosses devaient être creusées assez profond ; sous chaque monceau on devait mettre une assiette et une lampe et les objets trouvés dans les sépulcres qu'on ne pouvait s'approprier sans sacrilège. De là ce pêle-mêle d'objets disparates, dont quelques-uns, tels que le bras et le phallus, semblent d'époque très ancienne, tandis que les empreintes de verre doivent être beaucoup plus modernes. Leur ensemble pourrait faire supposer que ce sont des Phéniciens qui ont vidé des tombes grecques pour se les approprier, à moins que nous n'ayons mis la main sur les fosses dans lesquelles Agathocle dut enterrer ses morts.[27]

À trois heures de l'après-midi, nous mettons à découvert un fort beau dallage de deux mètres carrés en grandes et belles pierres de 15 cm d'épaisseur. Nous supposons que c'est la partie supérieure d'un sépulcre, mais il n'en est rien. Presque aussitôt nous trouvons un petit vase à mince goulot représentant un lion accroupi du plus beau style grec. Enfin à 2,50 m de la surface, les ouvriers mettent à nu une sorte de voûte en maçonnerie très épaisse et dont la solidité a garanti l'intérieur de toute humidité. En pleine terre, au-dessus de la voûte, nous trouvons dans un petit plateau brisé une monnaie dont il est pour le moment impossible de distinguer les empreintes et une petite lampe dont le dessus est brisé, mais dont le dessous porte des lettres phéniciennes.

Nous sommes en ce moment à la tête de 60 lampes ; c'est la première de ce spécimen.

Au-dessous de cet arceau, dans un étroit réduit ménagé entre les immenses briques, dont nous rapportons le modèle, nous rencontrons un monceau d'ossements calcinés et de cendres. Au milieu de tout cela un petit *capis* dont la conservation est telle qu'on croirait qu'il sort de chez le marchand. On ne pourrait se figurer qu'il a séjourné en terre plus de vingt siècles, s'il n'en portait quelques traces à l'intérieur.

Notre récolte consiste principalement en ampoules, dont une en verre, et nous sommes sur le point de quitter le chantier, lorsqu'au-dessus de la voûte dont nous venons de parler, nos

---

27. Ce tyran de Syracuse a envahi le territoire carthaginois de 310 à 306 av. J.-C. (NDLE).

ouvriers découvrent trois statuettes du plus haut intérêt.

Elles sont en terre cuite ; l'une tient un oiseau d'une main. Elle porte des ailes assez petites aux épaules et sa tête est surmontée d'un *ampyx*[28]. Les deux autres représentent des guerriers, le Bal-Hamon phénicien.

Cette journée est peut-être bien notre meilleure.

Les puisatiers se sont mis à l'œuvre ; ils ont commencé une tranchée partant du puits et se dirigeant en ligne droite vers la plaine. Au-dessus du puits ils ont suspendu une poulie et y ont passé une corde dont un bout descend jusqu'au fond, et dont l'autre va s'attacher au harnais très primitif d'un pauvre petit bidet d'Utique, qui absorbe moins d'orge que de coups de trique. On amène l'animal près de l'orifice, la corde descend jusqu'au fond et s'accroche à un grand récipient en cuir contenant plus de quatre de nos seaux. Quand il est plein, deux Arabes crient comme des sourds pour exciter le bidet et tout le monde file vivement dans la direction du petit chemin qu'on s'est frayé. La corde se tend et ne remonte pas toujours, car à la troisième opération elle s'est rompue. Quand elle remonte, le récipient s'arrête à environ un mètre au-dessus de l'orifice. Alors un troisième Arabe resté près du puits décroche un grand tube de cuir faisant partie du seau et le bouchant lorsqu'il est relevé. Lorsqu'on l'abaisse, l'eau s'écoule. Cette opération recommence jusqu'à l'épuisement du puits ; mais, cette fois nous craignons d'attendre longtemps, car la source est si abondante que, si l'on s'arrête une demi-heure, tout est à recommencer. Demain nous aurons la solution de ce problème qui ne nous inquiète pas moins que le puisatier, car ce pauvre homme a traité à forfait et commence à douter du succès.

Les hirondelles sont de retour, on les a vues franchir la montagne. Le soir, nos ouvriers célèbrent le carnaval par une joyeuse mascarade.

---

28. Bandeau frontal (NDLE).

Mercredi, 28 février

Température	7 heures du matin	+10
	midi	+18
	7 heures du soir	+14

Les fouilles continuent sans amener au jour rien de particulièrement intéressant. C'est d'abord une statuette brisée que nous croyons être une Vénus, puis une clochette en cuivre d'un curieux modèle ; un *unguentarium* en verre peint en noir avec des zébrures jaunes doit être un produit de l'industrie verrière des Phéniciens, qui excellaient dans ce genre de fabrication, repris depuis à Murano. Ces verres zébrés sont aujourd'hui d'une grande rareté.

Nous exhumons une grande amphore de plus d'un mètre de long à peu près intacte. Elle était à deux mètres de profondeur. En la dégageant, les ouvriers donnent un coup de pioche dans la masse de terre qui la couvre et en crèvent une autre, distante par conséquent d'un mètre de la surface. Sa panse contient un petit plateau et une tasse que le coup de pioche a brisée[29]. Nous y trouvons, en outre, un collier de verre irisé, avec un grand phallus, deux belles médailles de bronze et des fragments de miroir.

À quelques mètres de distance et tout près de la voûte en maçonnerie que nous avons trouvée hier, les ouvriers exhument avec leurs pioches des crânes et des ossements entourés de petits *unguentaria* en mauvais état puis une lampe du modèle le plus simple, mais portant en dessous des lettres phéniciennes. C'est la seconde.

On a commencé à minuit le curage du puits ; à midi il est à sec et les ouvriers se mettent à en retirer la vase. À 2 heures, le

---

29. On vérifie ici que les techniques de fouilles de l'époque étaient encore primitives. De fait, les archéologues s'intéressaient beaucoup plus aux pièces prestigieuses qu'aux petits objets. On travaillait donc vite et sans précautions dans les zones où l'on savait trouver seulement des objets domestiques (NDLE).

récipient en cuir se crève, et au moment où nous écrivons, l'eau doit avoir repris son niveau car on a dû alors cesser le travail, faute d'instrument. Nous faisons apporter deux brouettes de vase à notre porte, demain on les passera au crible. Le puisatier va envoyer chercher un nouvel instrument à Tunis. Maudit puits! Quand donc en verrons-nous le fond? En attendant, il nous a paru utile de noter la coupe de nos fouilles d'aujourd'hui.

MARDI, 1ER MARS

Température	7 heures du matin	+14
	midi	+ 20
	7 heures du soir	+ 14

Nos fouilles continuent sur le même point qu'hier ; le temps est beau, et en fait de cubage de terres remuées, nous n'y avons pas été de main morte. La moyenne de nos excavations s'est tenue entre 2,50 m et 3 m de profondeur. À dix pas des fouilles, on ne se douterait point qu'on y est à la besogne, si de temps en temps des pelletées de terre n'étaient projetées vivement hors de notre tranchée. Depuis quelque temps, nous avons eu la bonne idée de stimuler le zèle des travailleurs en payant d'une pièce de cinq francs tout objet de quelque importance. Aussi, n'est-il pas possible de conduire des hommes plus disciplinés et animés d'une plus vive émulation. C'est à ce système que le général Cesnola a dû ses merveilleuses trouvailles dans l'île de Chypre.[30]

Nous le recommandons à tous ceux qui ont des fouilles à exécuter dans des pays peu civilisés, car ce qui semblerait facile

---

30. Auteur d'importantes fouilles à Chypre, avec des méthodes fort contestables.
Sur le chantier d'Utique, les ouvriers devaient être payés environ un franc par jour, l'espoir d'une prime de 5 francs avait sûrement un effet stimulant. Quant à celle de 40 F décernée quelques jours plus tard, elle représente plus d'un mois de salaire (NDLE).

à obtenir en France devient plus que hasardeux lorsque l'on est loin de tout centre de civilisation, partant de protection, et qu'on est forcé d'employer des travailleurs dont beaucoup doivent ou devraient posséder un casier judiciaire assez bien garni. Les nôtres sont des Siciliens dont la réputation n'est pas à faire en fait de violences et d'aisance à jouer du couteau. Force peccadilles de ce genre en ont envoyé plus d'un travailler en Afrique. Quelques-uns sont d'origine sicilienne, mais nés à Tunis. Ce sont de bons ouvriers que nous ne saurions trop recommander à ceux qui viendront après nous.

Tout trouve son emploi dans cette vie, et ce ne nous a pas été d'un mince secours d'avoir acquis dans les spahis, l'expérience du caractère arabe, aussi bien que la parfaite connaissance de celui des Italiens, dans les nombreux voyages que nous avons faits en Italie.

Aujourd'hui nos fouilles se trouvent être des plus intéressantes au point de vue artistique. Nous venons de découvrir dans une grande amphore, à 2 m de profondeur, au milieu de cendres, une tête de nègre qui est jusqu'ici notre chef-d'œuvre, en fait de trouvailles.

Plus tard dans la journée, notre collection s'enrichit d'une colombe de grandeur naturelle, dont malheureusement la tête est brisée. Nous trouvons également une statuette d'Éros, très intéressante par sa coiffure. Puis vient une pièce capitale, un Éphèbe drapé, portant la signature en caractères latins de son auteur, C. Polli.

Ce nom est d'autant plus intéressant qu'il est essentiellement africain, puisque לוף désigne l'Afrique même, d'après la Vulgate. En hébreu, il signifie une fève de marais et probablement toute substance en forme de *bulle*[31] ; or, le personnage en question tient à la main un objet en forme de grosse fève ou *phalère* qui

---

31. Hébreu *phol*, Afrique ou fève (NDLE).

reproduit en entier la signature de l'artiste et indique une composition africaine. Cette remarque est d'une importance capitale au point de vue mythologique, comme au point de vue archéologique proprement dit, car cette figurine est en terre du pays, et la nature de cette terre ainsi que la cuisson pourront servir à déterminer la provenance des autres.

Ces statuettes étaient souvent surmoulées sur des modèles venus de l'étranger et le plus souvent de Grèce, comme on peut le voir par de nombreuses figurines italiennes du musée Campana, dont les originaux, bien plus élégants, ont été retrouvés à Tanagra et sur d'autres points de la Grèce. Les artistes qui se livraient à cette fabrication se servaient de moules en terre cuite, dans lesquels ils estampaient les pièces principales, telles que tête et mains, qu'ils raccordaient ensuite très habilement à l'ébauchoir et terminaient en leur donnant plus ou moins d'expression suivant leur talent. Nous ne connaissons pas d'exemple de signature grecque, bien qu'elles soient si communes sur les vases peints. Pour que notre statuette ait été signée, il faut que ce soit l'original d'une composition locale.

Nous trouvons un nombre considérable de crânes et d'ossements ; douze d'entre eux, ont à côté d'eux la pièce de monnaie destinée au péage de la barque à Caron. Peu d'amphores, et malgré la profondeur à laquelle nous fouillons, aucun vestige phénicien. En effet, le péage de la barque à Caron est une tradition essentiellement romaine que les Grecs ne semblent pas avoir connue, car leurs sépultures ne contiennent point de monnaie[32]. Les Phéniciens devaient aussi ignorer cet usage que rien ne rappelle dans ce que nous connaissons de leurs traditions religieuses. Il n'y est pas plus question de l'autre

---

32. Assertion étrange. L'obole obligatoire à Charon est bien connue dans le monde hellénique. Seul Héraclès a réussi à ne pas la payer, en utilisant la force. Le thème est encore très présent dans les traditions populaires grecques (NDLE).

vie que dans la Bible, qui est complètement muette à cet égard et les allusions que nous avons relevées dans les courtes épigraphes phéniciennes en caractères latins, que nous avons rapportées plus haut, indiquent qu'ils avaient adopté à cet égard les idées grecques, avec la plus grande partie de leur culte, ce qui eut lieu vers le IVe siècle avant notre ère. Nous découvrons trois fragments de têtes semblables à celles que nous avons trouvées entières avant-hier, et comme les brisures sont anciennes, il est probable qu'elles ont dû être arrachées pour faire place à de nouvelles couches, ou qu'elles ont servi pour marquer les limites d'une concession funèbre nouvelle, car elles étaient enfouies dans les cendres et les Phéniciens n'incinéraient certainement pas leurs morts avant l'époque romaine, ainsi que le démontrent ces amphores pleines d'ossements disloqués à la suite d'un long séjour dans les sépulcres, sans quoi on n'aurait pas pu les y introduire.

Parmi les douze crânes que nous venons de découvrir, c'est avec peine que nous en retirons deux d'intacts destinés comme les douze que nous avons déjà recueillis au Muséum du Jardin des Plantes.

Enfin, nos trouvailles s'enrichissent de deux colliers en perles de verre avec phallus ; d'une broche romaine en bronze ayant encore son ardillon, d'une quinzaine de monnaies, de deux clochettes en bronze et de nombre de vases, petits plats, *ampullæ* et lacrymatoires.

Comme détail assez piquant, à un mètre de profondeur nous trouvons un plat contenant le squelette d'un animal qui nous semble ne pouvoir être que celui d'un chat. Il était rare à cette époque ; le mangeait-on déjà en gibelotte ? Ce plat contenait en outre plusieurs petits phallus d'os sculpté, mais dans un tel état de détérioration que nous n'avons pu en conserver que deux.

Enfin, pour ne laisser rien perdre, et pour donner l'idée du soin que nous apportons à nos explorations, nous recueillons en pleine terre une quarantaine de ces perles de verre, que les enfants d'aujourd'hui enfilent avec un crin de cheval pour en faire des bagues. Quant au chat, ou plutôt à la chatte entourée de phallus, il n'est pas probable qu'elle ait été mangée, mais elle a dû être sacrifiée au dieu Bal-Hamon, comme on en sacrifiait il n'y a pas si longtemps en France, en les faisant brûler vives dans les bûchers de la Saint-Jean ; et nous aurons l'occasion de revenir sur ce fait intéressant, lorsque nous essaierons de jeter un coup d'œil d'ensemble sur nos fouilles, parce qu'il était certainement un souvenir des sacrifices humains prohibés par la domination impériale.

Le chat domestique venu d'Égypte était un animal encore tellement rare, qu'il n'a pas de nom en hébreu classique, bien que celui de *cato*, sous lequel il nous est parvenu, soit d'origine phénicienne et veuille dire petit. Les Grecs de Tarente avaient divinisé la chatte sous le nom de *Tara*, épouse de *Phalantos*, dont le nom signifiait *Phallus fleuri*[33]. Ce personnage est reconnaissable par la feuille de vigne que la décence moderne impose à notre statuaire. La chatte en question doit rappeler la légende de Tara et Phalantos.

Toujours les puisatiers ! L'entrepreneur est venu nous déclarer solennellement qu'il lui est impossible de continuer son travail, malgré son engagement à forfait ; il prétend que le fond du puits n'est pas accessible aux ouvriers par suite du rétrécissement qu'ont occasionné deux fortes pierres sorties de leur couche. En toute autre occasion, nous nous serions rendu compte de visu du degré de véracité de cette audacieuse assertion, mais nous ne nous sentons nullement tenté de suspendre notre guenille à cette corde d'herbages qui casse si souvent. Après avoir crié comme il convient, car en Afrique on crie à tout propos et autant qu'on peut, il est convenu que nous ferons venir de Tunis un puisatier qui jugera en dernier ressort.

---

33. De *phallos* et *anthos*, plante (NDLE).

Ce contretemps nous contrarie d'autant plus vivement, que le premier mètre de vase, le moins intéressant, par conséquent, nous a mis en possession d'une pierre que, jusqu'à plus exacte information, nous jugeons être un coin datant des âges les plus reculés.

M. Joseph Valensi part pour Tunis, afin de hâter l'arrivée d'une escouade supplémentaire d'ouvriers que l'importance prise par nos fouilles a rendue nécessaire. Le soir nous arrivent deux lettres, l'une du ministre de l'Instruction publique, l'autre du sous-secrétaire d'État aux affaires étrangères, qui viennent prendre place dans nos archives avec copie de la réponse que nous nous empressons de faire à ces deux documents très intéressants.

N. B. Toutes les bagues que nous avons trouvées sont singulièrement étroites, et cependant il est certain que ce sont bien des bagues ; nous les trouvons avec les ossements à la place où devaient se trouver les doigts. Il faut supposer que c'étaient des bagues de femmes.

Mercredi, 2 mars

Température	7 heures du matin	+ 8
	midi	+ 13
	7 heures du soir	+ 10

Les jours se suivent et ne se ressemblent pas ; hier nous constations avec joie que la journée avait été une de nos meilleures ; aujourd'hui, c'est sans la moindre joie que nous constatons que la journée a été des moins bonnes. Ni quantité, ni qualité, le médiocre lui-même s'est fait rare. Rien d'intéressant à signaler, sinon qu'à un mètre et demi de profondeur nous avons encore retrouvé un plat de terre avec le squelette d'un petit animal ; détail étrange, celui-ci a la tête traversée d'un grand clou de bronze. La malheureuse bête a donc été bien sacrifiée. Avons-nous besoin de dire que nous avons pieusement conservé plat, squelette et clou.

Enfin, vers quatre heures, dans la direction du pont de la Medjerdah, apparaît notre petite caravane de travailleurs, si impatiemment attendue. Ils sont trente avec un chef d'équipe ; six chariots conduisent leurs bagages, nous en garderons deux pour faire le service des fouilles jusqu'à l'époque de notre départ.

Tous ces gaillards sont les bienvenus, et non moins bienvenu est le menuisier que nous demandons depuis si longtemps. Il arrive avec dix caisses, et demain nous commencerons les emballages. Quiconque se charge d'une mission comme la nôtre, ne se doute pas de toutes les peines, les préoccupations, les inquiétudes, et les émotions auxquelles il se voue.

Jeudi, 3 mars

Température	7 heures matin	+ 8
	midi	+11
	7 heures soir	+ 7

Les ouvriers sont divisés en quatre escouades. La plus forte continue les fouilles de la nécropole, près de notre maison. La seconde se met à l'ouvrage près de la maison où se trouve le puits dont nous avons tant parlé. La troisième fouille dans le voisinage de l'hippodrome, et la quatrième, entre nos fouilles actuelles de la nécropole et la première de celles que nous avons tentées en arrivant.

Dans les environs du puits et de l'hippodrome les fouilles n'ont encore rien donné. Pour être fixé sur la richesse de l'emplacement que l'on explore, il ne faut pas moins de deux ou trois jours.

L'escouade qui travaille au sud de notre maison a commencé à déblayer des ruines que, nous croyons être celles d'une église chrétienne. Les premiers coups de pioche amènent une médaille fort curieuse, un Justin Ier, selon toute probabilité, que nous examinerons plus tard. À trois heures, pendant que nous sommes au logis, occupés aux emballages, on nous rapporte une inscription fort intéressante. Elle porte le monogramme du Christ et doit être de la fin du IIIe siècle. La voici:

ESTVTAPACÆ (*sic*)

Parmi celles que nous avons découvertes, c'est la première qui constate qu'Utique a été chrétienne. Un des rares auteurs qui aient écrit sur cette ville, M. Guérin, avait supposé qu'elle avait dû avoir un évêque au IIIe siècle; cette épigraphe nous met en état de sortir des domaines de l'hypothèse pour entrer dans celui de la réalité.

La brigade qui fouille près de la maison a fait merveille. Elle nous rapporte une foule de petits objets d'un usage familier: des bronzes, deux *capis*, bon nombre d'*ampullæ*, quelques patères, 21 médailles et 5 statuettes en terre cuite dont trois sont charmantes. Elles représentent Éros, Apollon, une femme drapée, une autre tenant dans ses bras un enfant et enfin une forte femme aux puissantes mamelles, au ventre proéminent qui ne peut être que l'épouse du dieu Bal-Hon, ou Astarté, la déesse qui maigrit, ne pouvant plus engraisser. On la trouve désignée dans les épigraphes tumulaires, sous le nom de Rahab Asthoret. *Rahab* veut dire dilater et *asa* première syllabe d'Asthoret signifie se contracter; quant à *thoret* c'est le féminin de *thor* vache. Elle représente ordinairement les phases de la lune, la vache qui se dilate et se contracte, mais elle joue non moins souvent un rôle solaire.

Cette grosse femme au gros ventre, aux puissantes mamelles, se retrouve souvent dans les antiquités grecques sans que son nom hellénique nous soit parvenu, à moins qu'elle ne fût la déesse *Asteras* qui figure sur un vase du musée Campana; en ce cas son nom viendrait de *Stear*, suif, mais tout nous fait supposer qu'elle devait être plus sémitique que grecque.

La nécropole nous fournit un très beau marbre sculpté de beau style corinthien et l'épigraphe suivante sur pierre de Malte:

MANIBVS

SACR

RIA MAIOR
PIA VIX ANN. XI
Q · MENSIS VIII DIE
BVS VIII · H · S · E

Vendredi, 4 mars

    Température   7 heures du matin   + 4
                          midi   + 18
                          7 heures du soir   + 12

L'augmentation de notre personnel nous a permis de compléter quatre brigades qui sont allées fouiller sur quatre points différents.

Au moment où se distribue la besogne il est étrange de nous voir interroger anxieusement l'horizon et désigner les points d'attaque avec l'émotion d'un général qui ordonne un assaut : en effet nous marchons à l'assaut de l'inconnu. Les fouilles de l'église, qui ne sont encore qu'à l'état de préparation, ne nous ont donnés jusqu'ici que quelques fragments d'épigraphes de différentes époques.

Moins heureuses encore, les fouilles entreprises au sud de l'hippodrome n'ont ramené que quelques tubes de poterie en forme de bouteilles. Ils ont au moins le mérite de nous apporter la solution d'un problème archéologique. Se jointant fort mal, nous ne pouvions pas croire, comme nous l'avions supposé tout d'abord, que chacun d'eux fut la partie distincte d'un tube plus ou moins long ; mais nous avons découvert une petite piscine dallée en mosaïque blanche à l'aide de laquelle nous avons pu nous convaincre que ces tubes rentraient les uns dans les autres malgré le jeu qu'ils laissaient dans leurs joints et qu'ils servaient bien réellement à conduire des eaux.

Le soir nous allons nous rendre compte des travaux exécutés dans la journée et au retour nous devons tenir tête à des bandes de chiens arabes qui hurlent sans merci et sans trêve contre tout Européen.

Dans un édifice en ruine, nous trouvons un beau débris d'autel votif en marbre avec un entablement de style sobre, sous lequel on lit :

ROMAN · · ·

La brigade qui fouille depuis deux jours un monceau de ruines que nous supposons être la maison d'un sénateur, après avoir mis à découvert les murs extérieurs, a trouvé à 1,50 m de la surface, la porte qui donnait accès dans l'atrium. Le dallage n'est pas en mosaïque, il est du plus beau marbre blanc, veiné de pourpre. Nous nous flattons que cette fouille sera productive, mais nous ne le saurons malheureusement que dans deux jours, tant est considérable la quantité de terre qu'il faut déplacer.

La plus forte escouade a encore pour trois jours de travail près de notre maison. Comme d'habitude, on trouve des *ampullæ*, des *capis* et bon nombre de petits bijoux insignifiants. Les pièces les plus intéressantes sont une magnifique épingle de bronze, qui a dû servir à rattacher un *peplum*, une tête de cheval en terre cuite et une toute petite statuette en bronze de 2 centimètres de hauteur, représentant Minerve.

Samedi, 5 mars

Température	7 heures du matin	+12	
	midi	+ 20	
	7 heures du soir	+ 15	1/2

Les fouilles se continuent sur les quatre points à la fois.

Nous renonçons à celles de la villa, non seulement elles ne donnent rien, mais aucun indice n'annonce qu'elles doivent donner quelque chose.

Dans l'église, à 3 mètres de profondeur, les ouvriers découvrent un caveau rappelant ceux de nos cimetières modernes.

Tout près, séparés par une pierre mitoyenne, trois sarcophages sont mis à nu, et il est probable qu'il y en a d'autres, mais, comme nous n'y trouvons rien, ce travail aussi pénible qu'improductif est abandonné pour concentrer tous nos efforts sur une belle mosaïque blanche que nous avons découverte à un mètre de la surface. Tout nous porte à croire qu'elle formait le pavage d'une salle au-dessous de laquelle se trouvaient des sépultures chrétiennes.

En déblayant cette mosaïque, dont jusqu'à présent nous ne voyons qu'un angle, les ouvriers recueillent une fort belle colonne cannelée, de marbre blanc et de très beau style. Cette stèle a un mètre de hauteur et devait supporter un vase ou une lampe.

Près de la maison, indépendamment de leur tribut habituel d'*unguentaria*, les fouilles nous ont données une des plus charmantes statuettes que nous ayons trouvées jusqu'à présent. C'est Éros naviguant sur une amphore à laquelle il a attaché une voile qu'il tient à deux mains. Ce sujet est essentiellement grec.

Nous avons trouvé aussi un collier de femme très bien conservé, en bronze, représentant un serpent auquel étaient probablement suspendus des *tintinnabula*.

Mais la plus intéressante de nos explorations a été celle à laquelle se livre la quatrième brigade. Décidément, nous devons avoir découvert l'un des riches et nombreux temples d'Utique. C'est avec une impatience fébrile que nous guettons le moindre bout d'inscription, le plus léger vestige qui nous fixe à cet égard. Tout ce que nous savons jusqu'ici, c'est qu'à 1,50 m du sol se trouve une belle mosaïque que nos ouvriers sont en train d'exhumer. À quelques pas de là, nous avons opéré un sondage qui n'a donné aucun résultat satisfaisant.

M. Valensi, de retour de Tunis, est venu s'adjoindre à nos travaux.

DIMANCHE, 6 MARS

     Température   7 heures du malin   +11

                          midi   + 24

Le soi-disant temple d'Aden-Lob, au pied de l'acropole (NDLE).

7 heures du soir   + 12

À neuf heures du matin, Giuseppe, chef de la brigade chargée de fouiller l'emplacement du temple désiré, arrive la figure toute rayonnante, avec une tête de statue à la main. Derrière, marchant lourdement, suit son meilleur ouvrier, chargé du torse et des pieds de la statue d'enfant à laquelle appartient cette tête.

La joie est générale, surtout lorsque l'heureux auteur de cette découverte a reçu quarante francs à titre d'encouragement.

Nous nous empressons de replacer un bras malheureusement brisé en trois fragments par un coup de pioche. Il n'est pas douteux que cette statue ne représente un Bacchus enfant, portant un livre qui lui avait fait donner par les Romains le nom de *Liber* ; mais à Utique c'était le dieu de Biblos ou du mont Gebel, d'où étaient partis les colons sidoniens ayant fondé Utique. Biblos n'est que la traduction grecque du phénicien *Sepher*, mot qui veut dire nombre et par extension livre ; nous nous trouvons donc en présence de *Cadmon*, l'inventeur de la *numération*, dont on a fait ensuite l'écriture. Pour bien comprendre son rôle, il faut se rapporter à la théorie de Pythagore sur les nombres, théorie qu'il avait probablement rapportée de Chypre. Dans son système, Apollon ou le dieu que nous avons devant les yeux avait le numéro 1. Bien qu'enfant on le nommait Cadmon, ou l'ancien, parce qu'Éros dans la théogonie d'Aristophane, qui ressemble de tout point à celle de Sanchoniaton, était le plus ancien des dieux. Or, parmi les étymologies du nom d'Utique il en est une (□□□) qui veut dire ancien ; mais ce qui est plus concluant, c'est que l'île formant le noyau primitif de la ville d'Utique est rigoureusement orientée par le canal qui la sépare de la terre ferme, dans la même direction que Notre-Dame de Paris et les églises gothiques, c'est-à-dire nord-ouest sud-est, ce qui est juste la situation cosmographique de Cadmon, qui était le dieu du nord-est et correspondant au Castor grec.

Nous possédons par conséquent le patron de la ville d'Utique ; il est de style grec et probablement d'époque grecque s'il faut s'en rapporter au magnifique dallage de marbre blanc et pourpre qui a dû précéder l'époque romaine ; mais à ce double mérite il en joint probablement un autre encore plus rare, celui d'être de composition phénicienne. C'est bien le dieu Sepher.

Son temple devait être d'une grande richesse, si nous en jugeons d'après les plombs, bronzes et marbres jaunes, verts antiques et porphyres que nos ouvriers remuent à la pelle.

Nous faisons cesser tous les travaux autres que l'exploration de ce temple, pour y faire converger toute notre petite armée de travailleurs. Deux heures plus tard un ouvrier découvre la main droite qui serre dans ses doigts enfantins le volumineux *biblos*.

En notre présence on met à découvert la plus belle et la plus intéressante des mosaïques que l'on puisse imaginer.

Nous commençons par nous accorder la joie d'en laver un petit bout afin d'en reconnaître la beauté et la richesse, ce qui nous force à faire suspendre le travail pour ne pas provoquer d'amoncellement qui gênerait les autres ouvriers.

Notre lavage fait apparaître deux personnages, il y en a probablement beaucoup d'autres. Les cubes de marbre, qui sont généralement de 8 lignes, n'en ont plus que quatre lorsqu'il s'agit de reproduire des personnages comme ceux que nous venons de découvrir, c'est-à-dire qu'elle est d'une grande finesse.

À chaque instant, les ouvriers nous appellent sur un point ou sur un autre pour nous faire constater la présence de plusieurs mosaïques plus grossières que la précédente, mais très belles et très décoratives, qui devaient orner le passage conduisant d'un bout à l'autre du temple. Six colonnes sont déjà déblayées, nous avons le plaisir de les remettre en place et de réparer jusqu'à un certain point l'œuvre de dévastation barbare des Vandales, à moins que ce ne soit celle de Galla Placidia ; quant aux Arabes, ils ont dû venir trop tard.

Nous nous réservons d'attendre la fin des fouilles pour donner une description plus ample et plus détaillée de ce splendide monument dont la découverte est une bonne fortune inespérée pour nous et pour la science.

Le soleil commence à chauffer à tel point que les scorpions se réveillent ; tant pis pour eux car rien n'échappe à nos investigations. Sur un socle qui porta peut-être autrefois le dieu du vin, trône un fort bocal rempli du dieu moderne de la race anglo-saxonne, et recommandé récemment par M. de Bismarck aux travailleurs allemands, comme plus énergique que la bière. En un mot c'est de l'esprit-de-vin dans lequel scorpions gros et petits saisis par les ouvriers viennent faire un plongeon sans qu'on ait le moindre égard pour leur vieille parenté avec Hermès. On ne respecte pas davantage les serpents, arrière-petits-cousins de la déesse Tanit ; ils ne sont pas de la grosseur de celui qui arrêta Regulus, et nous assistons à la lutte à laquelle se livrent ces divinités du bon vieux temps avant de trouver l'éternel repos, dans notre aquarium zootechnique.

Lundi, 7 mars

Température	7 heures du matin	+12	1/2
	midi	+ 23	
	7 heures du soir	+ 13	
	Au soleil à 2 heures	+42	

Rien de bien particulier à noter aujourd'hui. Les ouvriers ont travaillé avec une assiduité suffisante, malgré l'extrême chaleur, grâce à l'espoir de trouver quelques louis au bout de leur pioche. S'associer les travailleurs, lorsqu'on entreprend des fouilles, est, nous le répétons, la meilleure des méthodes à employer.

Le temple a été déblayé en grande partie, demain nous en ferons le plan et le croquis ; plus nous y réfléchissons, plus nous sommes frappés de l'importance de la découverte que nous venons de faire.

Deux belles citernes ont été mises à jour. Celle qui a été découverte la première a été visitée par les ouvriers après avoir pris toutes les précautions d'usage. Elle a six mètres de profondeur, trois de longueur et un mètre cinquante de large. La maçonnerie en est superbe et revêtue de ciment sur toute sa hauteur.

Nous y avons trouvé trois lampes, dont l'une porte un lion ailé. Dans l'épaisseur d'un mur nous avons découvert une petite boîte en plomb avec son couvercle, ayant exactement la forme d'un carton à chapeau. Deux tuyaux en plomb très épais conduisaient les eaux dans les deux citernes. Tout nous porte à croire qu'ils étaient destinés à faciliter l'écoulement après les ablutions.

Le reste de nos trouvailles se compose de nombreuses pattes à scellement assez bien conservées, en bronze, d'une poulie en pierre de 30 centimètres de diamètre, plus 3 mètres carrés environ de fort bonnes mosaïques. L'emplacement de la précieuse mosaïque dont nous avons parlé hier a été dégagé.

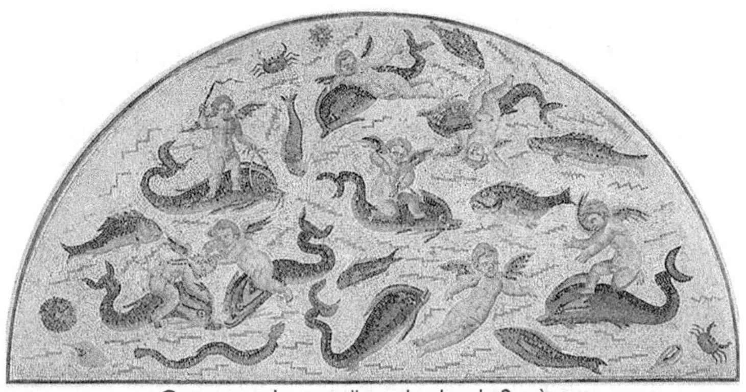

Cette superbe mosaïque de plus de 2 mètres
(marbre, calcaire, pâte de verre) est au Louvre, mais pas exposée (NDLE).

Un peu de mortier y adhérait encore, nous n'avons pas voulu
la gratter avant de l'avoir enlevée, craignant de diminuer sa
solidité. Nous n'avons donc pu nous rendre qu'un compte très
approximatif du sujet qu'elle traite. Pourtant nous avons pu
constater, non sans une vive émotion, qu'il s'y trouve plusieurs
personnages et de nombreux poissons. Mais, nous lisons dans
tous les livres qui traitent de fouilles ou d'archéologie, que
lorsqu'un explorateur a eu la chance de mettre à jour un morceau
de choix, il doit redouter de le voir anéantir pendant la nuit,
soit par les Arabes, soit par des gens mal intentionnés. Nous
comptons bien profiter de la leçon et ne pas nous laisser prendre
au même piège. Un de nos ouvriers doit coucher le revolver
au poing sur la mosaïque même qu'on n'enlèvera pas pendant
son sommeil. Il a reçu l'assurance d'être vigoureusement
appuyé; s'il était attaqué et s'il se servait de ses armes, nous
en prendrions la responsabilité. Donc à demain.

MARDI, 8 MARS

    Température   7 heures du matin   +14

                           midi   +24

                           7 heures DU SOIR   +18

2 heures S. 36 degrés au soleil, pas le moindre vent

Aujourd'hui, rien de bien nouveau. Les ouvriers ont continué à déblayer le temple de Bacchus enfant. Au-dessous et à environ 50 mètres de ce monument, à une profondeur de 3 et 4 mètres, d'autres ouvriers ont mis à nu des murailles et des contreforts de bâtiments.

L'escouade qui a fouillé le versant nord-ouest de l'acropole a mis à nu une base de colonne devant laquelle se trouve une mosaïque.

Dans le temple de Bacchus on a recueilli quelques monnaies.

Notre aquarium à l'alcool s'est enrichi d'un superbe lézard vert.

La végétation va d'un train d'enfer, grâce à une température caniculaire. Partout sur les pentes des collines, ce ne sont que fleurs agrestes qui, du matin au soir, ouvrent leurs corolles. Nous reconnaissons la petite centaurée et une espèce de mouron à fleurs rouge de sang, fort abondant. De tout côté surgissent de grandes ombellifères à fleurs jaunes. La nature se réveille et ne va pas tarder à se revêtir d'une brillante parure. C'est la déesse Astarté qui, conformément au vieux rituel babylonien, va remettre une à une toutes les pièces de son habillement.

Devant la porte de notre habitation quelques jeunes arbres commencent à entrouvrir leurs nombreux bourgeons.

Mercredi, 9 mars

Température	7 heures du matin	+ 13
	midi	+ 23
	7 heures du soir	+ 17
	Vent chaud	

Nos ouvriers ont été divisés en sept escouades et nous fouillons un peu sur tous les points, afin que si une découverte importante venait à s'annoncer, toutes nos troupes puissent être massées sur le même point. Nous avons passé une grande partie de la journée dans le temple afin de détacher une partie de la mosaïque. Nous en trouvons une autre qui jusqu'à présent avait échappé à nos recherches. Elle est fort intéressante, exécutée avec soin et d'un style qui rappelle celles de Carthage. Contre l'habitude, elle est enfermée dans une cloison de terre cuite qui lui sert de cadre; c'est donc une de ces mosaïques portatives dont il est si souvent question dans les anciens auteurs. Elle représente certainement un sujet mythologique fort important, nous la faisons porter au logis ainsi qu'une étoile de 60 cm^2, également en mosaïque, que nous avons trouvée sur le seuil d'une porte.

Au-dessous du temple, dans un lieu où nous avions commencé une fouille qui nous donnait de l'espoir, nous trouvons, à 3,50 m de profondeur, une mosaïque entourée d'une riche bordure, nous recueillons également un doigt de grandeur naturelle (l'annulaire), ce qui nous fait espérer que la main et peut-être la statue tout entière ne doivent pas être loin.

Comme intermède peu comique, nous avons une vive discussion avec le voiturier qui a embourbé notre colonne de *jaune antique* à six kilomètres d'Utique et qui, de plus, a cassé sa voiture.

Vers le soir, la dernière tranchée ouverte dans la partie supérieure du cimetière nous fournit six *ampullæ* en verre admirablement conservées, quelques médailles et quatre lampes, dont une, avec un Amour, un épi et un casque romain.

Jeudi, 10 mars

Température	7 heures du matin	+12
	midi	+21
	7 heures du soir	+14

Nos ouvriers partagés en plusieurs escouades continuent leurs fouilles dans la nécropole, près de notre habitation, dans le monument où nous avons trouvé le Bacchus enfant, dans le voisinage de ce monument et un peu au-delà.

Deux mosaïques sont enlevées dans le monument même;

cette, opération, exécutée avec soin, réussit parfaitement.

Nous découvrons deux grandes urnes en plomb. Une escouade d'ouvriers est placée dans l'intérieur des thermes romains, les voûtes se sont écroulées, mais les murs qui les portaient sont encore debout jusqu'à une certaine hauteur.

Vendredi, 11 mars

    Température   7 heures du matin   + 11
                        midi   + 23
                        7 heures du soir   + 13

Voici l'ordre des travaux de la journée.

1. L'escouade du temple de Bacchus achève de déblayer à peu de choses près cette construction dont on enlève aujourd'hui plusieurs mosaïques.

2. Au-dessus de cet édifice les excavations atteignent déjà une profondeur de 4 mètres,

3. Le déblaiement du grand tertre amène la découverte d'un vaste bâtiment avec mosaïque, mais les ouvriers sont forcés de creuser à 4 mètres de profondeur.

4. Un grand nombre de travailleurs fouille la nécropole, d'où l'on retire deux urnes en plomb avec leurs couvercles et un vase de forme élégante.

5. L'on attaque le côté oriental de la nécropole où l'on espère découvrir les restes d'un édifice d'une grande richesse.

Samedi, 12 mars

    Température   7 heures du matin   +10
                        midi +21
                        7 heures du soir   + 16

Aujourd'hui nous sommes allés préparer de nouvelles fouilles de l'autre côté du lit de l'ancienne baie d'Utique, depuis longtemps abandonné par la mer. C'est avec plaisir que nous avons revu ces magnifiques ruines dont nous avons précédemment parlé.

Un fort détachement de nos ouvriers s'y rendra le 15 au matin; aujourd'hui nous avons emmené un de nos chefs de brigade afin de lui désigner de suite les endroits que nous voulons explorer.

Ces ruines ont un caractère tout à fait sauvage, mais ce qui frappe encore davantage dans cette accumulation de débris, c'est la façon dont cette catastrophe a dû se produire. La physionomie de ces entassements de décombres est tout autre que celle d'Utique, on peut affirmer a priori que ni les Vandales ni les Arabes ne travaillaient de cette façon et avec cet ensemble, et qu'une violente commotion souterraine a pu seule entasser les uns sur les autres des blocs aussi énormes, à travers les interstices desquels on aperçoit d'élégantes colonnes de marbre. Serons-nous heureux dans notre entreprise? C'est ce que l'avenir nous apprendra; en tout cas, elle ne peut manquer d'être intéressante au point de vue archéologique.

À un mille de distance, tout près d'une agglomération de niches autour desquelles bourdonnent de nombreuses abeilles, nous avons constaté, à deux mètres de profondeur, une fort belle conduite d'eau maçonnée dont le chenal peut avoir 40 centimètres en tous sens. Aucun auteur ne parle de ce travail qui devait alimenter d'eau un centre de population très important. Il est probable que, se trouvant en dehors des routes battues, ces ruines auront échappé jusqu'ici à toute investigation.

À quelques mètres de là se trouvent, en contrebas, de gros murs en bon état de conservation, qui indiquent l'emplacement de thermes considérables. Huit salles voûtées communiquaient directement avec la piscine, sur la partie supérieure de laquelle on remarque les vestiges d'un temple. Suivant leur coutume, les Arabes ont choisi cet emplacement qui se voit de loin, pour y placer un tombeau de marabouts, et celui-ci se nomme *Sidi-Baïeur*. Il y aurait toute une étude à faire sur les noms de ces *djama* qui se sont partout substitués à des églises chrétiennes, lesquelles avaient elles-mêmes remplacé des temples païens, sans que la plupart du temps le nom du saint ait été changé. Aussi est-il fort rare que les noms de ces prétendus saints musulmans n'aient pas une tournure phénicienne très prononcée, et que leurs djamas ne se groupent pas en quadrilatères sensiblement parallélogrammes indiquant d'anciens cantonnements ou subdivisions de cantonnements.

Ainsi, sur la carte que nous avons sous les yeux, les limites de l'ancien cantonnement de la cité autonome d'Utique sont très nettement indiquées par les djamas de Gournata ou Aboufar au Nord-Ouest. Bou-Chater à l'Est, Ahmar au Sud-Ouest, Sakak à l'Ouest. Tous ces noms sont phéniciens et indiquent une orientation systématique que les musulmans et les chrétiens semblent avoir proscrite d'un commun accord, comme trop intimement liée au paganisme. Voici le tracé fourni par la position de ces quatre points :

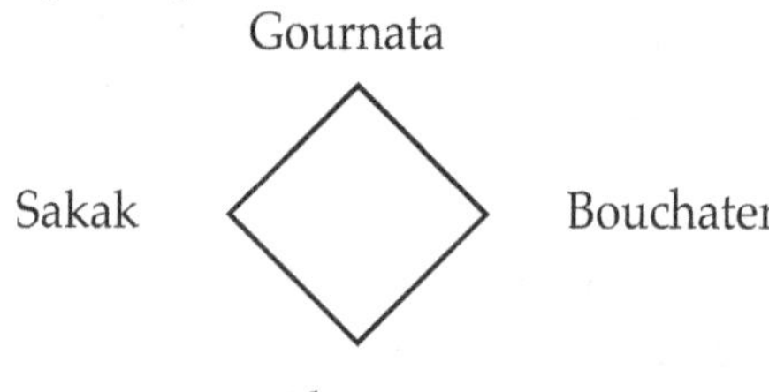

Et voici la signification de ces noms en phénicien.
Gournata (תנ.רג) aire à battre le blé.
Bouchater (רתח) passer à travers. — Érechthée.
Ahmar (רמח) rougir. — Vin.
Sakak (כש) s'incliner. — *Clitus*.[34]

Il serait intéressant de recueillir les légendes locales qui se

---

34. On a déjà vu les 2 premiers mots. *Ahmar* signifie bien rougir, et *shachah*, s'incliner (NDLE).

rattachent à ces marabouts, car il est probable qu'elles remontent à des époques ayant précédé la domination arabe ; en tout cas les points de Gournata, Sakak et Bouchater, tous marqués par des ruines, indiquent très manifestement un cantonnement tracé par des sectateurs du culte de Bacchus, et le nom de *Baïeur* que porte le marabout qui a donné lieu à cette digression, veut dire *consumé par le feu, abruti* ; en effet, dans les idées des anciens, le soleil terminait sa carrière sur un bûcher et renaissait de ses cendres, ou bien il tombait ivre de son char dans l'Hadès et était raccommodé par la déesse Perséphone ; ajoutons que si, au lieu de ארעב, on écrit רב ce dernier mot signifie *creuser*[35] et explique la situation du temple au-dessus de la citerne. C'était en effet dans une citerne qu'était précipité le soleil mourant. Cet épisode s'est maintenu dans la légende biblique de Joseph, dont le nom veut dire précisément le *soleil mourant*. Il y aurait donc beaucoup de chances pour que ces ruines non classées fussent celles de la ville de Salera, dont le nom veut dire le *lion expulsé*, et qui devait se trouver à l'ouest d'Utique.

De quelque façon qu'on interprète le nom de cette dernière ville, il indique une *adjonction* et une *disjonction* qui sont le caractère des lieux consacrés aux Dioscures. Utique était la ville de Castor, elle devait avoir une ville sœur dans son voisinage consacrée à Pollux, et tout nous permet d'espérer que nous venons d'en retrouver l'emplacement.

Le chef du goum le plus voisin, qui se trouve à dix portées de fusil de là, est venu au-devant de nous et nous a donné les détails les plus explicites sur le pouvoir de saint Baïeur ou saint Stupide[36], qui, par parenthèse, a la même signification en vieux français et en allemand, *Baour, Bauër, Bavière*. Il nous a même engagés, conformément à la vieille coutume du pays, à jeter

---

35. Hébreu *barah*, consumé ; *baar*, creuser (NDLE).
36. Hébreu *baar*, stupide (NDLE).

quelques pièces de monnaie au milieu de l'agglomération de pierres disposées en ovale qui marquent l'emplacement du sépulcre de ce saint peu spirituel ; il prétend que ça nous portera bonheur.

Est-ce une pieuse supercherie pour ramasser toutes les pièces de monnaie qu'on jette à Sidi-Baïeur ? De ce que le cheik en question ne laisserait rien perdre, il ne s'ensuivrait pas qu'il en fut l'inventeur, car cet usage existait également dans les Gaules, où l'on jetait des pièces de monnaie dans les gouffres de *Boruo* ou *Bourbon*, le même que ce Baïeur, dieu du nord-ouest, qui présidait aux mines et aux eaux thermales ; aussi serions-nous bien étonnés s'il n'en existait pas dans le voisinage. En tout cas, c'était le dieu des citernes, des trésors cachés, de la stupidité, de la richesse, de la mort et des tombeaux, et l'usage de jeter des pièces de monnaie dans les vieux sépulcres est encore général dans tout l'Orient.

Il est probable que si nous pouvions fouiller sous le marabout nous ne perdrions pas notre peine. Nous avons l'impudence d'en faire la proposition au cheik, qui naturellement se récrie et nous traite de sacrilèges. Nous tournons habilement la difficulté et nous faisons un double appel à son fanatisme et à sa cupidité en l'enfermant insidieusement dans ce dilemme :

Ou saint Baïeur est un puissant seigneur, ou bien c'est un pauvre sire. Si c'est un puissant seigneur, il nous fera trouver quelque belle statue, et, pleins de reconnaissance, nous lui ferons élever un joli marabout que le goum est trop misérable pour construire. Si, au contraire, ce saint n'est qu'un saint de carton qui n'est pas capable de nous faire trouver le moindre bout de statue, nous l'aurons démasqué et le goum pourra en choisir un plus distingué dont nous lui laissons le choix, nous engageant à lui faire élever à nos frais le marabout promis. Cette proposition, digne d'être faite à feu Œdipe, est acceptée et le cheik nous jure sur son chapelet d'aider et de protéger nos ouvriers qui arriveront après-demain.

Tout près de là se trouve une magnifique plantation de salades de toute sorte. Ne voulant pas que nos ouvriers se laissent tenter par cette verdure au détriment du jardinier, nous achetons toute la récolte sur pied pour la somme de 12 francs ; notre chef de brigade devra la répartir équitablement.

Au retour, nous sommes frappés du nombre des ruines qui bordent la route sur une longueur de 1 500 mètres au moins. Nous avons l'intention de revenir à Sidi-Baïeur lorsque nos ouvriers y seront et de vérifier nos premières impressions.

Nous remarquons, près d'une source dont l'eau est soigneusement recueillie dans une citerne, un fort beau bassin de marbre blanc qui sert d'abreuvoir aux chevaux et aux chameaux. Deux femmes kabyles y puisent de l'eau ; l'une, âgée de 15 à 20 ans, possède le plus beau type grec qu'on puisse imaginer ; descend-elle des Argonautes ? Pourquoi pas ?

Nous remontons à cheval, et pour donner une idée de l'étendue du domaine appartenant au général Ben Ayad, nous devons dire qu'afin de regagner Bouchater, il nous faut traverser en ligne droite sept kilomètres de plaine. Sa longueur est quatre ou cinq fois plus grande, et tout cela appartient au général tunisien.

Reste à savoir si, en ajoutant la distance de Sidi-Baïeur à Bouchater à celle de Bouchater à *Cal-el-Oued* qui doit correspondre aux Castra Cornelia, nous n'aurions pas celle de Salona à cette dernière ville. C'est un fait à vérifier [37].

Dimanche, 13 mars

Nous visitons dans la matinée divers emplacements qui semblent dignes d'être explorés ; il est décidé que nous y détacherons prochainement des ouvriers.

---

37. Le manque de temps nous a forcés, à notre grand regret, de renoncer aux fouilles de Sidi-Baïeur.

Voici le détail du travail accompli par nos escouades :
1. La plus forte continue à fouiller la nécropole. Au-dessous et près de notre habitation, elle découvre 12 lampes, dont quelques-unes fort curieuses, sur lesquelles on remarque les sujets suivants :

Bacchus enfant.

Un chien poursuivi par un homme.

Un lion dévorant un cerf.

Une femme ailée tenant un bouclier.

Un homme menant deux chevaux au galop, etc.

2. La seconde escouade commence des fouilles dont nous attendons de brillants résultats. À l'est, et non loin des constructions déjà explorées, dans lesquelles nous avons trouvé des pierres sépulcrales chrétiennes, elle découvre, à 0,50 m de la surface du sol, une curieuse mosaïque représentant un vase dans lequel trois oiseaux se désaltèrent ; à côté se trouve une branche de laurier. Le vase ainsi que les oiseaux sont en mosaïque de couleur. Non loin de là, on tombe sur un grand caveau sépulcral chrétien au fond duquel gisent de larges et belles dalles ; l'une d'elles porte cette épigraphe chrétienne.

H MANTIA
MATERFIDELIS
IN PACE

Nous faisons explorer soigneusement cette sépulture, mais nous n'y trouvons que des ossements humains, ce dont nous ne sommes point surpris, les chrétiens ne déposant dans leurs sépultures aucun objet qui pouvait rappeler des superstitions païennes.

La troisième escouade continue à combler la large tranchée ouverte près de notre habitation, travail d'un médiocre intérêt qui avance rapidement.

Lundi, 14 mars

Les travaux continuent.

Dans l'après-midi, on vient nous chercher pour nous faire voir la partie de la belle mosaïque chrétienne qui n'avait pas été mise à nu la veille. Nous y relevons, inscrite dans un cercle, l'épigraphe suivante :

CANDI

DAEIDICI

SINPACE

Dans le monogramme inférieur, le P a sa boucle tournée à gauche.

L'escouade qui fouille la nécropole rapporte une quinzaine de belles lampes.

Dans la soirée arrive un photographe de Tunis.

N. B. Le nom du père de Candida est encore phénicien et doit signifier le *chacal maigre* (קדיא) [38] ; ce détail a sa valeur, il prouve que le christianisme s'était répandu parmi les autochtones et que sous la domination romaine il y en avait encore d'opulents.

MARDI, 15 MARS

Le temps qui menace depuis deux jours se met décidément au déluge ; c'est excellent pour les récoltes, mais les opérations du photographe s'en trouvent peu favorisées et il retourne dans l'après-midi à Tunis, où nous nous rendons nous-mêmes.

À partir de deux heures, la pluie ne décesse pas, c'est une demi-journée de perdue pour nos fouilles.

MERCREDI, 16 MARS

Le temps est favorable, mais les ouvriers ne se mettent pas à l'ouvrage avant midi.

On découvre dix lampes, des patères en belle terre rouge,

---

38. Hébreu *eï*, chacal, *daq*, maigre (NDLE).

dont une portant un sigle, de nombreux lacrymatoires.

L'une de ces lampes est à deux becs, avec l'empreinte d'un coq entouré de cœurs. Elle est en terre rouge et doit être chrétienne.

Une autre porte l'empreinte d'un homme à cheval avec une légende, que le nettoyage complet de cette lampe nous a fait lire Q. CVRDICENIV. Est-ce *Quintus Curdicenius* ? C'est de toute improbabilité. Curdicenius serait composé de quatre mots ce qui serait inouï dans un nom phénicien et l'explication en est donnée par le sujet de la lampe.

Ce n'est pas Énée s'enfuyant, mais la déesse *Kvir* armée d'un crible (CVR) [39] foulant aux pieds le nain Ashan ou le mauvais esprit (EN. IV), cette composition étant contemporaine du poème de Virgile peut y faire d'autant plus allusion que l'Énée latin était mythologiquement le même que l'EN. IV Libyen. Q. CVR. DIC. EN. IV se traduit : *il espère fermement que CVR (le crible), pulvérisera le méchant esprit*. Mais la composition est beaucoup plus explicite et complétée par les deux lettres phéniciennes DS qui se lisent au revers. Doush veut dire *déchirer dans l'aire avec le tribolos ou planche armée de silex*. C'était le supplice que les juifs infligeaient aux prisonniers de guerre sans y attacher comme les Libyens une idée de sacrifice. Achille attacha à son char le corps d'Hector, mais on attachait aussi des captifs vivants à la queue d'un cheval, ou aux cornes d'un taureau. C'était toujours pour figurer le déchirement de la nuit par la lumière. Voici dans son entier le sens de la composition qui décore cette lampe :

« *La Libyenne s'élance blanche du tombeau.*

« *KVIR (le jour) foule aux pieds Nabal (la mort).*

---

39. Hébreu *kevarah*, crible (NDLE).

40. Le texte original a été remanié. Pour mémoire, voici ce qu'il énonçait après *Curdicenius* : « Le nom du guerrier à cheval est Enée. Mais la légende est du phénicien écrit en caractères latins (חונחקדריק). Outre qu'elle confirme

« NER (la lumière) met en pièces Ashan (le nain) dans l'aire ». [40]
Ce cavalier représente Hippolyte, dont le nom signifie *qui tombe de cheval* ; nous connaissons sa traduction phénicienne par la Bible, c'est *Parsondata*, fils d'Aman, dont le nom se traduit par cavalier précipité dans l'abîme [41]. Ce nom étant remplacé par celui d'*Enée*, l'ancêtre des Romains qui jouait le même rôle dans le cycle solaire, il est probable que la composition phénicienne de cette lampe avait un but satirique, et qu'on était bien aise de représenter Énée ainsi ; il est à remarquer que la même observation peu bienveillante se trouve jointe à l'épitaphe de Q. Licinius. *Pars* ou *Parts* était la traduction phénicienne [42] du nom de l'*eques* romain et collecteur d'impôts qui était si justement abhorré dans toutes les provinces romaines.

Quant à la composition en elle-même, elle est évidemment traduite du grec et indique une identité complète entre la religion professée à Utique et celle des sectateurs grecs du culte de Bacchus.

Cette lampe est donc triplement intéressante.

Jeudi, 17 mars

À 1,50 m de profondeur on exhume, dans la nécropole, une amphore qu'il est possible de retirer intacte. Sa longueur est de 76 centimètres ; elle se trouve à côté d'un coffret sépulcral en pierre, rempli d'ossements calcinés ; l'amphore est également pleine de cendres, tout près d'elle se trouve un *unguentarium*.

---

le sens des précédentes, elle est très intéressante, en ce qu'elle nous donne le nom phénicien de *Bacchus Lenos*. Ce dernier nom veut dire *passé au pressoir*. *Dic* signifie *battre comme plâtre*. Le sens de la légende est: *Dic vomit en paix*. C'est en effet ce qu'était censé faire Bacchus rentrant ivre chez Danaë, qui le mettait dans son étuve et le massait en conscience pour lui faire cuver son vin. Remarquons, de plus, que le nom grec du cavalier (Οἰνεάς) [Œnéas] veut dire ivrogne. » (NDLE).

41. En fait, Parshandata a été passé au fil de l'épée avec ses 9 frères (*Esther*, IX, 7, NDLE).

42. Hébreu *parash*, cavalier (NDLE).

Vendredi, 18 mars

Les fouilles continuent.

1. Dans la nécropole ;

2. Dans le cimetière chrétien ;

3. Dans l'île.

À neuf heures, l'aquarium s'enrichit d'un serpent et d'un scorpion.

Dans l'après-midi une escouade va fouiller un champ situé au N.-O. de l'habitation Ben-Ayad.

Le soir, celle qui travaille dans l'île nous rapporte un pied de statue de marbre blanc, grandeur nature.

Un officier nous arrive de la part du premier ministre, afin de surveiller un homme qui a détruit la nuit une mosaïque et contre lequel nous avons porté plainte. Il nous recommande de ne pas ébruiter le motif de son arrivée, afin que le coupable n'ait pas l'idée de prendre la fuite pour se soustraire au châtiment de son péché. Nous ne pouvons pas cependant, chaque fois que nous découvrons une mosaïque, la faire garder le pistolet au poing, passe pour les plus importantes.

Samedi, 19 mars

À 11 heures du matin, on nous apporte une jolie statuette en terre cuite, trouvée dans la nécropole où nous avons fouillé le 8 février ; elle représente une femme drapée.

Près de la maison, toujours dans la nécropole, on découvre quatre stèles portant chacune un bas-relief, semblables à celles que nous avons trouvées précédemment ; l'une est décorée d'un chandelier, emblème phénicien de la résurrection (רונמ) *manor* ; l'autre, du croissant d'Astarté. Ce croissant ou lunule se nommait Saron ; il se composait de deux dents de sanglier soudées, et on le met encore en Orient au cou des chevaux et des enfants.

---

43. Hébreu *menorah*, chandelier, *sharah*, délivrer (NDLE).

Saron veut dire *délivre-nous*. [43]

Généralement ces stèles portent des emblèmes essentiellement phéniciens, le croissant contenant un disque ou une rose se retrouve cependant sur des monuments gréco-chypriotes.

Giuseppe, l'un de nos contremaîtres, est un gaillard fort intelligent et vient d'en donner la preuve. Depuis quinze jours l'on avait détaché quelques ouvriers dans l'île d'Utique, près de la source thermale, où certains mouvements de terrain dénonçaient un édifice important, et c'était à Giuseppe qu'on devait ce diagnostic. Il n'était pas erroné, car l'un de ses ouvriers a trouvé dans les fouilles du monument indiqué une charmante statuette de marbre blanc de 30 centimètres de hauteur ; elle représente Bacchus enfant portant sur l'épaule gauche une amphore et dans la main droite des grappes de raisin.

Vers le soir, cette intéressante trouvaille est complétée par celle de trois grandes amphores, dont une bien conservée, et deux grands *capis* en parfait état.

P. S. Tout nous porte à croire que notre petit Bacchus est une des découvertes les plus intéressantes que nous ayons faites. Il confirme l'opinion énoncée par M. Daux, à savoir que l'île d'Utique, à laquelle cette ville devait probablement son nom de *coupure*, était le noyau primitif, la station même des Argonautes qui avaient dû la choisir de préférence à cause de sa séparation du continent, à une époque où les Berbères autochtones ne devaient pas posséder d'embarcations ou n'en possédaient que de très grossières. Le commerce d'étain qu'ils faisaient dès lors avec l'Égypte ne permet pas de douter que des radeaux plus ou moins bien construits, et plus probablement des embarcations de cuir, ne se risquassent entre les détroits qui séparaient l'Espagne et la Sicile de la côte africaine. C'est ce qui paraît résulter des livres phéniciens qui attribuent l'invention de la navigation à Esaü le poilu, l'homme du Nord-Ouest, vêtu de peaux de bêtes.

L'île d'Utique semble avoir conservé, pendant toute la durée de cette ville, une existence distincte et complète qui en faisait, selon toute apparence, une communauté séparée, composée principalement des plus anciennes familles d'origine argonautique ayant conservé un certain caractère sacerdotal. Nous disons un certain caractère, parce que nous savons que les Carthaginois n'avaient pas de familles véritablement sacerdotales, ce qui revient à dire qu'ils n'avaient pas de religion qui leur fût particulière. Il est probable que, sous ce rapport, ils se rattachaient au grand centre religieux du Byzacium, qui était le lac Triton. Aussi les objets les plus anciens que nous découvrons dans la nécropole, sont-ils d'un caractère essentiellement grec.

On sait qu'au IVᵉ siècle avant notre ère, les Carthaginois accommodèrent tout à fait leur religion à la mode grecque, mais ce fait ne fut pas particulier aux Phéniciens occidentaux, qui pouvaient objecter leur éloignement des sanctuaires asiatiques. À la même époque, les Phéniciens de Chypre sacrifiaient et même officiaient dans le sanctuaire essentiellement grec d'Idalium. Ces offices impliquaient l'usage de la langue grecque, que de tout temps l'aristocratie carthaginoise paraît avoir cultivée à l'égal de la langue maternelle.

Nous avons cependant trouvé un certain nombre de formules mystiques phéniciennes écrites en caractères latins, tandis que jusqu'ici nous n'en connaissons aucune écrite en caractères puniques ; aussi sont-elles évidemment traduites du grec.

Notre petit Bacchus de l'île ressemble beaucoup à celui que nous avions trouvé au nord de l'acropole, et est comme lui de composition phénicienne et non grecque, mais il en diffère en ce qu'il se présente avec un caractère *panthée*.

Il représente un enfant nu, *Hol Hiram*, dont la nudité répond à celle de la nature à la fin de l'automne et au commencement de l'hiver (novembre, décembre, janvier, février). Sa main droite baissée porte une grappe verte, (רסב) *Bassar*, d'où le nom de *Bassaros*, que portait chez les Grecs Bacchus de retour des Indes.

Cette grappe verte correspond au soleil ascendant (mars, avril, mai, juin). Son épaule gauche est chargée d'une *olla* ou *lebes*, en phénicien *homar* (רמע רמח) [44] conservé dans le nom des *Khroumirs* avec le son sputant particulier à la lettre *aïn*. Ce mot, qui veut dire *chargé, saturé*, est la traduction du grec Βυζάντιον [Buzantion] [45] ou Byzacium, nom donné par les Argonautes au pays formant le bassin de la Medjerdah, à cause de sa situation sud-ouest, par rapport à la Grèce elle-même. La station solaire d'Homar correspond au soleil descendant (juillet, août, septembre, octobre). Cette composition essentiellement phénicienne remplace l'horrible dieu *Bais* des Grecs, quelquefois représenté aussi sous des traits enfantins et gracieux, mais plus rarement. Les types les plus modernes en font un nain trapu et barbu avec des fleurs à la main, (ἀντικρύ) [antikru] ce qui veut dire *au grand jour*, et des palmes sur la tête (κρύβεις) [kruveis], et qui doit se traduire *caché*. L'aspect est différent, mais l'idée est la même. Tous les anciens adoraient le soleil et la lune, comme dieux du changement, par opposition à la Grande Ourse, qui a l'air de ne point se déplacer. Ce culte, fondé sur l'observation des phases solaires et lunaires, est absolument identique dans le fond, puisqu'il s'appuyait sur l'observation des phénomènes de la nature. Il ne pouvait donc varier que dans les formes extérieures.

DIMANCHE, 20 MARS

On fouille les mêmes points que la veille, avec augmentation de neuf ouvriers divisés entre les deux escouades de l'île. Encouragé par les brillants résultats de la dernière journée, on entreprend une nouvelle exploration.

Le matin on nous apporte cette épitaphe d'un jeune Romain.

---

44. Hébreu *yeled*, enfant, *erom*, nu, *bosser*, grappe verte. *Homar* pose problème (peut-être *homer*, mesure de capacité ?). L'*olla* et le *lebès* sont des récipients comparables à des marmites (NDLE).
45. Grec *buzô*, entasser (NDLE).

D · M · S

I   Q · LICINIVS   I

B   DATIVS · VIX   I

Q   ANN · XXVIII   I

MENS · VII DIEB ·   X

Ce texte latin est flanqué sur les côtés de deux colonnes verticales, chacune de trois lettres formant trois mots phéniciens dont nous avons donné plus haut l'explication,

IB QI II

doivent se transcrire :

יאיקבי

« Le cupide rend gorge dans l'Hadès. » Q. Licinius porte le surnom de Datios, qui en phénicien doit vouloir dire homme de loi.

Rien de particulier n'a été trouvé dans la nécropole.

En revanche, les quatre escouades qui travaillent dans l'île ont découvert des constructions d'une grande importance. L'une d'elles doit avoir été le temple du dieu géant connu généralement sous le nom de Bal-Hamon, si l'on en juge par un pied et une jambe de grandeur colossale qui doivent avoir appartenu à la même statue. On sait en effet que l'on donnait souvent des proportions colossales à celles d'Athénè, la Tanit des Phéniciens, et de Phébus, leur Bal-Hamon et leur Bal-Hon qui représentaient la plus grande amplitude des jours ou le soleil au *zénith*. De ce nombre étaient l'Athénè de Phidias, l'Apollon de Rhodes, et le Bal-Hamon que les Romains rapportèrent de Carthage.

Ce qui achève d'étayer notre hypothèse est le superbe larmier de marbre blanc qui a été trouvé dans le même temple. Bien que de très beau style grec, il se compose d'œufs et de pointes de dards juxtaposés qu'on ne retrouve pas dans les édifices de conception hellénique. L'œuf en phénicien se dit (ציב) *bitz*, qui veut dire blanc, et le dard ou trait (הלש) *sélah,* qui se traduit par expulsé. Le dieu adoré dans ce temple était donc le blanc expulsé, ou l'œuf que l'on jette à terre, image du soleil précipité du haut du ciel. Un autre marbre porte un cordon d'olives (ומש) *samn,* qui nous donne le nom classique de ce dieu géant ; il se nommait *Bal-Eshmon* ou *Bal-Samin,* ce qui veut dire à la fois gros et haut. C'était ce dieu du sud-ouest auquel on sacrifiait dans toute l'antiquité tant de victimes humaines qu'on brûlait à la fête du feu. Nous la célébrons encore à la naissance de saint Jean, au 24 juin, et dans nos provinces on jette encore dans les feux de la Saint-Jean des chats rappelant la déesse *Théra* ou *Friga,* qui présidait au froid et à l'hiver. Le dieu de la canicule était le lion. Ce contraste entre la petite taille de la chatte et la grande taille du lion avait été choisi à dessein. Mais la chatte brûlée au solstice d'été prenait sa revanche au solstice d'hiver en étranglant à son tour le lion repu et tombé dans une fosse où il ne pouvait faire aucun mouvement ; de là le nom de Salera ou du lion expulsé qu'on donnait à une ville du voisinage d'Utique, qui pourrait bien être celle dont les ruines se voient encore de l'autre côté de l'ancienne baie.

Un journal ignore l'art des transitions ; sautons donc vingt siècles à pieds joints, pour y enregistrer que l'Arabe qui avait brisé notre mosaïque vient d'être arrêté avec son fils. Quatre de nos ouvriers siciliens ont prêté main forte à l'autorité locale, et le trop authentique descendant des Vandales est aux fers dans une maison du voisinage, maudissant ces chiens de *Kafirs,* mais pas trop haut.

Lundi, 21 mars

Les travaux commencés hier continuent. Dans la nécropole, près de l'habitation Ben-Ayad, on trouve un rare et curieux masque tragique. Les Grecs le nommaient *mormô* ou l'épouvante, et il jouait un grand rôle dans les légendes d'outre-tombe ; aussi figure-t-il souvent sur les sarcophages et on en retrouve des quantités de toute dimension dans la plupart des sépultures grecques. Il n'a jamais été question chez les Phéniciens de littérature théâtrale. Ce masque devait donc appartenir à une sépulture de rite grec. Cependant, il est de fabrique indigène et peut avoir représenté la déesse nationale *Béka*, la pleureuse.

Ces découvertes sont accompagnées d'une quantité croissante de verres et de poteries qui forment une collection des plus neuves et des plus intéressantes, car on sait que c'était un des principaux objets d'échange des navigateurs phéniciens. Toutes nos poteries sont de la fabrication la plus élégante, et si plusieurs d'entre elles ne portaient des signatures essentiellement phéniciennes, on pourrait les attribuer à des industriels grecs ; mais rien n'est venu justifier jusqu'ici une assertion de M. F. Lenormant que nous croyons erronée. Aucune ne porte de trace de peintures, même des plus sommaires, ce qui est à noter à une très petite distance de l'Italie méridionale, célèbre par ses vases peints. Il y a plus, on n'a trouvé aucun vase peint dans aucun pays phénicien ; la Sicile n'en a jamais fabriqué, ni même Chypre, malgré quelques grossiers essais de peintures locales qui ne peuvent être attribuées qu'à des Grecs chypriotes. C'est donc un art essentiellement européen et grec, qui ne s'est acclimaté nulle part hors de la Grèce et de la Grande-Grèce, pas même, croyons-nous, en Asie Mineure. Si les Phéniciens l'avaient pratiqué, nous en aurions certainement retrouvé des traces à Utique, qui devait être, par sa situation, l'un de leurs principaux entrepôts de poteries destinées à l'exportation.

Il n'en est pas de même du verre. On sait que nombre d'auteurs anciens leur en attribuent l'invention et que pendant plusieurs siècles ils en gardèrent le secret. Les monuments égyptiens démentent cette assertion, puisque dès la IVe et la Ve dynastie, on y voit des verriers soufflant leurs manchons. Il n'en est pas moins certain que vis-à-vis des Grecs, les Phéniciens conservèrent très longtemps le monopole de la fabrication du verre et qu'ils la transportèrent avec eux en Afrique, car nous avons trouvé dans la nécropole d'Utique des multitudes d'*ampullæ* remarquables par leurs rubans striés et contournés semblables aux *vetri intarsiati* de Venise.

Ces rubans marquent des sépultures phéniciennes, car ils n'ont de sens que dans cette langue. Ces stries se nomment *riqmat*, d'où est venu l'italien *ricamato* (brodé). En phénicien *riqmat* signifie le pauvre mort [46]. Le verre se disait *zikokit* (purifié par le broyage), l'ampoule se nommait *qassa*, qui désigne toute chose tournée ou façonnée en forme ronde. Or, le rond ou *palek*, c'était la vie. Ces ampoules sont donc un acte de foi complet à la métempsycose, qu'on peut résumer ainsi :

Riq mat zikokit qassa,

« Le pauvre mort purifié par le broyage redevient riche. »

Le verre ne pouvait inspirer aucune idée semblable aux Grecs ; aussi les verres grecs sont-ils tout unis et ne se retrouvent dans leurs sépultures qu'à une époque relativement moderne.

Nous devons à la générosité du général Ben-Ayad, une magnifique urne cinéraire grecque en verre que ses ouvriers avaient trouvée l'année précédente en creusant des fondations pour une construction agricole. Elle est de la plus suprême élégance et renferme encore, telles quelles, les cendres qui lui avaient été confiées, parmi lesquelles on remarque des fragments de crâne d'une étonnante blancheur. Ce défunt a donc été incinéré et n'était pas phénicien. Cette urne irisée par le temps était tout unie et n'avait d'autre ornement que *quatre anses* ou oreilles qui sont également le signe distinctif des *kernos* ou plats de terre ayant servi à des sépultures grecques. Quatre oreilles, en grec *pterotos*, signifiait périssable. Cet ornement, n'ayant pas de signification en phénicien, est exclu des patères de ce rite

---

46. Hébreu *rush*, pauvre, *met*, mort (NDLE).

qui sont sans oreilles.

Cette urne à quatre oreilles était enfermée dans un cylindre de plomb soigneusement soudé, sans aucune inscription. Sa présence dans le charnier que nous avons fouillé, ne peut s'expliquer que par une violation de sépulture, probablement commise à l'époque chrétienne. Sa merveilleuse beauté en fait un des plus précieux ornements de notre collection.

Quant aux figurines en verre coulé, elles sont d'un style si vigoureux que nous nous demandons si elles ne viennent pas de Grèce, et cependant, s'il est possible d'attribuer cette provenance à celle qui représente le dieu Bais, les deux autres sont des types de grosses femmes dont on ne connaît pas d'exemple dans l'art hellénique ni asiatique, et l'on ne peut y voir que la *grasse Astarté* ou *Ob-Dol*, ce qui ferait supposer que ces deux verres ont dû être fabriqués à Carthage, par des artistes grecs initiés au culte du pays, ce que les Égyptiens n'admettaient jamais, tandis que, sous ce rapport. Grecs et Phéniciens usaient entre eux de la tolérance la plus large.

Dans la soirée on nous apporte un autre fragment de corniche pareille à celle d'hier, et une autre de modèle différent qui ne lui est pas inférieure.

Le soir nous visitons les ruines situées à l'est du théâtre romain dans la plaine, sur un petit monticule. Cette visite est troublée par une douzaine de chiens aussi maigres que fanatiques, contre lesquels nous avons beaucoup de peine à nous défendre, nous commençons cependant à en prendre l'habitude.

Mardi, 22 mars

Il a plu abondamment pendant la nuit et le matin le vent souffle avec violence ; nous assistons au duel de Caïn et Abel, mais Caïn, c'est-à-dire le soleil, s'élève sur son frère.

Les ouvriers continuent leurs travaux de la veille, jusqu'à midi, heure à laquelle nous jugeons préférable de transporter plusieurs brigades dans l'île.

En visitant nos postes, nous constatons la découverte de trois têtes de cheminées romaines des plus curieuses.

Mercredi, 23 mars

Continuation des travaux de la veille.

Découverte d'une lampe en terre rouge, avec monogramme du Christ, près du troisième palmier dans l'île.

Idem, d'une mosaïque représentant Vénus en barque, conduite par des Amours.

Le poste qui travaille au monument circulaire met au jour une piscine avec banc pour s'asseoir ; tout indique des thermes.

Le soir, arrivée de M. Ben Ayad fils.

Jeudi, 24 mars

Découverte d'un fragment d'épigraphe votive.

ATORIS

AE

P ·

Idem, dans les thermes d'une mosaïque sans sujets allégoriques.

On enlève la curieuse mosaïque de Vénus guidée par des Amours, ainsi qu'une autre représentant des poissons.

M. Ben Ayad fils repart pour Tunis à 4 heures du soir.

Vendredi, 25 mars

Temps couvert le matin, baromètre très bas, le soir chaleur étouffante.

Les ouvriers commencent à combler les tranchées. Départ de nombreuses caisses pour Tunis.

Samedi, 26 mars

Baromètre très bas, temps lourd et ciel couvert.

Nous trouvons une belle fresque romaine représentant un

guerrier, dans le monument voisin du premier palmier d'Utique.

La nécropole nous donne une amphore, un caducée de bronze plus une statue de terre cuite qui représente une femme.

Le soir nous assistons à un concert arabe (tambour et fifre) donné à l'occasion d'une naissance chez un riche indigène du voisinage.

Dimanche, 27 mars

Orage pendant la nuit, grande chaleur le matin. Continuation des fouilles de la nécropole et des thermes de l'île, près du premier palmier. Dans l'après-midi, forte pluie, le temps devient brumeux.

Le soir arrivent le photographe et Madame Taylor, correspondante du *Standard*.

Lundi, 28 mars

Beau soleil, 20 degrés à l'ombre.
Le photographe prend des vues dès huit heures du matin.
Départ de Madame Taylor.

Mardi, 29 mars

On continue à combler les tranchées et l'on termine sur plusieurs points.

Dernière levée de deux grandes mosaïques.

Mercredi, 30 mars

Notre équipe tout entière part pour Tunis.

ÉPIGRAPHES PHÉNICIENNES

Nous avons recueilli dans nos fouilles plus de quatre-vingts stèles phéniciennes, toutes inédites, mais dont plus de la moitié se trouve dans un état de mutilation qui ne laisse souvent subsister que la formule initiale. Nous les avons fait soigneusement classer, transcrire et traduire par un de nos amis ayant longtemps habité l'ancienne Phénicie et nous publions toutes celles qui ne se répètent point.

Il est à remarquer que, bien que trouvée dans un cimetière, la plus grande partie de ces épigraphes n'est pas funéraire et se compose d'ex-voto qui ont dû être consacrés dans le temple de Tanit et de Bal-Hamon situé sur l'acropole, à l'exception d'une dédiée à *Aden le Libyen*, dont le sanctuaire exploré par nous devait se trouver au-dessous et au nord du précédent.

Ces stèles ont dû être jetées aux gémonies par ordre de Galla Placidia avec tout le mobilier des temples païens convertis en cimetières, et c'est une de ces sortes de voirie ou de charnier que nous avons fouillée. On devait donc, à de rares exceptions près, n'y enterrer que les pauvres et les esclaves ; c'est à Sidi-Baïeur et surtout à Gournata qu'on peut espérer de trouver des sépultures plus riches avec des épitaphes plus pompeuses.

Néanmoins, grâce au vandalisme de Galla Placidia, cette nécropole vulgaire nous a fourni une série de documents épigraphiques que nous devons considérer comme la partie la plus précieuse de nos découvertes à cause des renseignements aussi précis qu'inattendus qu'elle nous fournit sur les mœurs, la religion et la race de cette partie de l'Afrique.

La formule initiale de presque toutes ces épigraphes est : « *À Rabat, à Tanit face de Bal-Adar, à Aden le Libyen, à Hel, à Hamon, à Ashan dans le cirque.* »

Rabat et Tanit face de Bal-Adar sont deux divinités phéniciennes bien connues, correspondant, la première à *l'Athénè sortant de la tête de Jupiter*, et la seconde à l'Athénè gigantesque du Parthénon, de Phidias. Rabat veut dire la *croissance*, le *rajeunissement* ou la bonne fortune[1], et Tanit face de Bal-Adar est la limite de cette croissance. Ce sont les divinités du nome oriental de la Zeugitane dont la capitale était Utique, tandis que le nome occidental qui avait pour capitale Thugga adorait la déesse de l'Occident, Ob-Astarté, dont le nom libyen était Ob-Dol, *la grasse qui devient mince*, la mauvaise fortune.

Mais, indépendamment des divinités générales de son nome, Utique avait une divinité particulière à laquelle elle rendait un culte spécial et dont les épigraphes trouvées par nous révèlent le nom local. C'était *Aden* ou *Ashan le Libyen (Aden-Lob)*, représenté tantôt par un nègre, un *nain*, un *bouffon*, et tantôt par un *piédestal*, car Aden signifie tout ce qu'on foule aux pieds, *pauvre* ou *marchepied*.

Aden est la traduction exacte de l'*Atlas* grec ou du suppôt de l'univers qu'on représentait aussi, noir avec les traits d'un homme sauvage. On le donnait pour piédestal à la statue de Bal-Hamon, le dieu de la richesse, mais ce piédestal était une pyramide, et aussitôt monté dessus, Hamon le géant en était précipité par son rival Ashan (le noir ou le nain), dieu du nord-

---

1. Hébreu *rabah*, croître (NDLE).

ouest, que d'autres épigraphes nomment Lob-Bel (*le nègre en haillons*). Tous les peuples de l'antiquité le représentaient par une vieille savate (en grec *krèpis*), d'où notre saint Crépin. Il était le dernier degré de la mauvaise fortune ou de la mort, figurée sous les traits ignobles d'un satyre, d'un baladin de carrefour, ou d'un sauvage anthropophage. C'était le bouc émissaire que l'on mettait à mort après l'avoir fouetté, quand ce rôle n'était pas rempli par un esclave ou un étranger, et alors on le brûlait dans le piédestal de la statue de Bal-Hamon, car Aden-Lob veut aussi bien dire le *piédestal brûlant* que le *piédestal libyen*, ou bien on le faisait mettre en pièces, dans un cirque par une vache sauvage. C'était donc le dieu malfaisant par excellence, celui dont nous avons fait le diable moderne, et cependant il avait aussi une face bienfaisante comme principe de la richesse, qui lui succédait immédiatement, et c'est pour cela que nos enfants mettent encore, le jour de Noël, une savate dans la cheminée.

Comme dieu de la première aurore il était représenté sous les traits d'un jeune nègre et prenait le nom de *Shahar* qui veut dire le point du jour ; mais dans ce rôle aimable, il était le plus souvent remplacé par une déesse que nos épigraphes nomment *Oden*, en grec *Sybaris* ou *Teré*, qui veut dire *tendre, délicat*[2]. C'est la vierge noire de nos vieilles églises, la déesse des cryptes, *nigra sed formosa* et la mère du dieu que l'épigraphe de Thugga nomme *Kar paz*, (*l'agneau sans tache*) ; les nôtres lui donnent le nom de *Hel* (*celui qui monte* ou *l'enfant*).

Voici, d'après nos épigraphes, les noms locaux des quatre grandes stations solaires, à Utique.

Aden-Lob	*Nord*
Hel	*Est*
Hamon	*Sud*
Ashan	*Ouest*

---

2. Les Phéniciens proprement dits la connaissaient sous le nom de Tanit Onga, même signification.

Nous avons retrouvé toutes les représentations locales de ces divinités qui sont pour :

1. *Aden-Lob. — Un jeune nègre.*

2. *Hel. — Un enfant tenant un livre (sepher).*

3. *Hamon. — Un soldat mercenaire carthaginois.*

4. *Ashan. — Un vieux bouffon.*

La plus belle et la plus ancienne de nos statuettes à Hamon le représente avec l'armure de coton blanc qui lui faisait donner aussi le nom de Bitz (le blanc) et il porte sur les épaules son vainqueur Ashan sous la forme d'un chacal.

Les types féminins correspondants sont :

1. *Béka* ou *Oden,* déesse des larmes portant dans ses bras le dieu Hel riant. Elle est complètement drapée et surmoulée sur un type chypriote, ses emblèmes sont un *œil,* ou un *masque de femme qui pleure.*

2. *Ashéra* ou Anadyomène représentée nue et enveloppée de flammes sur les médailles de Malte ; c'est le soleil matinal sortant de l'eau et le phénicien joue sur le mot *Ash* qui veut dire flamme et femme.

3. *Astarté* plus communément nommée *Ab* (la grasse) ; elle a d'énormes seins et un gros ventre, et le bas du corps enveloppé dans une draperie qui indique qu'elle va se coucher.

4. *Tséphon* complètement drapée, plus souvent nommée *Ip matat* (Vénus au lit), la nôtre est surmoulée sur une *Estia* ou Vesta tanagrienne.

Ces quatre divinités sont résumées dans la magnifique Vénus Panthée nue du côté droit (ash-éra) et vêtue du côté gauche (tséphon) appuyée sur Aden-Lob sous la forme d'un piédestal ionien, et enlevant de sa main droite l'anneau entourant la cheville de son pied droit, signe d'esclavage et de purification. Sa tête est coiffée du disque de Palek, ou Hamon, qui lui a fait donner le titre de *pen Bal-Adar (face du principe de l'amplitude).* Cette composition absolument libyenne et contemporaine des plus belles médailles siciliennes ne le cède en rien à aucune de celles des Grecs et prouve que la Zeugitane a eu un art et des artistes nationaux du plus grand mérite.

Maintenant nous pourrions aborder le texte de nos stèles, si nous ne croyions devoir aller au-devant d'une objection qu'on ne manquera pas de nous faire. Gesenius, le prince des hébraïsants, cite dans ses Carthaginoises trois ou quatre stèles d'Utique et traduit par *vir vovens* les cinq lettres ASNDR[3], que nous lisons de six façons différentes pour le moins, suivant les lettres qui suivent, mais jamais *vir vovens*.

En effet, lorsque l'idée de vœu se trouve exprimée dans nos épigraphes elle est rendue par ZBD,ITN,NTN, *don*, ou par HML KTB (*écrit en l'honneur de la clémence*).[4]

La formule ASNDR désigne le quatrième dieu d'Utique, le nain ou le noir dans le cercle, sacrifié aux trois autres, sous la forme d'un *nain*, d'un *noir*, d'un *criminel*, d'un *étranger* ou d'un *bouc* qu'on faisait mettre en pièces par une vache sauvage (Astarté, la *Pasiphaé* des Grecs). Cette lutte avait lieu dans un cirque (DVR) ou dans le péribole d'un temple (MOQ). Telle est la formule la plus générale de nos épigraphes, lorsque l'offrande porte un nom masculin.

Lorsque l'offrande provient d'une femme, elle se rapporte au sacrifice du *Nédé* ou prostitution religieuse que toute fille devait subir à l'âge de la puberté, *pour réparer l'honneur de la déesse Béka, violée par le nain noir*. Voici le tableau des modifications apportées en ce cas à la formule précédente :

1. AS. ND. RA   *La femme qui a subi le Nédé*
2. AS. N D. RO   *L'associé au Nédé (l'amoureux)*

---

3. Hébreu *ish*, homme, *neder*, vouer. De fait, l'expression *as nadar* signifie simplement « vœu fait par », elle est donc très fréquente au début des ex-voto. L'auteur ne manque pas d'assurance, il contredit ouvertement Gesenius, malgré toute la considération qu'il lui porte (NDLE).

4. Hébreu *zebed, ethnah, nathan*, don, *katib*, écrit, *hemlah*, clémence (NDLE). L'auteur ajoute que KTB est quelquefois accompagné des suffixes M. V.

3. AS. ND. RB   *Celui qui a ajouté au prix du Néd*
4. AS.ND.RBO   *Celle qui donne le quart du Nédé*
5. AS. ND. DR   *Celle qui a repoussé le prix du Nédé*

Gesénius a lu *domino Hero Baali solari*, ce que nous lisons constamment au *pauvre Libyen*, à *Hamon enfant*, ou à la *pauvre Libyenne allaitant Hamon*. Notre lecture de ADN LB OL HMN est pleinement justifiée par les variantes ASN LB OL HMN (*le nain libyen, Hamon enfant*) et ODN LB OL HMN (*la délicate Libyenne allaitant Hamon*). Cette dernière divinité est définie : *la plainte qui s'élève du champ des morts* (NS AH MT), et ne peut pas être *notre Seigneur*, d'autant plus que Gesenius a mal lu et substitué une N à un V. Ailleurs il lit *Abd-Milkar*, ce qui est écrit *Abd-Mel-Rad* et *Ash-Nadar* (*vir vovens*), ce qui ne peut se lire que SK OR (ennemi mis en pièces).

Dans son essai de lecture de l'épigraphe bilingue de Thugga, il prend constamment les S pour des M ; aussi, bien que la copie d'Honegger soit à peu près exacte, il n'a pu en déchiffrer aucun mot, excepté le premier, et il n'a même pu reconnaître le nom d'Asthoret qui cependant est si lisible. [5]

C'est donc volontairement que nous nous écartons de l'opinion de l'illustre savant, lorsqu'elle s'appuie sur des lectures manifestement erronées et nous donnons, une fois pour toutes, la formule initiale de la plupart de nos épigraphes, collationnée sur plus de 80 stèles, parfaitement lisibles.

L · RBT · L · TNT · PN · BOL

V · L · ADN · LB · OL · HMN

ASN · DR

C'est celle qui indique le sacrifice du noir ou du bouc émissaire, offert par des hommes. Nous avons donné plus haut les différentes formules du *Nédé* ou sacrifice féminin, l'un et l'autre avaient pour but de désarmer la colère des deux divinités

---

5. Il faut renoncer à analyser cette querelle pour le moins fastidieuse, surtout sachant aujourd'hui que l'auteur s'est complètement fourvoyé (NDLE).

infernales. ASN, le nain noir, répondait aux signes zodiacaux du Scorpion, du Sagittaire et du Capricorne et ADN LB la *pauvre Libyenne* servant de nourrice et de piédestal à Hamon, la *statue solaire*, présidait au signe du Verseau, des Poissons et du Bélier. Elle était plus généralement connue sous le nom de *Béka* (grec *Myrrha*) la rosée.

Ashan était honoré par des victimes le représentant lui-même, telles qu'un vieux bouffon noir, un prisonnier de guerre, un malfaiteur, un bouc, des chrétiens et même des chrétiennes, ainsi que nous l'apprend le martyre de sainte Perpétue et sainte Félicité condamnées à être déchirées comme lui dans le cirque, par la *vache bourrue*[6]. Il résulte de la relation si curieuse de ce martyre que le patient était exposé dans un filet à la fureur de l'animal, mais il est probable qu'on devait lui accorder quelquefois le droit de se défendre et que c'est le *sacrifice d'Ashan Dor* qui a dû donner naissance aux courses de taureaux importées par les Maures en Espagne.

Il est question d'Aden dans presque toutes les inscriptions libyennes, c'était le Bacchus nègre qu'une épigraphe, rapportée par Gesenius, définit ainsi :

« *A Bal-Aden (le seigneur du piédestal), à l'ordonnateur des camps qui pousse des cris lugubres, au seigneur de l'écrasement, le Libyen qui a fait tomber Rome dans son pressoir.* »

Bal-Aden était le meurtrier de *Tammouz, amant d'Astarté*, ou le bouc, et lui-même était représenté par un ours (*dib*), roi du pays de *Resh* (*le pôle arctique*), aussi le livrait-on à Astarté, pour le déchirer. Le combat de l'ours et du taureau est resté classique jusqu'à nos jours.

L'ours attirait le bouc ivre dans le cuvier de son pressoir et l'y noyait ; il était ressuscité par le dieu de la vie, *Dô (le sentiment)*, qui tuait l'ours à coups de flèches, quand il ne périssait pas

---

6. Martyrisées à Carthage en 203 (NDLE).

sous les cornes d'Astarté. Une épigraphe du Louvre est dédiée
*« À Thô (l'ivrogne) qu'a retiré Dô, à la dame de l'abondance qu'enlèvera
de nouveau Dib, roi de la pauvreté. »*

Les Libyens du lac Triton avaient incarné dans ce personnage
farouche les nègres cannibales qu'ils avaient eu à combattre,
mais les Grecs le connaissaient aussi sous les noms de *Pélops,
Melanippos*[7] et *Hercule Mélampyge.*

Tout le monde a lu la légende de Pélops tué et dévoré ; son
nom veut dire face noire et on le mangeait tous les ans sous la
forme d'un chevreau de cette couleur ; on le mange même encore.

Il ne faut donc pas s'exagérer la cruauté ni l'immoralité des
anciennes religions ; sauf les prisonniers de guerre, trop souvent
traités avec la dernière barbarie, on ne sacrifiait que des
criminels, avec un appareil religieux analogue à celui des
modernes exécutions espagnoles. Le sacrifice d'Ashan a laissé
des traces partout et notamment à Rome où, au Moyen Âge,
l'on roulait un juif dans un tonneau du haut du Capitole,
barbarie qui fut remplacée par des courses de juifs à pied et
finalement par celles des *Barberi* aux frais du Ghetto. Chez les
Khonds de l'Inde et les nègres du Dahomey, il s'est conservé
dans toute son horreur.

Les Libyens lui avaient donné une forme particulière, celle
du supplice du Taureau, représenté chez les Grecs par le fameux
Taureau Farnèse[8], mais la légende du noir livré en expiation à
la déesse de la terre se retrouve aussi dans les textes cunéiformes,
où la déesse *Istar* donne un fantôme noir à la déesse de la nuit
Alilat, en échange de son amoureux *le fils de la vie*, que celle-ci
lui avait ravi.

« Nouah, dans la sublimité mystérieuse de son cœur, a pris une

---

7. Terme incertain (NDLE).
8. Il faut y joindre le non moins fameux taureau de Phalaris, fabriqué à
Agrigente ; les Grecs donnaient en effet à Atlas les traits d'un homme barbu
avec les oreilles et les cornes d'un taureau.

résolution, il a formé, pour sa sortie, le fantôme d'un homme noir.
« Va pour sa sortie, fantôme ! à la porte du pays immuable, présente
ta face. Que les sept portes du pays immuable s'ouvrent devant ta
face. Que la grande dame de la terre te voie et se réjouisse devant ta
face. Dans le fond de son cœur elle se calmera et sa colère se dissipera.
Prononce-lui le nom des grands dieux, etc. »

Le nègre se présente devant la dame de la terre qui est forcée de laisser partir le fils de la vie mais se venge sur le pauvre noir.

« Va maintenant, pour sa sortie, dit-elle ; que le grand geôlier te garde.
Les aliments que rejette la ville seront ta nourriture, ce qui coule des
égouts sera ta boisson. Les ténèbres de la forteresse seront ton lieu
d'exaltation, le conduit des eaux sera ta demeure. Que l'esclavage et
la misère frappent ta postérité. » (F. Lenormant, *Premières*
Civilisations).

Telles étaient les imprécations dont on accompagnait partout le bouc émissaire ou le signe du Capricorne, dieu des citernes, des égouts et des souterrains et représentant l'année écoulée prête à faire place à l'année suivante.

Il est à remarquer que, parmi les diverses significations du mot DVR au figuré, vient en première ligne celle de *periodus orbis, vitæ, annorum* (Génération).

L'habitude de faire périr Ashan dans un *cercle* ou *cirque*, a dû donner l'idée des combats d'animaux dans des espaces circulaires que les Grecs ne connaissaient point, tandis que nos épigraphes démontrent qu'en Libye cet usage existait au moins six siècles avant notre ère. C'est donc à l'Afrique que Rome les aurait empruntés.

La plus intéressante est la XXVIIIe qui se rapporte à la destruction de Carthage, 146 ans avant notre ère et fait mention de l'offrande d'un noir pour le cirque ; une autre nomme ce cirque, qui était celui de *Gab*, ou du Sud, dont on peut voir les vestiges sur notre carte, au midi de la ville.

Nous terminerons ce rapide aperçu en faisant remarquer, à

l'honneur des cités libyennes, que jusqu'ici nous n'avons trouvé à Utique aucune trace de ces sacrifices d'enfants que leurs parents jetaient eux-mêmes dans le piédestal enflammé de Bal-Hamon. Cette horrible coutume, que les Carthaginois avaient rapportée de Palestine, semble n'avoir pas été adoptée par les races indigènes.

	Fenicio		Púnico			Neopúnic[o]
	Monumental	Cursivo	Cartago	el-Hofra	el-Hofra63	
'						
b						
g						
d						
h						
w						
z						
ḥ						
ṭ						
y						
k						
l						
m						
n						
s						
'						
p						
ṣ						
q						
r						
š						
t						

Modèles d'écriture punique (NDLE).

I

Stèle de calcaire représentant au bas *Aden-Lob*, au-dessus *Samn* (le riche), figuré par un chapelet d'olives ; plus haut, Palek ou Hamon, sous la forme d'un caducée ; des deux côtés, des larmes figurant la déesse *Béka*. Puis un œil au-dessus d'un océan. Cet œil, comme nous le verrons plus loin, signifie procurer.

Il est probable que cet ex-voto constate un vœu fait pour obtenir de la pluie à l'aide de quelque noir déchiré par la *vache bourrue*.

II

Épigraphe tumulaire sur dalle carrée de pierre grisâtre. Elle contient les mots suivants :
« *Sépulcre d'Abd-Melkart, fils de Bal-Molok, fils de Melkart (han).* »

Il est à remarquer que Melkart ou Hercule, qui entre dans la composition d'une foule de noms propres ne figure sur aucune de nos épigraphes dans la liste des divinités d'Utique, où il est remplacé par *Aden le Libyen*. Utique était donc une ville essentiellement libyenne qui n'avait pas été modifiée par le renfort de colons qu'elle avait reçu de Sidon, et, malgré l'adoption de la langue phénicienne, elle était restée fidèle jusqu'à la fin à son origine et au sanctuaire gréco-libyen du lac Triton. Ceci nous explique pourquoi les Carthaginois traitaient avec les Romains au nom des Phéniciens et d'Utique.

III

Funéraire, marbre blanc. Il n'en reste que la dernière ligne :

« *Le misérable a dérobé le baume. Job (altéré), abreuve-toi.* »

C'est un fragment des célèbres fables libyennes. L'âme descendue dans l'Hadès se nommait *Job* (l'altéré) et devait dérober le baume fabriqué par Aden-Lob ou Atlas, gardien du jardin des Hespérides. Il lui était alors permis de boire à la source des larmes qui le ressuscitait.

IV

Toutes les épigraphes qui suivent sont gravées sur des stèles en forme de bûches à peine dégrossies (*bétyles*), plus ou moins bien conservées, décorées de signes hiéroglyphiques complétant la légende écrite. Celle-ci, qui est un calcaire fin, porte au bas un océan ou emblème du dieu Palek et au-dessus des oves et des dards (*Bitz-Séla*), que nous avons retrouvés sur un magnifique larmier de marbre du temple dans lequel nous avons découvert le dieu Sepher au pied de l'acropole. Cet océan est surmonté de l'œil de la déesse Béka, et les caractères sont de belle époque carthaginoise. Ces renseignements sont d'une extrême importance pour déterminer la date de notre statue de Bacchus Sepher qui semble être antérieure à l'ère chrétienne.

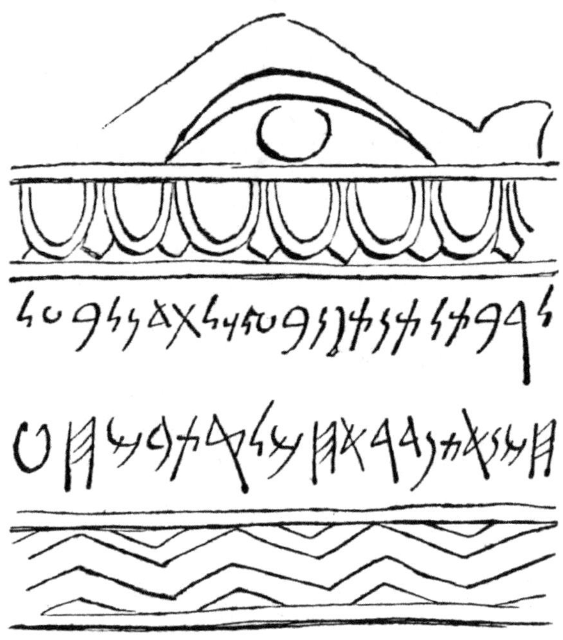

L'épigraphe est un peu effacée, mais très complète. En voici la traduction :

« À Rabat, à Tanit face de Bal.

« À Aden la Libyenne, allaitant Hamon.

« La femme qui s'est procuré le nédé,

« Hamal-Qat (servante de la clémence) sur la montagne de la purification. »

Cette montagne ne pouvait être que celle qui supporte l'acropole où devait se trouver le temple de Tanit et de Bal-Hamon, toujours situés sur les hauts lieux.

Ce qui est certain, c'est que c'est un témoignage non unique de l'offrande virginale que toute fille devait à Vénus, laquelle, en ce cas, était la déesse locale Béka, violée par le satyre Pim ou Ashan.

V

Au bas, le sceptre de Palek ; en haut, Aden-Lob ; très complète.

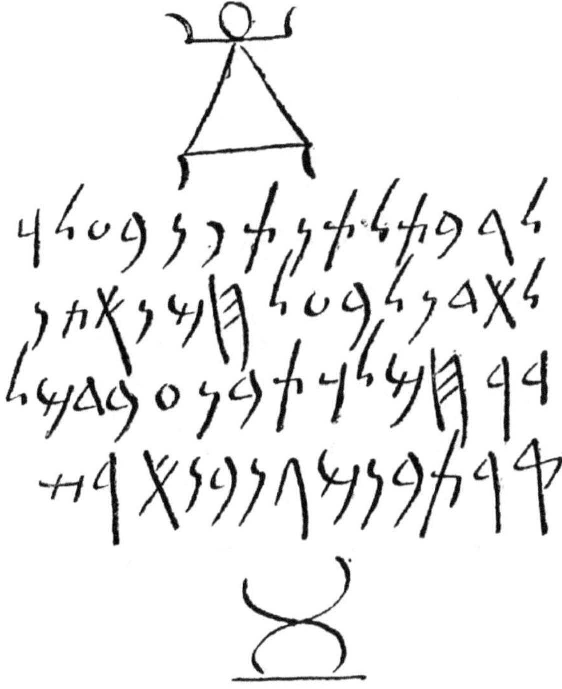

« *À Rabat, à Tanit face de Bal, et à Aden-Lob, portant Hamon, un noir pour le cirque.*
« *En témoignage de leur clémence, écrit par Abd-Melkart, fils de Magon, fils de Resh.* »
Magon signifie bouclier [9] et Resh, pauvre.

---

9. Hébreu *magen*, bouclier (NDLE).

VI

Au bas, un croissant ou *Sin*, symbole de prévarication ; en haut, Aden-Lob. Aussi complète que la précédente.

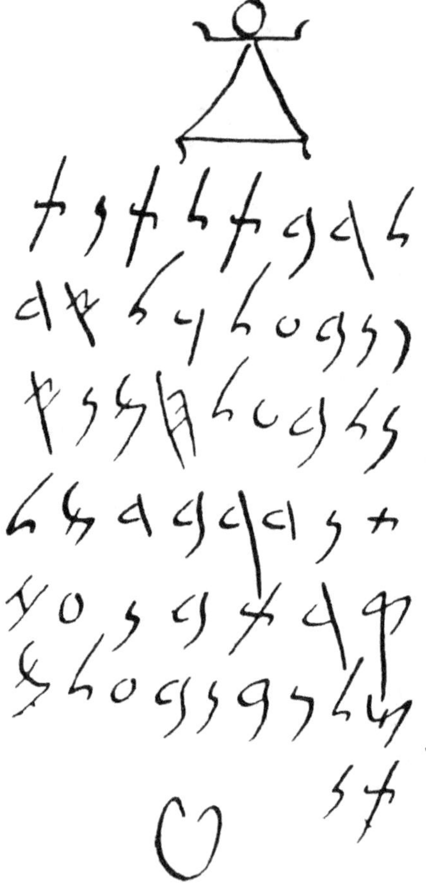

Même formule initiale. *Offert par Bod-Melkart, fils de Oz Malek (qui a pour roi le Bouc), fils de Bal-Matan (don de Bal).*

VII

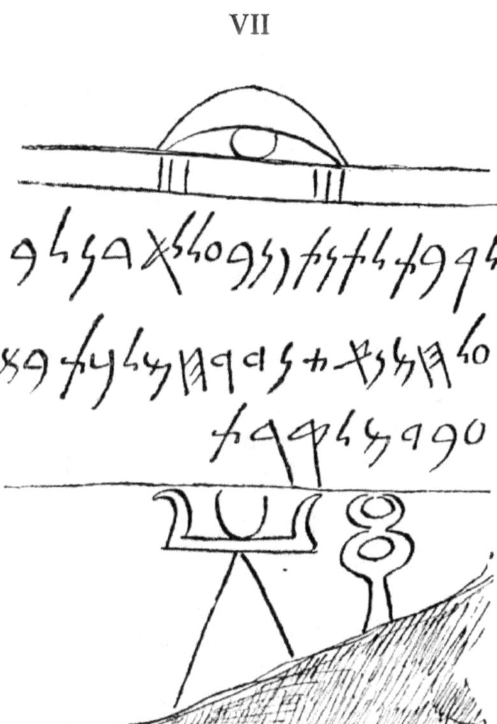

Au bas, Aden-Lob et le sceptre de Palek ; en haut, l'œil et les larmes de Béka. Complète, même formule. « *En témoignage de clémence, écrit par Abd-Melkart.* »

VIII

Légèrement mutilée, mais très facile à restituer. Au bas, Aden-Lob et le sceptre de Palek ; en haut, la paume d'un *dextrochère* (*kapa*), signe d'expiation. Elle commence par le nom d'Aden-Lob et doit provenir du temple de cette divinité.

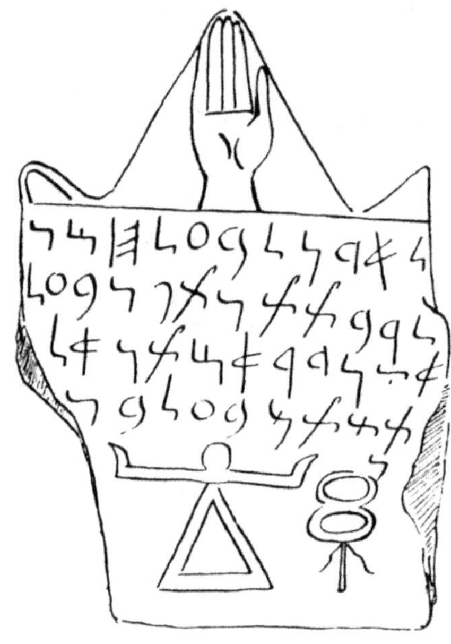

« *À Aden, la Libyenne allaitant Hamon, à Rabat Tanit face de Bal,*
    « *La femme qui s'est procuré le Nédé. Matan-Al…, fille de* Stam-Bal, *fils de… n.* »
Il est probable que le nom de la femme était *Matan-Alon* (*don du térébinthe*), fille de Stam-Bal (qui voit Bal), fils de *Han* (l'Occident). [10]

---

10. Hébreu *alon*, térébinthe, *yam*, occident (NDLE).

IX

Formule initiale légèrement mutilée.

« *À Rabat, à Tanit, etc.*

« *La femme qui a réuni le prix du Nédé. Matan-Bal, fille d'Abd-Eshmun, à Béka ils ont dédié cet écrit en témoignage de sa clémence, Eshmun le leur avait imposé.* »

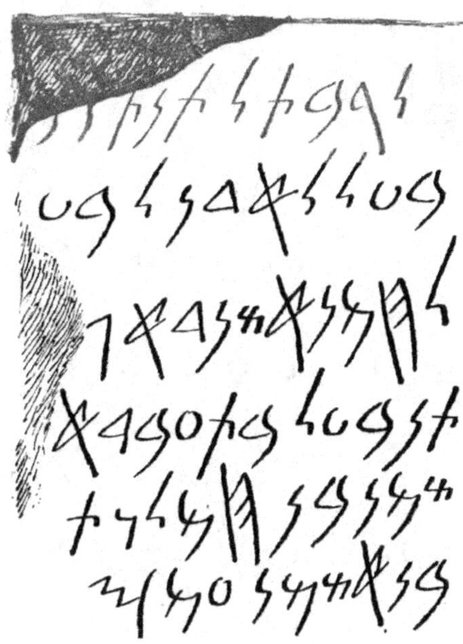

Cette épigraphe est encore plus affirmative que les autres, car au lieu de ‏אר‎ (*procuravit*) il y a ‏רגא‎ (*collegit*) et de plus le nom de la déesse Béka qu'il s'agissait d'apaiser.

X

Formule initiale à peine mutilée, même sujet
« *À Rabat, etc.*
« *La femme qui s'est procuré le Nédé. Natan-Bal fille d'Abd-Eshmun ;
à Béka, ils ont dédié cet écrit en témoignage de sa clémence, Eshmun
le leur avait imposé.* »

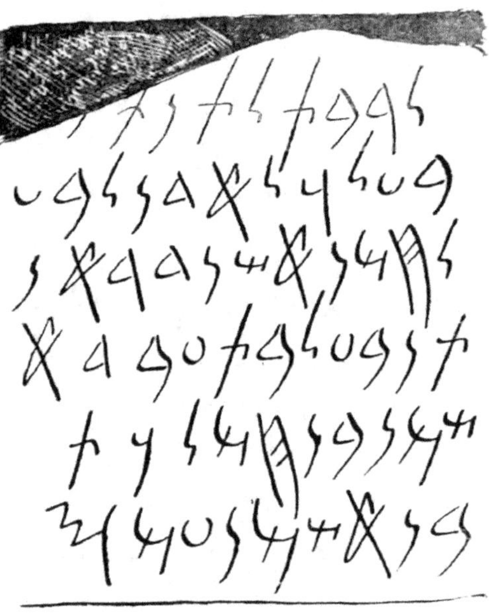

Natan-Bal et Matan-Bal veulent dire également don de Bal,
étaient-elles les deux sœurs ? Le nom du père est le même et
les deux épigraphes sont de la même époque.

XI

Mutilation initiale insignifiante ; même sujet, mais Bal-Hana moins pieuse que les précédentes, n'offre que le quart du prix de la prostitution, *pour renouveler l'honneur de Béka* (רברנחל).

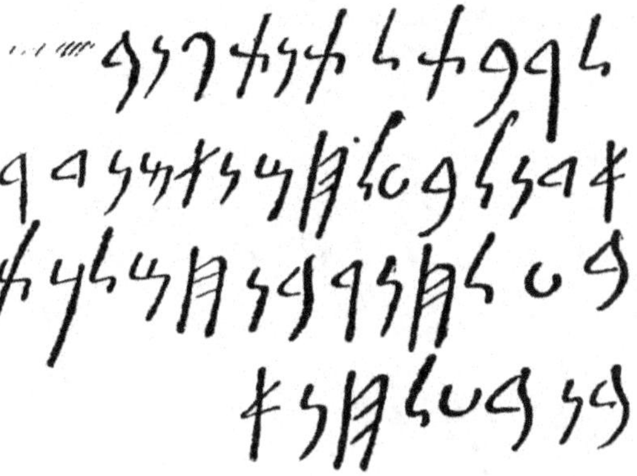

Ce motif singulier apparaît pour la première fois. Béka (la Myrrha des Grecs) était une vierge condamnée au viol à perpétuité. C'était donc pour lui rendre l'honneur que toutes ses sectatrices devaient vendre le leur, afin de n'avoir rien à lui reprocher.

XII

N'y avait-il aucun moyen de se soustraire à cet immonde sacrifice ? Il semblerait d'après l'épigraphe suivante qu'il était permis de s'en racheter en offrant le prix aux dieux. Toute la formule initiale manque, mais la fin en est très complète et très lisible et est écrite en grands caractères sidoniens du VIe siècle. C'est donc la plus ancienne de toutes nos épigraphes.

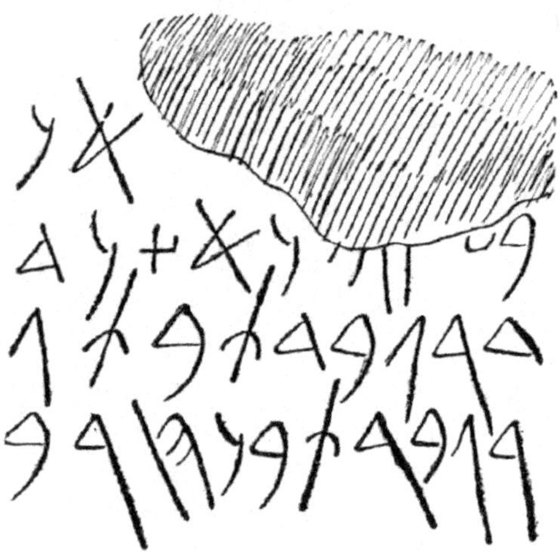

« *À Rabat, à Tanit, etc.*
« *La femme qui a repoussé le prix de la prostitution, Gab-Dath, fille de Gar-Gabrat, fils de Harb.* »
Gab-Dath signifie qui a *pour loi l'orgueil*, le père se nomme Gar-Gabrat (*qui a pour dame l'étrangère*), fils de Harb (le sec) [11]. Il est probable que cette famille était étrangère et originaire de Gabès.

---

11. Hébreu *gevah*, orgueil, *hareb*, sec (NDLE).

XIII

Il devait y avoir, d'ailleurs, une autre façon d'atténuer ce qu'il y avait de profondément humiliant dans ce sacrifice : c'était de livrer la patiente à son fiancé. C'est ce qui semble résulter de l'épigraphe suivante où c'est l'amoureux (‏ער‎) qui consacre lui-même le prix du Nédé.

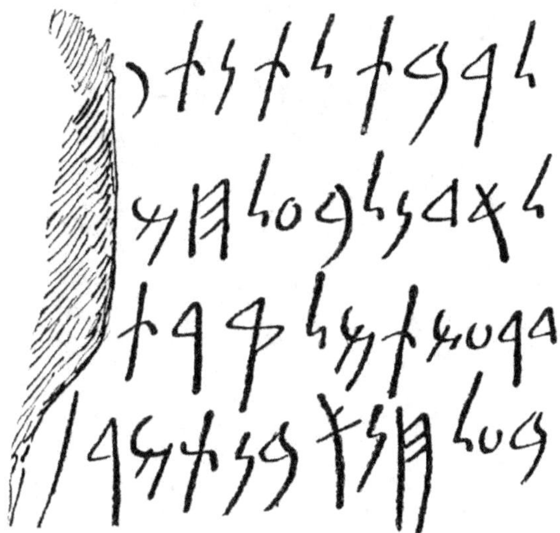

On peut la traduire ainsi :
« *A Rabat, à Tanit, etc.*
« *Associé à la femme pour le Nédé, Set-Melkarth, fils de Bal-Hana, fils de Tamar.* »
Tamar veut dire palmier, les autres noms sont connus.

XIV

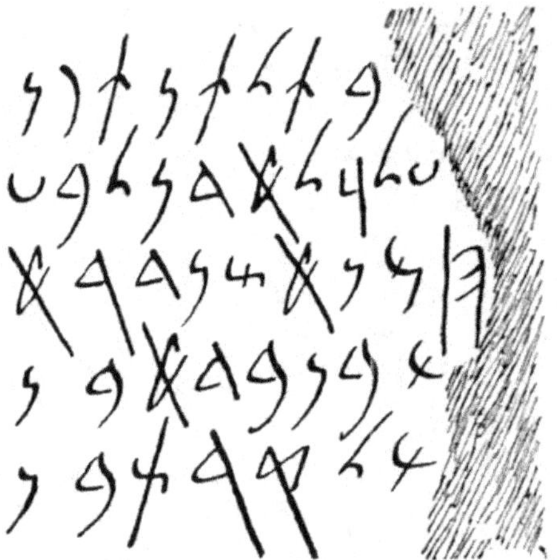

Formule du sacrifice du noir pour le cirque, offert à *Alam Béka*
(*Béka abandonnée*) par *Bod-Ebène* (*serviteur du
Noir*), fils d'Abd-Melkart, fils de…

XV

Même sujet ; le donateur, dont le nom est mutilé, se nomme
Abd… a, fils d'Han-Bal.

XVI

Même sujet ; le donateur se nomme Bod-Melkarth, fils d'Oz-Rab-Hal (*la chèvre qui allaite Rab*) [12], fils d'Hana-Bal (Annibal).

XVII

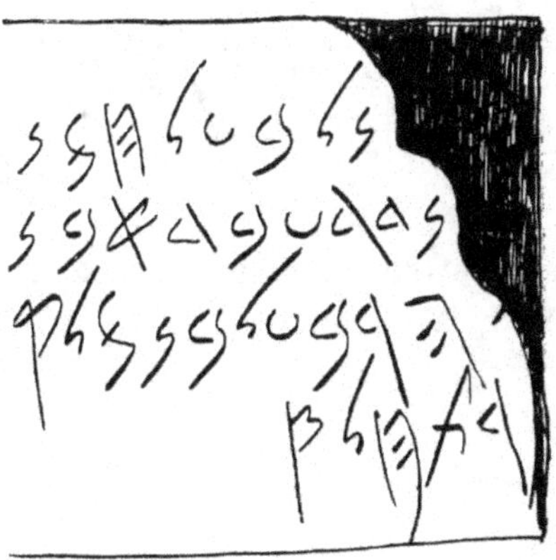

Même sujet ; le donateur se nomme Bod-Eben (serviteur de l'ébène, ou nègre), fils de Mer-Bal (récompense de Bat), fils de Melkart-Halatz (libérateur).

---

12. Hébreu *ez*, chèvre (NDLE).

XVIII

L'épigraphe suivante n'est remarquable que par le fouet (שוט)
surmontant le piédestal (ודא), qui donne en hiéroglyphes le
nom du roi de *Thugga, Sathaden* ;

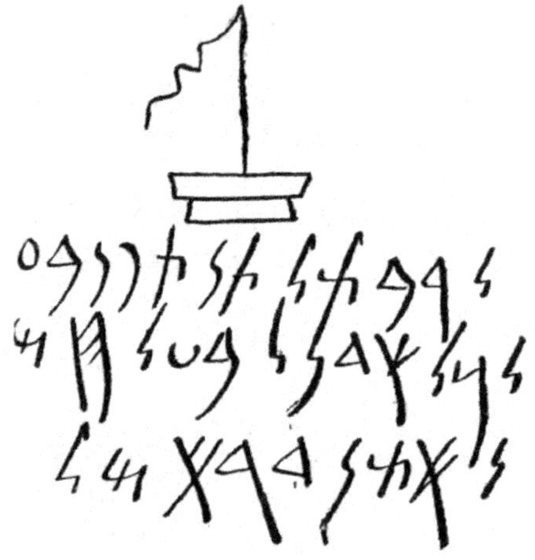

elle est relative à une offrande du prix de la prostitution, mais
le nom de la femme a disparu.

XIX

Même sujet, dont la formule initiale est mutilée ; mais la partie finale, très développée, annonce que le prix de la prostitution a été offert par Matan-Bal, fille d'Adar-Bal, fils de Melkart-Haltz, fils d'Av-Puth (*qui désire Puth* ou *l'affliction, nom de l'Afrique occidentale*), fils d'Adar-Bal le Suffète.

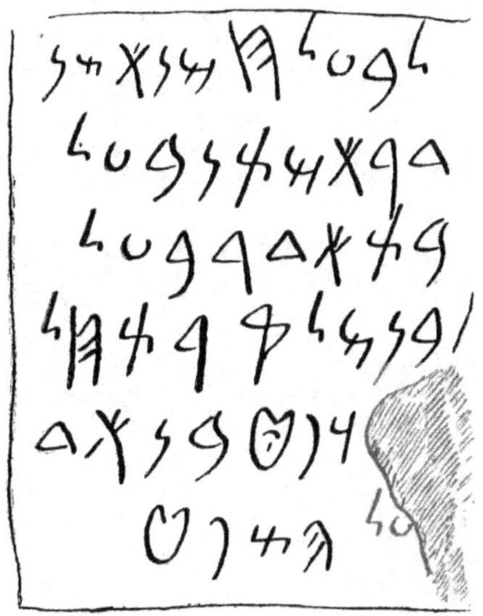

Cette jeune fille est si bien apparentée qu'il est à supposer qu'elle s'était rachetée à prix d'argent du sacrifice dû à la déesse Béka.

XX

La fin de cette épigraphe manque, pas de nom propre. Très intéressante néanmoins, parce que c'est l'offrande (*Zebd*) d'un associé au Nédé, à Ol-Béka (*Béka allaitant*).

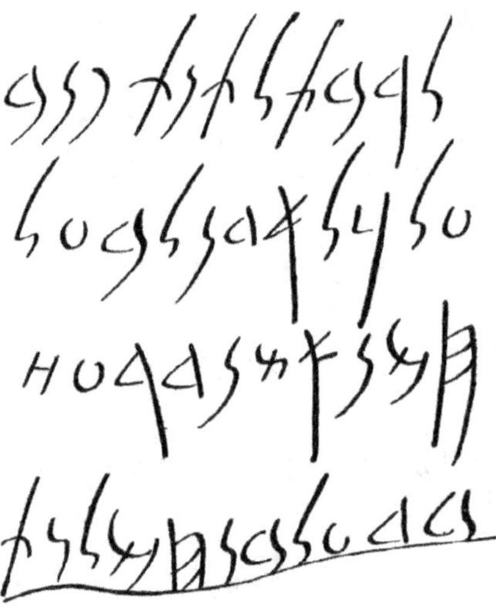

XXI

La fin et le commencement font défaut. Offrande d'un Suffète, fils de…

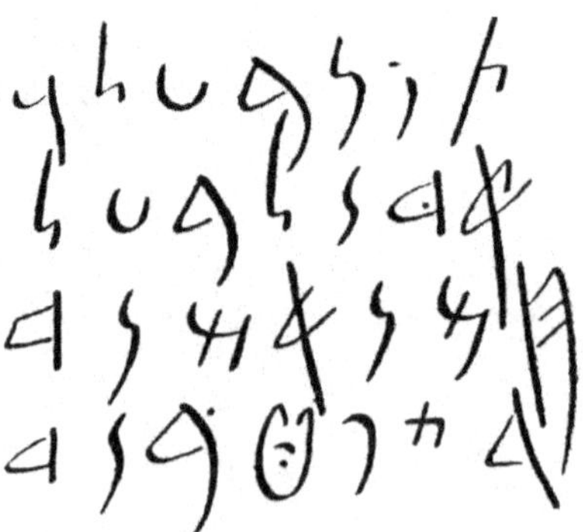

XXII

ASN. DR. GD. OSTRT. BK. ME. Cette lecture est fournie par la comparaison de cette épigraphe avec celles sur le même sujet qu'ont recueillies Gesenius et l'abbé Bourgade.

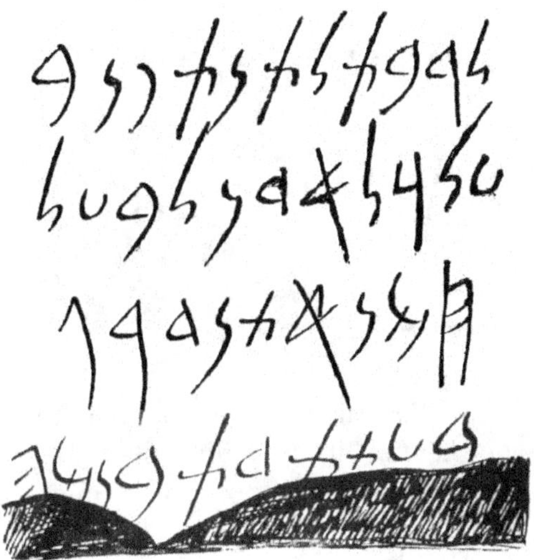

Il faut traduire: *un noir dans le cirque, déchiré par Asthoret (la vache bourrue) pour la dot de Béka, autrement dit: pour l'achat de la pluie.* (BK. MER).

XXIII

Même sujet. Le sacrificateur se nomme Matan-Ebra (don de celui qui donne la vue), fils du Suffète, fils de Bal-Hon.
Au-dessous se voit encore une portion du simulacre d'Aden-Lob.

XXIV

Même sujet. Formule initiale très mutilée, mais fin complète et curieuse ; aussi nous en donnons la restitution entière :
« *A Rabat, à Tanit face de Bal.*
« *Et à Aden le Libyen, à Hel, à Hamon.*
« *Un noir que An (la mugissante) a poussé dans le cercle.*
« *Abd-Açaç (serviteur de celle qui piétine), serviteur de la fille qui fait peiner le bouc dans le péribole.* »

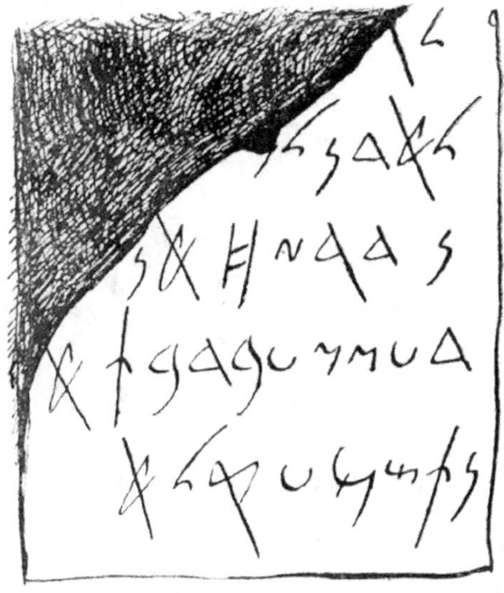

Ici l'événement semble se passer dans le péribole d'un temple d'Astarté dont Abd-Açaç était le pontife, et Ashan devait être représenté par un bouc. La fille doit être la déesse Béka; son histoire est celle racontée tout au long dans la Bible sous les noms de Judith et Holopherne. Violée par un vieil ivrogne, elle profite de son sommeil pour lui trancher la tête qu'elle emporte dans un sac. Cette tête est le soleil.

Dans d'autres légendes, les sexes sont intervertis; c'est un jeune homme qui doit subir les caresses d'une sorcière et profite de son sommeil pour lui trancher la tête. On a alors la légende de *Bellérophon* et de la *Chimère*, celle de la *Dircé* du taureau Farnèse, ou celle de la *Gorgone*, mais il est à remarquer que Chimère veut dire chèvre, et que c'était bien la femelle du bouc libyen ou *Tish*.

XXV

Même sujet. Presque complète, mais moins intéressante.
L'officiant se nomme Hana, fils de Bal-Hana.

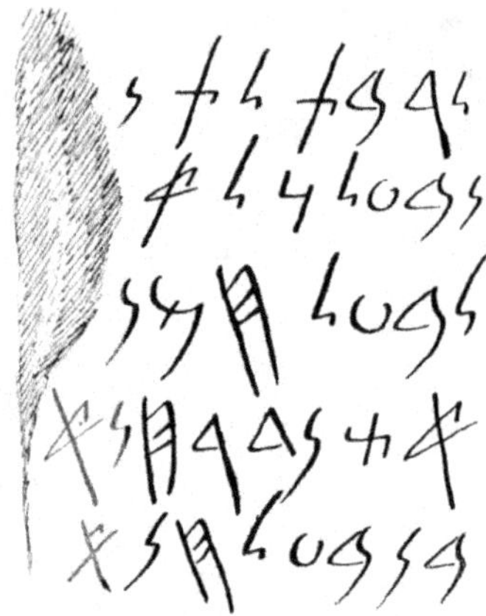

XXVI

Même sujet. Au bas, un croissant, ou Sin, signe de prévarication.
La formule finale est : *Don de Ad (l'unique), fils du Suffète.*

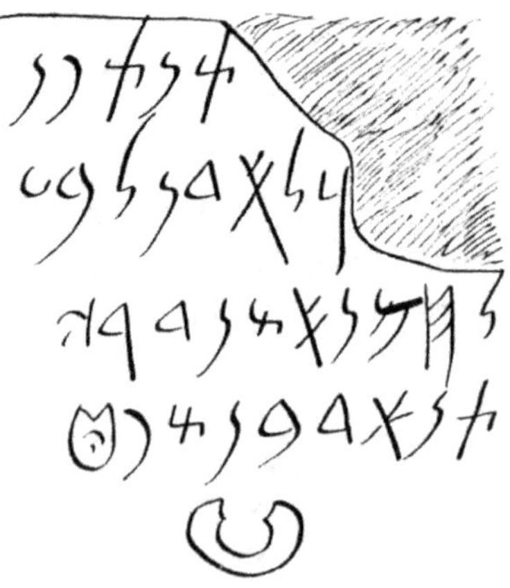

XXVII

Même sujet ; la fin manque.

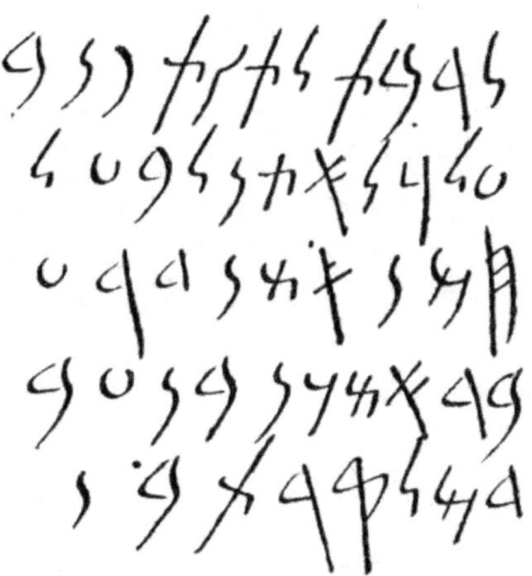

L'offrande du noir pour le cirque est d'*Abd-Ashun (fils du noir)*, *fils d Abd-Melkarth, fils, etc.* Mais tout l'intérêt de cette épigraphe est dans la substitution du nom d'ASN à ADN LB, preuve évidente que Gesenius a eu tort de traduire ADN par seigneur.

XXVIII

Cette épigraphe est malheureusement mutilée, mais pas assez
pour ne pas pouvoir être restituée dans son entier avec une
grande certitude, et elle en vaut la peine, car nous la croyons
unique dans son genre, comme faisant allusion à la destruction
de Carthage. C'est l'action de grâce d'un citoyen d'Utique qui
y a contribué. Nous avons indiqué dans la partie mutilée les
lettres qui manquent [13]. Il n'y a d'incertitude que pour le verbe
dont il ne reste que le *samek* final. Mais cette lettre est décisive
par elle-même, car tous les verbes qu'elle termine renferment
l'idée de *fouler aux pieds*.

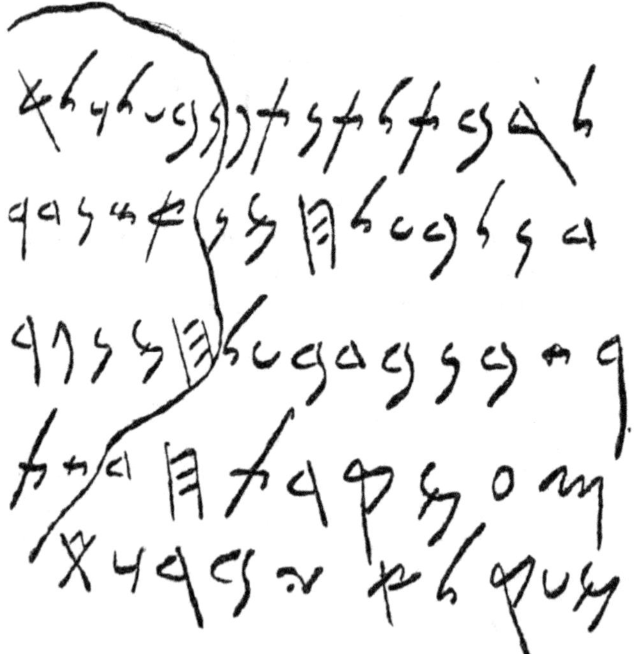

---

13. Les lettres restaurées sont celles qui se trouvent à gauche de la cassure
de la pierre.

Voici notre traduction :
« *A Rabat, à Tanit, face de Bal, à Aden le Libyen, à Hel, à Hamon, un noir pour le cirque.*
« *Resh fils de Bod-Bal-Hamon avec lui a broyé dans la poussière la perverse Carthage. Qu'il en soit loué ! »*
Resh signifie pauvre. Nous avons adopté le verbe סגר qui signifie broyer, mais on pourrait tout aussi bien prendre פסע, qui se traduit par fouler aux pieds. Nous avons vu par une des Numidiques de Gesenius qu'Aden ou Bal-Aden était le *dieu ordonnateur des camps, qui pousse des cris lugubres, le seigneur de l'écrasement, le Libyen qui a fait tomber Rome dans son pressoir,* Resh s'honore de l'avoir aidé à détruire *Kart-Hadeshat,* dont la domination avait toujours été odieuse aux villes d'origine libyenne ; et même nous ne pouvons voir qu'un acte de mépris dans l'emploi de ce nom de Kart-Hadeshat, car nous avons examiné soigneusement les légendes des médailles prétendues sidoniennes contenant les noms de *Cambé* et de *Caccabé,* dont parle Movers. Pour sidoniennes elles ne le sont point, car l'une d'elles porte au droit une tête tourelée avec les deux lettres grecques MA, tandis qu'une autre les remplace par une torche MAVRT emblème probable de *Marathus.* Au revers se voit un gouvernail emblème d'alliance, et la légende dont Gesenius a recueilli une foule de spécimens. *Aux Sidoniens du peuple de Caccabé (alias Cambé), la Tyr de la mer de Kot (obscurcissement)* ; il est impossible de désigner plus clairement Carthage.

XXIX

La formule initiale manque, mais la fin est complète et curieuse :
« *Hana fils de Ham a écrit ce témoignage de clémence, à la montagne
de Kot (obscurcissement), dans sa propriété d'Alam-Mot (le silence
de la mort)* [14], *où il a fabriqué un moulin.* »

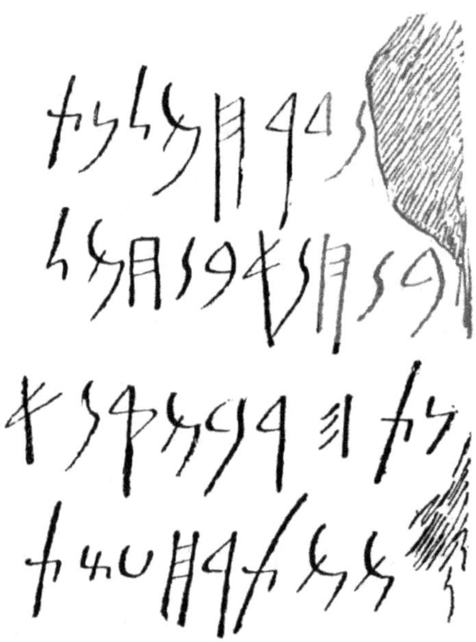

Ce citoyen d'Utique avait donc une propriété dans le voisinage
d'un cimetière et y avait établi un moulin, car on avait l'habitude
de les reléguer, ainsi que les pressoirs, dans le voisinage des
nécropoles.

---

14. Hébreu *alam*, silence, *muth*, mort (NDLE).

XXX

Cette épigraphe est surmontée d'une fleur (ɔʏ) qui signifie absolution ; elle est assez bien conservée et se rapporte à un personnage du nom de Matan, fils d'Og (le cuisinier) ; lequel avait cru devoir augmenter le prix de la prostitution d'une personne qu'il ne nomme pas.

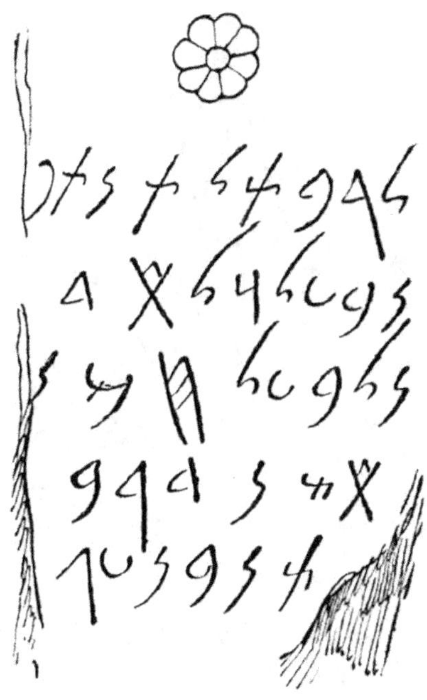

XXXI

Cette épigraphe, très courte, est surmontée d'un *dextrochère* ou *Capa*, signe d'expiation. Le sujet n'est pas le même que celui des précédentes, mais la dernière ligne est tellement mutilée qu'on n'en peut deviner que les deux derniers mots : *Fils de Ragaç*, non connu. Elle se recommande néanmoins par une variante de formule qui nous engage à la donner.

Elle est ainsi conçue : LRBT, LTNT, PN BOL ADR, LBOL HMN. « *À Rabat, à Tanit face de Bal-Adar, à Bal-Hamon.* » Pen Bal-Adar (*face du principe de l'amplitude*) est l'exacte traduction du grec Εὔρ-Ὤψ [Eur-ôps], la nymphe Europe [15] était donc la même divinité que *Tanit pen Bal-Adar*, ou la déesse du sud-est.

---

15. En grec, Europe veut dire « large face » (NDLE).

XXXII

En haut un œil, signe de Raha ou de procuration. La fin manque et n'est expliquée que par l'épigraphe suivante :

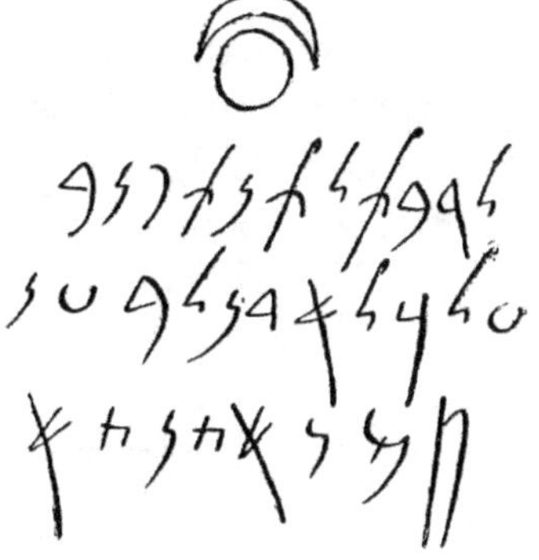

XXXIII

Mutilée, mais nous avons retrouvé la formule initiale de cette épigraphe dans une autre qu'à cause de sa mutilation, nous n'avions pas d'abord jugé digne d'être publiée en original. Un second examen nous a fait regretter cette exclusion, car au lieu d'ADN, on y lit ODN, traduction du grec *sybaris*. Voici la transcription de cette épigraphe en lettres latines :

LRBTLTNT
PNBOLVLO
DNLBOLHM
NNSAHMT

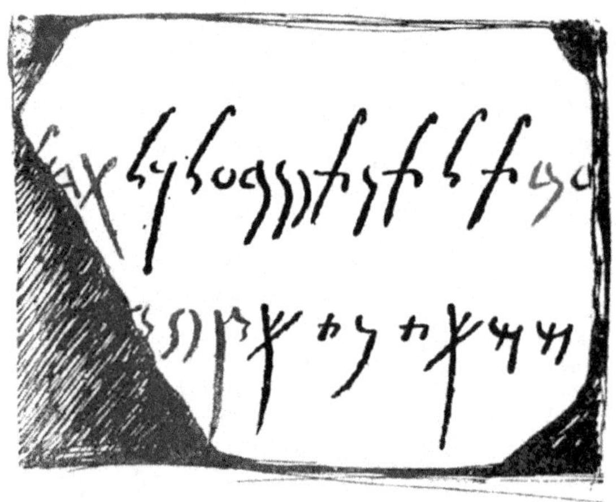

Ce qui doit se traduire : « *À Rabat, à Tanit face de Bal et à Oden la Libyenne, allaitant Hamon, la plainte qui s'élève de la mort.* » Cette formule, si différente des autres, se continue dans notre épigraphe XXIII : « *A la femme qui s'élève des eaux et se cache dans la citerne.* » Nous avons donc le cercle solaire tout entier, représenté par les aventures de la déesse Oden ou Eden, plus connue sous le nom de la *femme nue* (*Ashéra*), mais nous ignorons s'il s'agit d'un *nédé* ou de tout autre sacrifice.

XXXIV

Toutes les épigraphes suivantes sont des fragments. On lit dans celle-ci à la suite de la formule initiale *Hana-Bek* (*grâce de Béka*), et à la ligne suivante le commencement du nom Abd-Melkart.

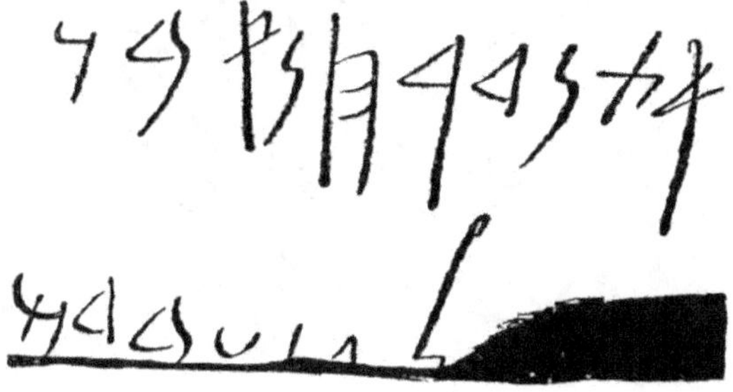

XXXV

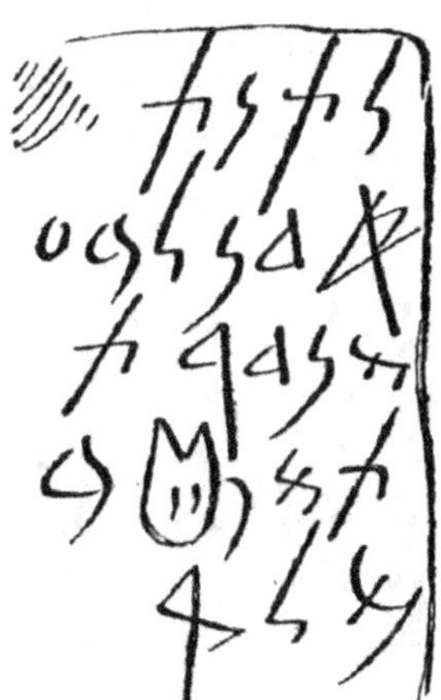

Si mutilée que soit cette épigraphe, on y lit que le prix du nédé a été acquitté (קתר) par la fille d'un suffète du nom à d'Abd-Moloch.

XXXVI

Fin d'épigraphe. On y lit *Ham-Nak (mort de Ham), fils d'Abd-Eshmun, fils d'Abd-Melkart*. Au bas le signe d'Aden-Lob.

XXXVII

Fragment relatif à un sacrifice à Vénus ; un seul nom est lisible : *fils d'Ad*.

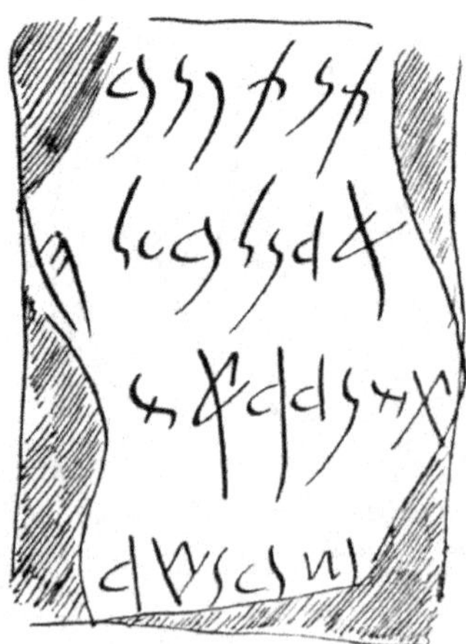

XXXVIII

Fragment. *Matan-Bal, fils de Av-Ipé (qui désire Vénus).*

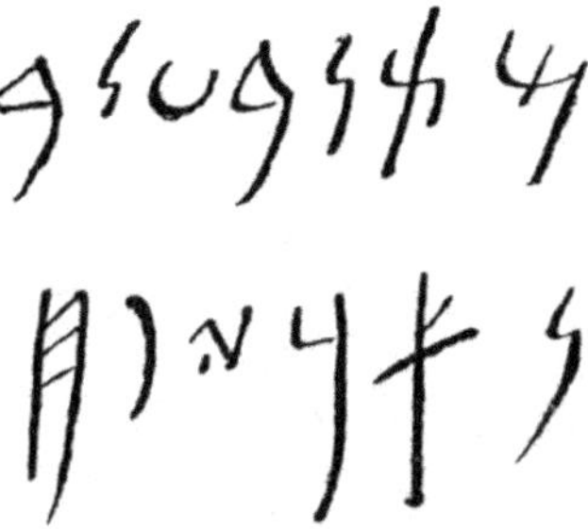

XXXIX

Fragment. *Shet-Ret (l'échauffé qui boit)* [16]*, fils de Magon.*

---

16. Hébreu *shatah*, boire, *ritah*, chauffer (NDLE).

XL

Nous ne rapportons cette épigraphe qu'à cause du gouvernail dont elle est surmontée (טוש) *shot*; il exprime l'idée de voyage et surtout de traité d'alliance.

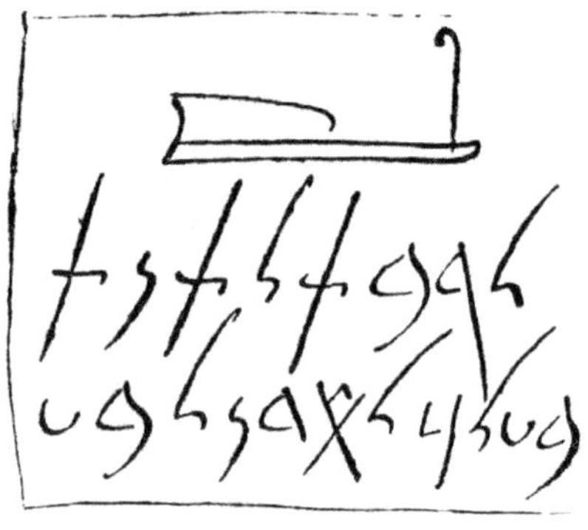

XLI

Nous n'insérons cette épigraphe qu'à cause du *dextrochère* présentant la paume ouverte; au-dessous se trouvent sept groupes de lignes verticales, composés chacun de trois lignes, ce qui donne les nombres 3, 7, 20, 1. On sait que la doctrine de Pythagore était fondée sur la vertu des nombres. Cette doctrine devait avoir été empruntée aux Phéniciens, car dans leur langue tous les nombres jusqu'à dix ont une signification définie correspondant aux attributions des cabires. Les nombres pairs sont heureux, et les nombres impairs malheureux, sauf le nombre 1, *Resh*, qui, bien qu'étant la pauvreté, est le principe de la multiplication, ou de la richesse.

Trois ou *shalesh* veut dire *la femme qui dort*; 7 ou *sheboa*, *qui torture le captif*. Le nombre 20 se compose de deux fois dix, ou *ashar shen*. *Ashar* veut dire riche, et *shen* signifie refaire, changer. Le nombre 1 se dit *resh*, qui veut dire aussi pauvre. Donc, en phénicien, 3, 7, 10 x 2, 1 doit se traduire *Shal, esh, sheboa, ashar, shen, resh* (שאר ןש רשע העבש שלש).

« La femme tranquille (la Mort) qui torture le captif, refait du pauvre un riche. » [17] C'est la formule de la purification par la mort, fond de toute la religion libyenne, et elle était condensée dans ces nombres mystiques qui devaient se répéter sur les nombreux chapelets d'olives terminés par une tête de nègre que nous avons exhumés dans la nécropole.

---

17. Grasset trouve ici l'occasion d'agencer une phrase dans le style du grimoire français, qu'il a longuement étudié (voir à ce sujet plus spécialement la préface du *Double Langage de Rabelais*, chez le même éditeur). Trois se dit *shelosha*, sept, *shiba*, dix, *asarah*, deux fois, *sheneh*, premier, *rosh*. Le rébus hébreu se décompose donc ainsi : *shalvah*, tranquille, *ishsha*, femme, *shabah*, captif, *ashar*, riche, *shanah*, changer, *rush*, pauvre. Le mot pour « torture » a du mal à y trouver sa place, mais il existe *shebar*, blesser, meurtrir, qui allitère avec *shabah* ; on aurait alors en quelque sorte deux fois 7 (NDLE).

PLANCHES

Il nous a paru inutile d'intercaler des numéros dans nos planches. Lorsqu'elles contiennent plusieurs figures, nous en donnons l'explication en commençant toujours en haut à gauche ; d'ailleurs le petit nombre et la variété des figures rendent toute confusion à peu près impossible.

PLANCHE I

La statuaire et l'usage de l'écriture proprement dite semblent d'importation très récente à Utique. Aucune de nos épigraphes ni de nos statues ou statuettes, ne remonte au-delà du Ve siècle. Les fouilles du docteur Schliemann ont cependant démontré que l'alphabet cadméen était connu des Grecs au moins quinze siècles avant notre ère, mais on ne l'employait guère qu'à composer des prières de trois ou quatre mots, et dans les fouilles de Mycènes on n'a trouvé aucune inscription. Le peu d'indications nécessaires à ces communautés primitives étaient données par des enseignes blasonnées, semblables à celles dont nous nous servions au Moyen Âge. Les Grecs les nommaient Odioi ; c'étaient généralement des Hermès ou bornes, avec certains hiéroglyphes, indiquant aux passants leur direction. Ainsi, chez les Romains, sept bœufs (septem triones) marquaient le nord ; et lorsque nous employons le mot septentrional, c'est comme si nous disions : du côté des sept bœufs. Le blason est un genre d'écriture si naturel à l'homme, qu'on l'a retrouvé en Amérique employé de la même façon que dans l'ancien monde. Les Grecs l'avaient réservé pour leurs mystères et lui donnaient le nom de langue des dieux. Les règles du blason grec ont été

entièrement retrouvées, grâce au déchiffrement du syllabaire gréco-chypriote, et nous croyons que celles du blason sémitique n'ont jamais été perdues, car il existe encore chez les Arabes ; d'ailleurs l'alphabet phénicien n'est lui-même qu'un véritable blason, puisque toutes ses lettres répondent à des figures déterminées et n'ont jamais perdu leur caractère hiéroglyphique.

Le blason grec est plus compliqué, mais les auteurs anciens nous ont laissé l'explication de quelques-uns de ses hiéroglyphes et notamment de l'Amour ailé, que Platon traduit Pterotas, ce qui veut dire le corruptible, ou le périssable [1].

Les quatre Amours de notre planche I sont des Pterotas grecs, fabriqués à Utique antérieurement aux statuettes de composition libyenne que nous donnons plus loin. Ils sont remarquables par un ornement que l'on ne retrouve jamais sur les divinités libyennes, c'est l'ampyx ou toupet en usage chez les Grecs, aux VIe et Ve siècles avant notre ère, et par l'oiseau que tous devaient porter à la main (Ker-ptos) [2] qui donne le nom de la déesse infernale Krypté, Carybde ou Gryphos, plus souvent représentée par une savate (Krèpis). Si l'on réunit ces trois particularités, on lit la formule suivante : Krypté Pterot' amphyké.

« La cachée a fait renaître le périssable. » [3]

Ce n'est que la moitié de la formule, car en récompense de ce service Pterotas enlève Crypté pour la vendre, mais le reste a disparu.

L'enfance et la décrépitude de l'art se ressemblent, et ces Pterotas pourraient appartenir à la plus basse époque romaine si leur ampyx caractéristique ne leur donnait une date certaine.

---

1. En grec, phthartos, corruptible (NDLE).

2. Grec kheïr, main, et racine pet-, voler (ex. ptas, volant, NDLE).

3. Kryptè signifie bien caché. Amphyké est douteux, on pourrait y voir une contraction d'anapephyké, il fit renaître, mais cette forme n'est relevée nulle part (NDLE).

PLANCHE II

Les 12 figures de cette planche, bien que l'une d'elles vienne certainement de Grèce et que d'autres soient surmoulées sur des types grecs, représentent toutes des divinités essentiellement libyennes et locales, dont voici l'énumération.

1. Tête de vache ou Asthoret (la vache bourrue).
2. Oden-Lob, la petite Libyenne, surmoulée sur un type de Tanit onga de Citium (Chypre).
3. Ashan Dor, type très énergique essentiellement local du nain bouffon, que les Grecs nommaient Khrémès ou le pauvre. [4]
4. Tanit pen Bal-Adar ; malgré sa pureté hellénique, ce type est essentiellement africain et ne se retrouve pas ailleurs.
5. Aden-lob ou le piédestal libyen représenté sous sa forme la plus élémentaire, un piédestal à deux gradins.
6. Oden-lob surmoulée sur un type italien.
7. Tanit pen Bal-Adar surmoulée sur un type de Citium.
8. Ol-Hamon ou le soleil naissant, type indigène.
9. Charmant type indigène d'Oden la Libyenne.
10. Bacchus nègre, couronné de lierre ou Aden-Lob d'Utique. Ce spécimen de la plus belle époque de l'art hellénique a été fabriqué en Grèce où cette divinité était honorée sous une foule de noms dont le plus connu est celui de Kélas

---

4. Grec khrèmè, privation (NDLE).

ou Gélas (le noir). Son hypostase féminine, Aden la Libyenne, que les Grecs nommaient Abra (la mignonne) [5], est encore adorée dans les Indes sous le nom de Kali (la noire).

11. La déesse des larmes ou Béka, la même que la précédente, sous la forme d'un masque tragique fabriqué à Utique, mais évidemment imité d'un type grec.

12. Ob-Dol ou Astarté vieille, femme du nain Ashan Dor et sa vengeresse. Ce type semble être emprunté à l'Italie.

---

5. Grec kèlas, sombre, abra, jolie (NDLE).

PLANCHE III

1. Oden la Libyenne portant le dieu qu'elle allaite et dont elle est le support (Hamon enfant). Le même type se retrouve à Citium. Utique le lui avait-il emprunté ou bien était-ce le contraire ? Il faut probablement se décider en faveur de Citium, où la statuaire a été cultivée plus de dix siècles avant que les Grecs proprement dits n'eussent renoncé aux théories iconoclastes qui semblent avoir également prédominé en Libye.

2. Composition essentiellement libyenne, contemporaine de celles de Tanagra et représentant toutes les phases de la déesse solaire Ashéra ou Rahat-Tanit-pen-Bal-Adar, que les Grecs connaissaient sous le nom d'Europa. Nous n'avons pas à revenir sur la description que nous en avons donnée page 194 (cette page est celle de « 2. Ashéra ou Anadyomène représentée nue et enveloppée de flammes sur les médailles de Malte »). Nous empruntons à une épigraphe rapportée de M'Deina par M. de Sainte-Marie une légende un peu plus développée que les nôtres de la déesse du rajeunissement solaire.

L . RB . OL . MLK . ARM

ASN . RO . LH . LB . MZ .

AL . NOL . BR . ARM . NS . NML

ZRH . HT . LMD . RKS .

À Reb (le rajeunissement) qui allaite le roi Aram (celui qui monte), rajeunit l'amoureux Ashan, en foulant aux pieds dans la citerne le Libyen dont les forces sont épuisées, s'élance au plus haut dans sa plénitude, s'égare ; la jument est domptée.

Il résulte de cette épigraphe que les Libyens, conformément aux traditions helléniques, comparaient l'astre solaire à une jument s'échappant de l'écurie, laquelle s'égarait, était reprise et domptée par le nain libyen, le foulait aux pieds et s'échappait de nouveau.

3. Hamon armé (le Goliath de l'Écriture), ou le géant portant sur son épaule droite son vainqueur, qui est chez les Grecs un lynx ou un chat sauvage, c'est-à-dire un animal de petite taille mais très féroce. Ici ce doit être un chacal (Tan ou Dik), peut-être un ours (Dib). Cette terre cuite nous donne le costume exact d'un mercenaire carthaginois du Ve siècle avant notre ère, et l'on peut remarquer qu'il se rapproche beaucoup plus de l'armement égyptien que de celui des Grecs.

Planche IV

1. Lionne représentant celle qui avait dû donner son nom à la ville de Salera (la lionne expulsée). La lionne était une représentation de l'odyssée solaire, plus particulière aux Phéniciens qu'aux Libyens d'origine aryenne qui avaient unanimement adopté le cheval, ou plutôt la cavale. Celle-ci est de belle époque grecque, et probablement éborgnée volontairement par l'artiste (OVR). Son cou porte un collier ou tortil de feuillage indiquant qu'elle est prise au piège, et la bouteille marque le vide (BOQ), ou le désert[6]. Cette composition, essentiellement phénicienne, représente l'astre solaire captif dans la citerne où l'a fait tomber le nain Ashan, qu'elle mettra en pièces avant de s'échapper de nouveau. Elle est de la fin du IVe siècle, et le choix de la lionne pour représenter le soleil indique de la part des auteurs de ce dogme l'habitude de considérer le côté malfaisant de ses chaleurs caniculaires, dont ne se préoccupaient point les peuples du nord qui l'incarnaient dans la cavale.

2. Bal-Hamon armé, plus moderne que le précédent. Sa cuirasse de coton piqué est renforcée par de fortes agrafes de métal dont nous avons retrouvé plusieurs spécimens dans la nécropole.

3. Chacal représentant le dieu Dik ou Tan, vainqueur de Bal-Hamon.

---

6. Hébreu avar, aveugle, buqah, vide (NDLE).

Planche V

1. Astarté ou Ob-dol représentant l'astre solaire sur le chemin de la décadence et sous les traits d'une vieille femme, dont la partie inférieure s'enveloppe déjà dans les ténèbres de la nuit.

2. Malek Aram ou le roi qui se lève, représentant le soleil adolescent et sautant par-dessus l'équinoxe printanier, ce qui lui avait fait donner le nom de PÇH, dont nous avons fait Pasques, parce que, dit la Genèse, Jéhovah Elohim sauta par-dessus les demeures des Hébreux, tandis qu'il frappait celles des Égyptiens[7]. L'Ancien Testament nous a conservé le nom de ce personnage dansant nu comme David devant l'arche, il se nommait PSHVR, ce qui littéralement se traduisait danser nu[8], mais doit s'interpréter qui répand autour de soi la prospérité. Cette composition, tout à fait libyenne, est d'une rare vigueur et doit remonter au IVe siècle avant notre ère.

3. Éphèbe d'époque romaine, portant la signature de son auteur, L. Poli, reproduite par la phalère qu'il tient à la main (PVL). On sait que Pul était un des noms bibliques de l'Afrique, et il est probable que cet éphèbe représente la divinité éponyme de son pays et de son auteur, qui devait appartenir à une famille libyenne plusieurs fois citée dans des épigraphes funéraires de Thugga. Le Pul ou fève de marais jouait, comme l'on sait, un rôle très connu mais très

---

7. Hébreu pasach, il a sauté. L'épisode est tiré d'Exode XII, 27 (NDLE).
8. Hébreu pasah, danser, erom, nu (NDLE).

imparfaitement expliqué dans les dogmes de Pythagore ; notre statuette laisserait croire qu'il représentait le soleil embryonnaire, de même qu'Ashan et Adon le Libyen qui ne sont autres choses que le grain en terre (gournat abou phar). [9]

4. Ce groupe tout à fait libyen de composition et de la plus belle conservation représente le dieu Pashor ou Bacchus présidant à la bonne fortune, qui s'est enivré et est tombé dans la citerne du nain Ashan, où il est retenu prisonnier. Aden-Lob, le petit Libyen, une lanterne à la main, a eu pitié du géant et le guide ou plutôt le porte à travers les ténèbres du palais infernal, pour le faire évader, service dont Pashor le récompensera en l'emmenant pour le vendre.

On reconnaît dans cette légende un trait d'union entre la Bible et les romans de chevalerie où le nain Ashan, sous le nom gaulois de Brunel (le Soleil noir), joue un rôle tantôt bienfaisant et tantôt malfaisant, mais toujours des plus considérables.

---

9. Hébreu gerah, grain, aphar, sol (NDLE).

Planche VI

1. Pterotas d'époque romaine, ayant perdu son ampyx.
2. Deux bouffons jouant de la flûte et d'un instrument à soufflet se manœuvrant
avec le pied. Composition essentiellement libyenne, malheureusement très mal
conservée. Le joueur de flûte se dit HLIL qui veut dire souillé, mais spécialement
souillé par le contact des cadavres [10]. Dans tout l'Orient on cumulait les fonctions
de croque-mort et de bouffon de carrefour. Il en était de même chez les Grecs
où les joueuses de flûte figurent constamment dans les cérémonies funèbres,
mais le nombre deux qui ne se retrouve jamais dans les compositions helléniques
indique au contraire l'idée capitale de cette composition, qui est celle de trans-
formation. Les deux bouffons ou HLIL.SN, doivent se comprendre, la souillure
se transforme, la vie s'épure dans la mort [11]. En effet il ne faut pas perdre de
vue que toutes nos terres cuites ont été recueillies dans des ollæ ossuariæ,
remplies de cendres ou d'ossements disloqués.
3. Très curieux spécimen de bouffon libyen ou Ashan dor, dans lequel on peut
reconnaître le crâne globuleux et les traits épatés du Khroumir moderne.
4. Déesse Béka sans tête, type chypriote.

---

10. Hébreu khalil, flûte, khalal, profané (NDLE).
11. On a vu plus haut (n.17, p. juste avant le chapitre « Planches ») que la
racine SN contenait les idées de dualité et de changement. Selon Grasset, le
rébus HLIL.SN peut donc se lire « deux bouffons » ou « transformer la souillure » (NDLE).

Planche VII

1. À première vue, cet enfant drapé représente le nouveau soleil au-dessous de l'horizon, ou les signes du Verseau, des Poissons et du Bélier ; mais si l'on traduit la description de cette composition en phénicien, l'idée se précise. En effet, l'on a un piédestal (ADN) et un enfant vêtu (LBS.OL). Le tout donne ADN.LBS.OL, et avec un changement de ponctuation ADN.LB.SOL, c'est-à-dire Aden le Libyen dans le Sheol (Hadès).

2. Ce Pterotas est d'époque romaine et a les bras liés derrière le dos, ce qui montre qu'il est prisonnier dans l'Hadès. Rien n'indique en lui une composition libyenne.

3. Il en est de même au premier abord de l'Hestia ou Vesta suivante, évidemment surmoulée sur une terre cuite de Tanagra. Mais en la considérant avec un peu plus d'attention on remarque qu'on lui a ajouté un piédestal libyen à deux marches que les artistes tanagriens n'employaient jamais. Si l'on traduit alors cette composition en phénicien, on a : un piédestal, une fille drapée (ADN.LBS.BT) ; avec un changement dans la ponctuation on trouve le véritable sens de cette gracieuse adaptation libyenne. ADN.LB.SBT. La pauvre Libyenne se repose. [12]

4. Il n'est pas possible de voir autre chose qu'un surmoulage grec pur et simple dans cet Éros naviguant à la voile sur une amphore. Ce sujet est connu par une foule de pierres gravées et ne s'explique qu'en grec. Il se lit :

---

12. Hébreu shabath, se reposer (NDLE).

Pterotas navigue à la voile sur une amphore.
PTEROT. ESTIA. PLE. KERNEL

En déplaçant la ponctuation on a :

PTEROT. ESTIA. PLEKE. RNEL

c'est-à-dire : Estia baigne le corruptible qui a eu une indigestion [13]. Nous n'insisterons pas sur cette composition qui ne rentre pas dans notre cadre, mais sa présence ainsi que celle de beaucoup d'autres monuments grecs dans la nécropole d'Utique au IVe siècle avant notre ère, indique que l'hellénisme pur y a toujours compté de nombreux adeptes suivant sa liturgie que nous croyons la plus ancienne.

---

13. Voici un exemple de rébus que Grasset affectionne. Celui-ci est pour le moins obscur. Il se décompose ainsi :

Pterot, Pterotas, histia, voiles, pleï, il navigue. Kernel fait difficulté, on peut peut-être lire kernô, « sur le vase ».

Phthartos, le corruptible, hestia, Hestia, plyneï, elle baigne, et peut-être aneilèma, colique.

Le dernier élément est particulièrement difficile à trouver, la décence imposant à l'époque de désigner ce genre d'indisposition par un terme vague. Noter aussi qu'en utilisant plekeï, elle coiffe, et kar, tête, en place de plyneï, on obtiendrait un meilleur résultat, tout en conservant le sens symbolique (NDLE).

14. Cadmos (« l'ancien » ou « l'oriental ») aurait apporté en Grèce l'alphabet – et la numération – phéniciennes. Selon les mythographes, il comptait primitivement 16 ou 18 lettres (NDLE).

PLANCHE VIII

Ce marbre n'est pas comme les statuettes précédentes, une divinité funèbre, il a été trouvé au nord de l'acropole dans le temple qui lui avait été érigé, et autant qu'on peut s'en rapporter à la beauté du style, il est d'époque grecque antérieure à l'ère chrétienne. C'est le OL.HMN de nos épigraphes, ou Hamon enfant et allaité par la pauvre Libyenne ; il correspond au signe du Bélier ou à l'agneau pascal, et quelques-unes des stèles carthaginoises rapportées par MM. de Sainte-Marie, Héron de Villefosse, et Gauvet le représentent par un agneau (KR), auquel on ajoutait l'épithète de purificateur (PZ), l'enfant Jésus du christianisme. Aussi ne doit-on pas s'étonner de le voir ressembler aux bambini de la Renaissance italienne. Il est impossible de deviner ce que tenait sa main droite ; c'était peut-être une grappe verte (BSR), emblème du printemps qui lui avait fait donner le nom de Prinatos, en latin Hercule ou Bacchus frugifer. Dans sa main gauche, séparée du corps, on distingue un biblos grec, en phénicien sepher. Cet enfant à l'air si pensif était en effet Cadmos [14] l'inventeur des chiffres, chez les latins Bacchus liber.

Planche IX

Ce petit marbre, trouvé dans l'île, est de très basse époque romaine, et par conséquent bien moins intéressant que le précédent ; cependant il est aussi curieux qu'utile de constater que, même en pleine ère chrétienne et à la veille du triomphe de la religion nouvelle, la Libye, soumise aux Romains, avait conservé au moins en secret sa vieille liturgie nationale. En effet, la composition de ce Bacchus est littéralement calquée sur celle de bas-reliefs libyens antérieurs d'au moins six siècles, représentant Aden-Lob un raisin vert d'une main, une cruche de l'autre, ce qui indique le nord-est (BSR) et le sud-ouest (HMR) [15]. Cette transcription, en style romain, d'une composition libyenne, correspond exactement aux légendes phéniciennes en caractères latins qu'on retrouve dans certaines épitaphes de la même époque.

---

15. On l'a vu (p. sm.19.03 avant la n° 42), BSR veut bien dire raisin vert, mais HMR reste inexpliqué (NDLE).

INSCRIPTIONS RELEVÉES À SLOUGUIA[1]

Lettres de 0,10 m

        . . . . IIRPIIVNI
        IIIIIXRISIDV. . . .
        RISPICMIW
        OCVMOMAIIV[2]

Sur une pierre faisant partie de la construction d'une maison :
Hauteur 0,70 m, largeur 0,55 m
Les lettres de la première ligne 0,05 1/2
Les autres lettres 0,04 m

        H · · · · I A · · · · S A C · · · ·
        B · · · · · · · · · PCAES · · ·
        DI · · · · · · · · · IIFDIVI · · ·
        ANI · · · · · · · · ADRPRO · · ·
        NEPE · · · · · · · BNIB · · ·
        DIV · · · · · · · · VRIU · · ·
        COMN · · · · · · · PIISA · · ·

---

1. Slouguia, sur la Medjerda, à 70 km au sud-ouest de Tunis (NDLE).
2. Les lettres qui ont un point sont des lettres douteuses.

MAXII · · · · · · · · PP · · · · ·
CIVR · · · · · · · · · BIIN · · ·
SA · · · · · · · · · · · · · · · · ·

Sur une pierre trouvée dans la rue :
Lettres de 0,05 m

G · SACR · OPRO · SALVIE ·
II I · · · · · AVGIOIIVSOVIDIVI
· · · · NEDEVOIVM · NVMINI·

Sur une pierre faisant partie de la construction d'un mur :
Lettres de 0,05 m

· · · · · · · · · · · · · ·   AI
· · · · · · · · · · · · · ·   IH
· · · · · · · · · · · · · ·   IAC
CS. SINGVLOS· · · · · · ·

INSCRIPTIONS RELEVÉES A TONGA

Inscription qui se trouve sur cinq pierres du mur extérieur de la forteresse byzantine de Tonga :
Lettres de 0,12 m

SETNVLIOFELICICINEMERSOVCTOSTAETRAACDEFORMICAL
VIINIANIVCLEERIEANIGEMILIELORIPATERNIVCETINLVSTRISET

Autre inscription au-dessous de la précédente :
Lettres de 0,14 m
Pierre de 0,60 m de longueur sur 0,50 m de hauteur.

· · · · QVAEVSVI · · ·
· · · · PVBLI · · ·

Sur une pierre de 2,40 m de long sur 0,50 m de hauteur. Cette pierre est engagée dans le mur extérieur de la forteresse :
Lettres de 0,14 m

· · · · · · · · · · · · · · · · PROIELCI · · · ·

Inscription sur une seule pierre faisant partie de la construction extérieure du mur :

CURM SARM FIL DIVI COMMODI FRAT · · · ·
AEADNEPOTIS MAVRELIAN TONIN · · · · · ·
SEPTIMIVM

Inscription sur une pierre couchée à terre :

MENII · · · · S · · · · ·
ANAS · · · · · · · · · · ·
IERVNT · · · · · · · · ·

Inscription qui se trouve sur le mur intérieur de la forteresse :
Pierre de 1,20 m de longueur sur 0,40 m de hauteur
Lettres de 0,10 m

SDIVI MANTONI NIPIIC
THICIE TIVI NERVA · · · ·

Sur deux pierres faisant partie d'une voûte à l'intérieur de la forteresse :

· · · QVIS IONIS · · · · · · · · · · · BENEFICIO · · ·
· · · PDD · · · · · · · · · · · · · · · SVNTV · · ·

Sur un fragment de pierre, on lit les quatre lettres suivantes :

· · · · IVLI · · · ·

Sur une pierre trouvée à l'intérieur de la forteresse :
Lettres de 0,04 m

· M · S
HLMDAIA ·

Inscription sur une pierre renversée, en dehors de la forteresse :

MAX · ·
· · · VIHAD · · ·
AVRI · · ·
VITA · · ·

Sur une pierre à l'intérieur de la forteresse :
<pre>
          CIIAR · · · · · · ·
          ATVR · · · · · · ·
          BLICO · · · · · · ·
          M. RE · · · · · · ·
          EQVES · · · · · · ·
</pre>

Sur le mur extérieur de la forteresse :
<pre>
       IMPCAES DIVI MAG · · · · · · · ·
        IVL TAL · · · · · MATRE · · · · · ·
        HERCVLEVM FRVGI · · · · · · · ·
</pre>

Même observation que pour l'inscription précédente :
Lettres de 0,12 m
<pre>
          VIANTONINI PII FIL
       AVG ET CASTRORVM EISE
       · · · · RVM THIGNICA DEVOTVM
</pre>

Même observation que pour l'inscription précédente :
Lettres de 0,12 m
<pre>
        · · · VERO ALEXAN · · · · ·
         · · · · COLLAPSVM · · · · · · ·
       · · · · · · · · · · ASOIOPI · · · · · · ·
</pre>

Lettres de 0,10 m
<pre>
       · · · · · · · · · · · · OPRO · · ·
         · · · · · · · OFFILP · · · · · · ·
</pre>

Inscription qui se trouve sur une pierre que nous avons fait
déterrer, près de l'angle nord de la forteresse :
Lettres de 0,14 m
<pre>
          ALETINSPLE · · · · · · ·
          · · · · · · · N · · · · · · ·
</pre>

Inscription trouvée sur une pierre qui fait partie d'une des murailles extérieures de la forteresse.

Une autre au-dessus est trop haute pour pouvoir être lue :

PROF · · · · · ·

VALEN · · · · · ·

DEDVCTVA · · · · · · ·

Même observation que pour l'inscription précédente :

· · · ROPIQ FELICE AUG PONTMAX · · ·

· · · GHTVMSEPTIMVM AVRELIVMMAN · · ·

· · · VITEEMOVE DEDICAVIT

Sur une pierre faisant partie d'un mur, La suite de l'inscription est engagée dans la maçonnerie :

Lettres de 0,11 m

IASPECI · · · · · · ·

G.CVIB · · · · · · · ·

Lettres de 0,11 m

· · CARATVRLAVAC · · · · ·

· · · · · · · · · · ETDE · · · · ·

Lettres de 0,11 m

ERICIVT BV · · S

Lettres de 0,11 m

· · · · ERIS PRA · · · ESTITITO · · ·

· · · · DICAVIT

Inscription sur une pierre faisant partie d'un mur de clôture
de jardin :
Lettres de 0,10 m

> · · · · ASICI · · · · · ·

Même observation que pour l'inscription précédente :
Pierre de 2,35 m de longueur sur 0,55 m de hauteur
Lettres de 0,20 m

> · · · · AIDIVI · · · · · NVLIAIXII · · · · ·
> · · · · · · · · · · · · · VINOIDII · · · · · ·

Sur une pierre ayant fait partie du même mur que la précédente,
mais enfoncée en terre.
Pierre de 1,70 m de longueur sur 0,55 m de hauteur
Lettres de 0,14 m

> · · · VRREIPVBIPOR · · · · ·
> · · · DITINIAT · · · · · · · ·

Sur une pierre que nous avons fait déterrer. Elle est brisée.
Pierre de 1 m de longueur sur 0,50 m de hauteur
Lettres de 0,07 m

  ··· NINI PIÍ GERM ·····
  ··· ÔNEPOTI DIVI TRA ···
  ··· PIO PERTINACI.AVG ·······
  ··· MATRI CASTRORVMC ···
  ···L · SEPTIMI SEVERI PERIT ·

Sur une pierre tumulaire trouvée près de la précédente :

  · · · · · · · · · · · · · · · · · ·

  · · · · · · · · · · · · · · · · · ·

  LCARI · I ············
  SSIIX ··············
  PV ····· IXXXX
   H S E

Sur une pierre en forme d'autel :

   D · M · S
   C · MATTI
   VS PVLLAI
   ENVS BELLI
   CVSP · V · A · LV
    H · S · E

Sur une pierre tumulaire que nous avons fait déterrer :

   D · M · S
   M · MATTIVS
   M · F · ARN · PVLLA
   IENVS BELLICVS
   P · V · A · LXXI · H · S · E

Sur une pierre couchée à terre, faisant partie d'un mur de clôture :
Longueur 1,50 m sur 0,81 m de hauteur

> IMP · CAES · DIVI AN
> PII FILIO DIVI SEPT
> M · AVRELI SEVERΦAL
> AYG · PP · PONTIFICI

Même observation que pour l'inscription précédente :
Lettres de 0,10 m

> POLLICITIS
> TVRETOBDIEM

Sur une pierre engagée dans le mur d'une maison :
Lettres de 0,15 m

> VTE IMP · CAES · D
> CI · ANTONINI · PII · FELICIS
> SINIA · HERMIONATISIAMET

Même observation que pour l'inscription précédente :

> IMP · CAES · P · LICINIO · GALLIENO · GER
> MANICO · PIO · FELICI · AVG · PP · P · MAX ·
> TRIB.POT · X · IMP · X · COS · IIII · DESIG · V · PROCOS
> RESP.COL · LICINIAE · SEPT · AVREL · ALEX ·
> THVGG · DEVOTA NVMINI MAIESTATI
> QVE EIVS

L'inscription suivante se trouve sur une énorme pierre qui fait partie de la porte du temple :

> L · MARCIVS SIMPLEX ET L · MAR
> CIVS SIMPLEX REGILLIANVS S · P · F

Pierre tumulaire d'un guerrier.
Sur un des côtés sont gravés un casque et un glaive ; le casque
porte au-dessous du cimier un œil ouvert :

D · M · S ·
A POMPIIIVS SAL · · · · ·
VIVSVL TIRANYS
PIVS VÂIXV ·

Sur une pierre jetée à terre et cassée :

C · M · · · · · · ·
PIIS ICI · · · · · · · ·
PX · · · · · · · · · ·

Sur une pierre tumulaire :

NVMA · · · ·
NINAP · · · · · · ·
VXXXXX

La pierre tumulaire suivante est séparée dans toute sa hauteur
par une ligne perpendiculaire au sol, l'inscription est gravée
sur le côté gauche. C'était sans doute une pierre qui devait
porter deux inscriptions. Elle était enfoncée en terre et brisée.

· · · · · · · · · · · · ·
· · · AIT · · · · · · · · ·
· · · STA · · · · · · ·
· · · PVAN · · · · · · ·
· · · MXIII
H · S · E

Pierre tumulaire à trois compartiments. L'inscription se trouve
dans la séparation médiane. Le reste de l'inscription est illisible :

· · · · · ID · MO · · · · · · ·
· · · · · VAIIVS · · · · · · ·

Sur une pierre tumulaire déterrée par nous :

               D · M · S ·
               OCTAVIII · · · · ·
               VICTORIA · · · · ·
               VARVII · · · · ·
               RVAXX · · · · ·

Sur une pierre qui fait partie du portail d'une maison arabe :
Hauteur 1,40 m, largeur 0,60 m
Lettres de 0,12 m

          · · ·ACRVM · · · · · · ·
           · · ·ANIIRAIRISSvIIX · · ·
           · · ·ASIoDoNAIOCPoMI · · ·

Sur une pierre qui fait partie du mur d'une maison arabe ;
Lettres de 0,12 m

               IXIRVITEXCOIVIT

Sur une pierre dans un mur de maison arabe :
Lettres de 0,31 m

               · · · ·B · SPOI · · · · ·

Sur une pierre à terre près du temple :
Longueur 1,75 m, hauteur 0,50 m
Les lettres ont 0,10 m — Les T ont 0,13 m

          · ·IIXBEATIANVS LIBERALI · · · · ·
           · · · ·TIPIICAVIIIXCOIVI TDED · · · · ·

Sur une pierre à terre près du temple :
Hauteur 1,95 m, largeur 0,50 m
Lettres de 0,12 m — Les T ont 0,15 m
     · · ·EXCOGOLVITE TCMS TA TVISCETE · · · ·

Sur une pierre fichée en terre près du temple et sortant de terre de 2,05 m :

    · · · ·IVSMVI TIPLICA TAASEPEC · · · ·

Sur une pierre fichée en terre près du temple et sortant de terre de 1,30 m :

    · · · · · ·OPRIATODEDIC · · · · · ·

Sur une pierre fichée en terre près du temple :
Elle a 1,90 m de long, 0,50 m de haut

    · · · · · · ·IVAISE · TEPVAOEEG YMNASIO

Ces quatre dernières pierres ont une moulure.
Sur une pierre fichée en terre près du temple.
Cette pierre, pareille aux autres comme moulure, porte son inscription au-dessus de la moulure, tandis que les précédentes l'ont au-dessous :
Pierre de 2 m de long, 0,50 m de haut

    · · · ·AEETLVDIPRAES

Sur une pierre fichée en terre près du temple, la suite de l'inscription est enterrée :

    OIBVSSVISPRAB · · · · · · · ·

Le commencement de l'inscription suivante est enterré.
Pierre trouvée près du temple :

    · · · · · · · ·IAMENTOSVOABHERE

    · · · · · ·AEIES TIAVG SAC
    · · · · · · ·VTEIMPCAES MAV
    · · · · · · ·MEXANDR.IRIIEF.ERIGIT

Curieuse inscription qui vient de se révéler par la chute d'un pan de mur, au-dessus de l'inscription relevée par M. Guérin, et portant dans son ouvrage le numéro 371 :

```
            D · M · S
            OARSAC · · · · · · · ·
            VSOVADR · · · · · · · ·
            TVSPVA · · · · · · · · ·
            IXXXXVIIII · ·
              H · S · E
```

Sur une pierre dans le mur de l'ancien château :
            CLODI SEPTIMI ALBINI CAES

Cette inscription se trouve sur une pierre encastrée dans le mur extérieur du rempart de la citadelle :
PRO SALVTE IMP · ANTONINI AVG · PII LIBERORVMQV EIVS

---

3. Aïn Hejah, anciennement Agbia, se trouve un peu au sud-est de Thugga (NDLE).

CINCIVS C.F.ARN.VICTOR CVM AD TVENDAM
REMPVBLICAM EX CONSENSV DECVRIO
NVM OMNIVM IAMPRIDEM PATRONUS
FACTVS ESSET PORTICVM TEMPLI CERERVM VE
TVSTATE CONSVMPTAM A SOLO RESTITVITET
STATVAM GENII CVRIAE EX HS IIII M.N.IN CVRIA PO
SVIT ET DIE DEDICATIONIS DECVRIONIB. SPORTVLAS
ASSESQ · GRATOS ET VNIVERSIS CIVIBVS EPVLVM
DEDIT CVMQ · PROPTER EIVSDEM CINCI VICTORIS
MERITA QVAE CIRCA R · P · SVAM ET VNIVERSOS
CIVES EXHIBVISSET M · CINCIVM FELICEM IVLIANVM
FIL · EIVS EX CONSENSV ET FAVORE PATRONVM EXPOSTV
LASSENT · · · · · CINCIVS VICTOR PATER EIVS AD AM
PLIANDAM BENIGNITATEM SVAM STATVAM FORTVNAE
CVMEXHSV · M · PROMISISSET AMPLIATA PEC · D · S · P · L · D · ·
DEDIC.ET EX DIE DE · · · · · · · · · · · · ·
N VIII ET VNIVERSIS CIVIBUS · · · · · · · ·

ROUTE DE HEDJAH A TEBOUSOUK

Inscription sur une borne milliaire couchée à terre sur la route
de Hedjah à Tebousouk , la fin manque :

              IMP · CAES · · · · ·
              C.IVLIVS VERVS MA
              XIMINVS PIVS FEL ·
              AVG · GERM · MAX ·
              SARM · MAX · PONTIF ·
              MAX · T · P · III IMP · · · · ·
              G IVLIVS VERVS MAXI
              MVS NOBILISSIMVS CAES.P
              IVVENTUTIS .GERM · · · · · ·
              SARM · MAX · DACICVS · · · ·
              VIAM A KARTHAG · · · · ·

Sur une pierre faisant partie d'un petit temple qui devait être
d'une grande richesse, à en juger par les fragments de sculpture
qui jonchent le sol :

              CAESARVM · · · · ·
              NOSTRVM · · · ·
              OFTIIVC · · · · ·

Borne milliaire trouvée à Tunis dans un hangar :

AP · CAES · LD

AVRELIANO PIO

FELICI.AVG.PON

TIFICI · MAX · SE

R · MAX · COTIII

CO · MAX · TRIB

POT · III · COS II

PROS · PP

M · PXIIII

MARCVS

AVRELIVS

FELIX PIVS

VIXITANOS

XXII

Calcaire.

D · M · S ·

P · AEIVS · VICTOR

MESOR · AGROR · P · V

ANNIS · XXXXVIIII

QVARTIO · FRATER · P · F ·

H · E · S

Marbre.

S   T

A · PIVS I

A NNIS L

ENSVII I

VS · XV S

S F

Marbre.

AIA · LCCH

NIS · ENA

CVDVDIS

OR · PIA

TANXXXV   *Calcaire.*

O DISMAN ·
T   AMPLI
   PIA VIXIT
B   ANNS   *Marbre.*

Nomenclature des explorations d'Utique

Avant le dernier siècle, les archéologues ou les *curieux*, comme on disait alors, ne visitaient pas facilement les côtes septentrionales de l'Afrique. Il y avait d'abord les difficultés du transport que la vapeur a singulièrement simplifiées de nos jours, aussi bien que les dépenses alors très élevées ; et d'ailleurs le goût des recherches et des explorations scientifiques était infiniment moins répandu qu'aujourd'hui. Enfin, le fanatisme musulman opposait des barrières presque insurmontables au zèle des explorateurs.

Il est donc à croire que le docteur anglais Shaw est le premier qui, en 1738, se soit livré à une exploration scientifique d'Utique, et ce savant n'a guère été dépassé par ceux de notre époque. Grâce aux fonctions de chapelain de la factorerie anglaise d'Alger, qu'il a remplies de 1720 à 1732, et à la situation officielle qu'elle lui assurait, il put parcourir cette partie du littoral africain avec des facilités et une sécurité dont personne n'avait joui avant lui, et il put se consacrer à loisir à l'étude des antiquités de la Régence de Tunis dont il releva avec soin les épigraphes, alors existantes, et qui, depuis, ont en grande partie disparu. Toutes ses observations furent consignées dans un précieux ouvrage qui parut à Oxford, en 1738, sous le titre de : *Travels or observations relative to several parts of Barbary and the Levant*. Ce livre, aujourd'hui fort rare, obtint les honneurs d'une seconde édition et fut publié en français à La Haye, en 2 volumes in-8°, par l'éditeur Jean Néaulme, sous le titre de : *Voyage dans plusieurs provinces de la Barbarie et du Levant* (1743). Il y est joint d'excellentes cartes, dont l'une donne les positions de Carthage et d'Utique et l'ancien cours du Bagrada avec la mer s'avançant jusqu'aux murs d'Utique.

Après le docteur Shaw vint le père Caroni, un Italien qui eut la malchance d'être enlevé par les corsaires et mené esclave à Tunis. Rendu à la liberté, il publia en 1805, à Milan, le récit de sa captivité, sous le titre de : *Ragguaglio del viaggio compendioso di un dilettante antiquario, sorpreso daï corsarji condotto in Barbaria, felicemente ripatriato*, in-8°, cartes et planches. Cet ouvrage est aujourd'hui fort recherché. Il se trouve à la Bibliothèque de Florence, où nous l'avons consulté (n° VL, 131) ; il traite des antiquités de la Régence de Tunis, et Utique n'y est pas oubliée.

Le capitaine de vaisseau Falbe, consul général de Danemark à Tunis de 1830 à 1834, entreprit des fouilles à Carthage en 1833 et poussa ses explorations jusqu'à Utique. Il était secondé par sir Grenville Temple, lieutenant-colonel de cavalerie de l'armée anglaise. En 1833, M. Falbe publia un ouvrage sous le titre de : *Recherches sur l'emplacement de Carthage*, Paris, Imprimerie royale, 1 vol. in-8° avec atlas grand *in-folio*, aujourd'hui fort rare et recherché.

En 1835, sir Grenville Temple publia aussi une relation de ses excursions sur les côtes africaines, sous le titre d'*Excursions in the Mediterranean, Algiers and Tunis*. Londres, 2 vol. in-8°.

Les fouilles exécutées par M. Falbe donnèrent de si brillants résultats qu'en 1838 il se fonda à Paris une société au capital de trente mille francs pour la recherche des antiquités de l'Afrique septentrionale, et notamment de l'Algérie ainsi que de la Tunisie. Ce fut le savant Dureau de la Malle qui en eut l'idée. La présidence en fut offerte à M. Falbe et à sir Grenville Temple. Les sociétaires étaient au nombre de dix-huit, parmi lesquels il faut citer le duc de Luynes, le duc d'Harcourt, le duc de Caraman, etc.

La direction confiée à M. Falbe et à sir Grenville Temple était purement honorifique. Ils quittèrent Paris le 17 septembre 1838 et arrivèrent à Bône le 29. La relation de leurs premières découvertes se trouve à la Bibliothèque nationale, sous le titre d'*Excursions dans l'Afrique septentrionale*, 1838. Les recherches de MM. Falbe et Grenville Temple furent très fructueuses et enrichirent considérablement la Bibliothèque nationale et le Louvre, non moins que le Musée britannique et celui de Copenhague.

Le comte Camille Borgia visita Utique en 1853, y séjourna longtemps et fouilla surtout la partie de la ville que nous avons appelée l'île, où il s'attacha de préférence au temple de Jupiter. Il aurait certainement rendu de grands services à la science, sans une fièvre dont il emportait les germes et qui l'enleva à son retour en Italie. On regrette que ses manuscrits n'aient pas été publiés, car on sait qu'il avait rédigé la relation de ses recherches à Carthage et à Utique.

Feu M. Beulé, membre de l'Institut, mort ministre de l'intérieur en 1874, succéda d'assez près au comte Borgia, Le résultat de ses recherches a été consigné dans un mémoire qu'on retrouve dans le *Journal des savants* (1859-1860). Presque en même temps que M. Beulé, débarquait à Carthage, en 1860, M. Nathan Davis, chargé par le gouvernement anglais de rechercher des antiquités à Utique, pour en enrichir le Musée britannique. M. N. Davis dressa ses tentes dans la plaine, à peu de distance de la citadelle, il y fut bientôt rejoint par lady Franklin, la veuve de l'illustre navigateur, à laquelle on avait conseillé ce voyage pour tâcher de la distraire des tristes souvenirs de la mort de son mari.

M. Davis eut bientôt à sa disposition 50 marins du navire anglais *Harpy* et vit ses efforts récompensés par la découverte de plusieurs têtes de marbre blanc, qui furent trouvées dans l'île, au-dessous du temple dont on voit encore les vestiges. Il mit au jour plusieurs belles mosaïques et nombre d'objets intéressants. Il avait même commencé à fouiller la nécropole, mais il ne voulut pas croire les Arabes qui lui avaient indiqué ce champ de sépulture comme devant être très productif. Nous avons été mieux inspirés que M. Davis et les magnifiques résultats que nous avons obtenus dans nos fouilles de la nécropole confirment pleinement le dire des Arabes. M. Davis a publié à Londres, en 1861, un excellent ouvrage sur Utique et Carthage, ayant pour titre *Carthage and her remains*, grand in-8° avec planches.

Presque en même temps, M. Guérin vint à Utique avec une mission du gouvernement français (1860) et publia en 1862 quelques détails fort intéressants sur cette ville, dans son remarquable ouvrage ayant pour titre : *Voyage archéologique dans la régence de Tunis*, Paris, Plon ; deux gros volumes in-8° avec planches. Ce voyage fut exécuté aux frais du duc de Luynes, cet illustre et regretté savant auquel nos musées sont redevables de tant de richesses, parmi lesquelles on compte deux morceaux uniques, le sarcophage d'Eshmunazar et la tablette chypriote de Dhali.

Enfin, M. Daux, ingénieur de la régence de Tunis, vint s'installer sur les ruines d'Utique en 1865, et, grâce à une étude approfondie du sol, jointe à des fouilles très habilement conduites, il put rétablir le plan de l'antique cité carthaginoise et romaine. Le résultat de ces études a été la publication de ses *Recherches sur les emporia phéniciens*, grand in-8°avec planches, Imprimerie impériale, 1869. À ce savant travail, il a joint un article très intéressant dans le *Tour du Monde* numéro 590, 27 avril 1872, dans lequel il donne une vue de la ville d'Utique en l'an 45 de notre ère.

M. de Sainte-Marie, chargé par le gouvernement français d'une mission à Carthage, a fait quelques fouilles à Utique en 1874 et en a rapporté quelques objets intéressants, dont une main en marbre, grandeur naturelle, provenant d'une statue, un beau plat en verre et une lampe chrétienne avec monogramme cruciforme, trouvés dans la nécropole.

Nous terminerons cette énumération des explorations d'Utique en rappelant celle de M. R. Bosworth Smith qui date de 1878 et a été publiée par lui à Londres, sous le titre de *Carthage and the Carthaginians*, Longmans in-8°.

BIBLIOGRAPHIE

Nous terminons ce travail par une liste d'ouvrages que l'on peut consulter avec fruit sur les antiquités de la Tunisie et notamment sur celles d'Utique.

Histoire de la Barbarie, par le P. Dan. Paris, 1637, in-4°.

Relation du voyage de M. de Brèves, en Grèce, Terre Sainte, Égypte, Tunis, Alger. Paris, Gasse, 1628, in-4°.

Mémoire historique du royaume de Tunis, par M. Saint-Gervais, ci-devant consul de France à Tunis. Paris, 1736.

Livre fort rare, inconnu à presque tous les écrivains sur la Tunisie.

Travels or observations relative to several parts of Barbary and the Levant. Oxford, 1738, in-folio. Ouvrage très savant dû à l'Anglais Shaw.

Voyage dans plusieurs provinces de la Barbarie, du Levant (traduction française de l'ouvrage anglais), par le docteur Shaw, in-4°, 2 vol., La Haye, chez Jean Neaulme, 1743.

Ragguaglio del viaggio compendioso di un dilettante antiquario sorpreso dai corsarji condotto in Barbaria felicimente ripatriato. Milano, 1805. Ouvrage rare qui se trouve à la bibliothèque de Florence.

An account of Tunis, of its government, customs and antiquities, especially of its productions, manufactures and commerce, by Th. Mac Gul. Glasgow, 1811, in-8°.

Lettere di J. Pagni, Firenze, 1829, in-8°. Ces lettres renferment l'explication de quelques inscriptions romaines. L'ouvrage se trouve à la bibliothèque de Florence,

Voyage en Barbarie, par Desfontaines, 1830, in-8°.

Recherches sur l'emplacement de Carthage, par Falbe. Paris, 1833, in-8°, atlas gr. in-folio, Imprimerie royale.

Excursions in the Mediterranean, Algiers and Tunis, par Sir Grenville Temple, lieutenant-colonel de cavalerie au service de l'Angleterre. Londres, 1835, 2 vol. in-8°.

Excursions dans l'Afrique septentrionale, par les délégués de la Société de Carthage. Paris, 1838, in-8°.

Première partie publiée en 1838, à Paris, Gide, libraire, et Rabaud, libraire.

Voyage dans les régences d'Alger et de Tunis, en 1724-1725, par Peysonnel, et en 1783-1786, par Desfontaines, publié par Dureau de la Malle. Paris, Gide, 1838, 2 vol. in-8°.

Géographie ancienne des États barbaresques, par Mannert. Paris, Roret, 1842, in-8°. Traduction française due à Marcus et Duesberg.

Une promenade à Tunis en 1842, par le capitaine…, ancien officier au service du roi des Deux-Siciles. Paris, Dentu, 1844, in-8°.

Voyage à Tunis, en Égypte, en Turquie, en Grèce, Paris, 1847, in-8°.

La régence de Tunis, le Sahara, etc. Relation d'un voyage d'exploration accompli en 1850, 1851, 1852, par Hadji-abd-el-Hamid-Bey (du Couret), chargé d'une mission dans l'Afrique centrale, par les ministres de la marine, des affaires étrangères, du commerce et de l'instruction publique, in-8°, carte.

Description de la régence de Tunis, par E. Pelissier. Paris, 1853, 1 vol. gr. in-8°.

Itinéraire archéologique en Tunisie, publié dans la *Revue africaine*, en 1857-1858, par M. Berbrugger, bibliothécaire d'Alger.

La Reggenza di Tunis considerata nei suoi rapporti geografici, archeologici etc., da Gugliemo Finotti. Malta, tip. Cumba, 1857, in-8°, 440 pages.

Notice sur la régence de Tunis, par J.-H. Dunant. Genève, imprimerie Fick, 1858.

Fouilles à Carthage, par Beulé, in-4°, avec sept planches, Klincksieck, Imprimerie impériale, 1860. Ouvrage présenté à l'Académie.

Voyage archéologique dans la régence de Tunis, par Guérin, publié aux frais du duc de Luynes, 2 vol. in-8°, cartes. Paris, 1862.

Annales tunisiennes ou aperçu historique sur la régence de Tunis, par Alphonse Rousseau. Alger, Bastid, et Paris, Challamel, 1863, in-8°.

Recherches sur l'origine et l'emplacement des emporia phéniciens dans le Zeugis et le Byzacium (Afrique septentrionale), faites par ordre de l'empereur, par M. Daux, petit in-4°, planches, 1869. Paris, Didier et Cie, Imprimerie impériale.

Études politiques sur le royaume de Tunis, par le comte A. O'Kelly. Paris, A. Sagnier, 1871, in-8°.

Le Tour du Monde, journal des voyages, publié par E. Charton. Paris, librairie Hachette, in-4°. L'Année 1872, n° 590, donne un article sur Utique, dû à M. Daux.

Fouilles et découvertes, par M. Beulé. Paris, Didier et Cie, 2 vol., in-12, 2ᵉ édition, 1875.

L'Explorateur, journal in-4°, géographique et commercial. L'année 1876 et l'article sur Carthage, publié par M. de Sainte-Marie.

Carthage and the Carthaginians, by R. Bosworth Smith. Longmans, 1878, in-8°.

Histoire des Carthaginois (Geschichte der Kartager), par Otto Meltzer, Berlin, Weidmann, 1879, in-8°.

Analyse de la source thermale de l'Île d'Utique

Réactions

Propriétés organoleptiques.
> Odeur sulfureuse.
> Limpide, mais avec de nombreux flocons noirâtres en suspension.

Ébullition.
> Trouble sensible.

Oxalate d'ammoniaque.
> Léger précipité.

Teinture de savon.
> Trouble sans grumeaux.

Nitrate acide d'argent.
> Précipité mixte de sulfure et de chlorure.

Chlorure de baryum.
> Trouble à peine apparent.

Acétate de plomb.
> Précipité noirâtre.

Après ébullition l'acétate de plomb donne
> Un précipité à peine coloré.

Solution d'iode.

              Décoloration sensible.

Nitroprussiate de soude.

              Légère coloration bleue ; traces de mono-sulfure.

Résidu salin, séché à 100 °.

              1,032 g / litre.

Titre hydrotimétrique.

              14 °.

Observations

Les résultats salins repris par l'eau et sursaturés par le carbonate d'ammoniaque ont donné un précipité de carbonate de chaux. Les liquides filtrés, évaporés dans un creuset de platine, ont laissé un résidu qui, après calcination a donné : *réaction légèrement alcaline ; réaction neutre.*

Le résidu fourni par l'eau s'est montré essentiellement composé de chlorure de sodium. Ces résultats confirment les réactions précédentes.

Dr Bayle.

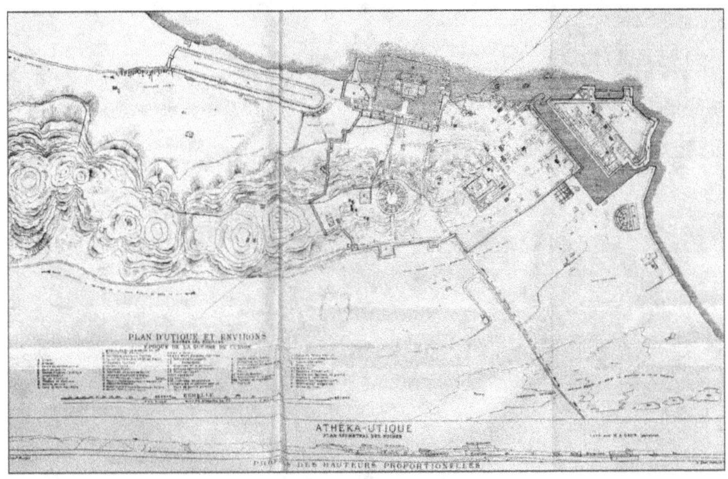

Plan d'Utique.

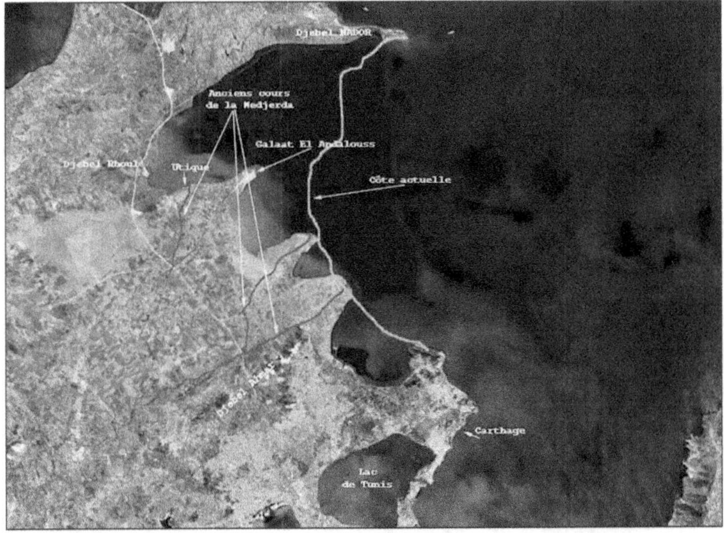

Sur cette carte, on voit clairement l'ensablement du golfe (NDLE).

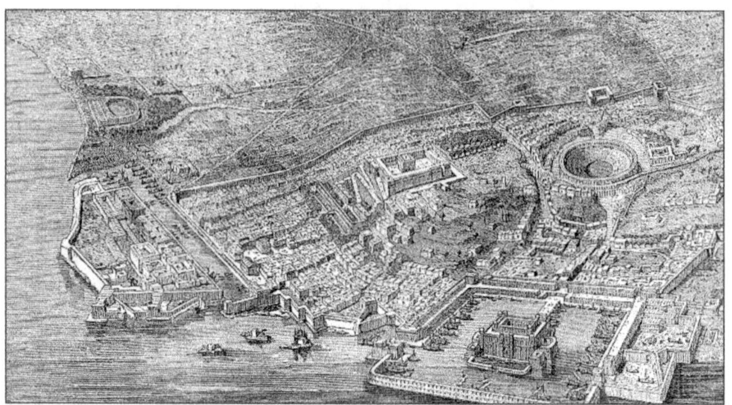

Utique vue du nord-est, reconstitution (assez inexacte) faite en 1869
par Adolphe Daux (NDLE).

Table des matières

Maquette Claude Chauvry
Achevé d'imprimer en mai 2017
par Trèfle Communication
N° d'imprimeur : 8231

Dépôt légal : Mai 2017

Imprimer par Kdp en 2021

Les Éditions de l'Œil du Sphinx
36-42 rue de la Villette – 75019 Paris
Tél : 09 75 32 33 55 – Fax : 01 42 01 05 38
Email : ods@oeildusphinx.com
Web : www.oeildusphinx.com

Association des Portes de Thélème
Chez M.-C. Narceau, 16 rue du Clos les Brunes, 87100 Limoges.
Tél : 05 55 32 22 31 – 06 81 15 81 99
Email : lesportesdetheleme@gmail.com